折射集
prisma

照亮存在之遮蔽

David B. Resnik

The Price of Truth:
How Money Affects the Norms of Science

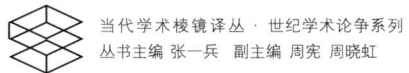

当代学术棱镜译丛·世纪学术论争系列
丛书主编 张一兵　副主编 周宪 周晓虹

真理的代价:
金钱如何影响科学规范

［美］戴维·B.雷斯尼克 著　蔡仲 韦敏 译

南京大学出版社

《当代学术棱镜译丛》总序

自晚清曾文正创制造局,开译介西学著作风气以来,西学翻译蔚为大观。百多年前,梁启超奋力呼吁:"国家欲自强,以多译西书为本;学子欲自立,以多读西书为功。"时至今日,此种激进吁求已不再迫切,但他所言西学著述"今之所译,直九牛之一毛耳",却仍是事实。世纪之交,面对现代化的宏业,有选择地译介国外学术著作,更是学界和出版界不可推诿的任务。基于这一认识,我们隆重推出《当代学术棱镜译丛》,在林林总总的国外学术书中遴选有价值篇什翻译出版。

王国维直言:"中西二学,盛则俱盛,衰则俱衰,风气既开,互相推助。"所言极是!今日之中国已迥异于一个世纪以前,文化间交往日趋频繁,"风气既开"无须赘言,中外学术"互相推助"更是不争的事实。当今世界,知识更新愈加迅猛,文化交往愈加深广。全球化和本土化两极互动,构成了这个时代的文化动脉。一方面,经济的全球化加速了文化上的交往互动;另一方面,文化的民族自觉日益高涨。于是,学术的本土化迫在眉睫。虽说"学问之事,本无中西"(王国维语),但"我们"与"他者"的身份及其知识政治却不容回避。但学术的本土化绝非闭关自守,不但知己,亦要知彼。这套丛书的立意正在这里。

"棱镜"本是物理学上的术语,意指复合光透过"棱镜"便分解成光谱。丛书所以取名《当代学术棱镜译丛》,意在透过所选篇什,折射出国外知识界的历史面貌和当代进展,并反映出选编者的理解和匠心,进而实现"他山之石,可以攻玉"的目标。

本丛书所选书目大抵有两个中心:其一,选目集中在国外学术界新近的发展,尽力揭橥域外学术20世纪90年代以来的最新趋向和热点问题;其二,不忘拾遗补阙,将一些重要的尚未译成中文的国外学术著述囊括其内。

众人拾柴火焰高。译介学术是一项崇高而又艰苦的事业,我们真诚地希望更多有识之士参与这项事业,使之为中国的现代化和学术本土化做出贡献。

丛书编委会
2000 年秋于南京大学

谨以此书献给

所有那些毕生探索真理的人士！

致　谢

本书的初稿是在2003—2004学年完成的,当时我还是东卡罗来纳州立大学(ECU)布罗迪医学院的一名医学人文学教授。2004年7月26日,我离开了东卡罗来纳州立大学,开始作为一位生物伦理学家供职于美国国立卫生研究院(NIH)下属的国家环境卫生科学研究所(NIEHS)。这本书中的思想与观点是我自己的,并不代表NIEHS,NIH,ECU或美国政府的看法。我希望借此向对此书进行过有益评论与交流的下列作者表达谢意。他(她)们是约翰·戴维斯(John Davis)、肯恩·德·维莱(Ken De Ville)、洛里塔·柯佩曼(Loretta Kopelman)、谢尔顿·克日姆斯基(Sheldon Krimsky)、海伦·朗基诺(Helen Longino)、迈克尔·雷斯尼克(Michael Resnik)、阿迪尔·沙姆(Adil Shamoo)、理查德·夏普(Richard Sharp)及其他几位匿名的评论者。

目　录

i / 缩　写

1 / 第 1 章 科学与财富

35 / 第 2 章 科学的规范

52 / 第 3 章 科学的客观性

77 / 第 4 章 金钱和科学规范

108 / 第 5 章 利益冲突：在什么情况下，仅仅揭露是不够的？

135 / 第 6 章 知识产权：平衡公共和私人利益

153 / 第 7 章 发表：开放性和责任

169 / 第 8 章 对研发的政府资助：作为公共物品的科学

186 / 第 9 章 结论：珍视事实和科研诚信

191 / 注　释

196 / 参考文献

220 / 索　引

缩　写

AAMC	美国医学院协会(Association of American Medical Colleges)
AAU	美国大学协会(Association of American Universities)
ACE	血管紧张素转换酶(Angiotensin-converting-enzyme)
ACS	美国化学学会(American Chemical Society)
ACTR	澳大利亚临床试验注册中心(Australian Clinical Trials Registry)
AE	副作用(Adverse effect)
AIDS	获得性免疫缺陷综合征(Acquired Immunodeficiency Syndrome)
ALLHAT	预防心脏病的降压降脂治疗方法试验(Antihypertensive and Lipid Lowering Treatment to Prevent Heart Attack Trial)
AMA	美国医学会(American Medical Association)
APPROVe	万络对腺瘤息肉的预防(Adenomatous Polyps Prevention on Vioxx)
BDA	《拜杜法案》(Bayh-Dole Act)
BIO	生物技术产业组织(Biotechnology Industry Organization)
CAM	补充和替代医学(Complementary and alternative medicine)
CDA	机密信息披露协议(Confidential disclosure agreement)
CLA	交叉许可协议(Cross-license agreement)
COC	责任冲突(Conflict of commitment)
COD	义务冲突(Conflict of duty)

COI	利益冲突(Conflict of interest)	
COPR	公共代表委员会(Council of Public Representatives)	
CRADA	合作研发协议(Cooperative research and development agreement)	
CRO	合同研究组织(Contract research organization)	
CV	简历(Curriculum vitae)	
DNA	脱氧核糖核酸(Deoxyribonucleic acid)	
DOE	美国能源部(Department of Energy)	
ECU	东卡罗来纳州立大学(East Carolina University)	
ELSI	伦理、法律和社会议题项目(Ethical, legal, and social issues)	
EPA	美国环境保护署(Environmental Protection Agency)	
ES	胚胎干细胞［Embryonic stem (cells)］	
FDA	美国食品药品监督管理局（Food and Drug Administration）	
FFP	捏造、造假和剽窃（Fabrication, falsification, and plagiarism）	
GDP	国内生产总值（Gross domestic product）	
HGP	人类基因组计划（Human Genome Project）	
HIV	人类免疫缺陷病毒（Human immunodeficiency virus）	
IACUC	实验动物管理与使用委员会（Institutional Animal Care and Use Committee）	
ICMJE	国际医学杂志编辑委员会（International Committee of Medical Journal Editors）	
IND	试验性新药（Investigational new drug）	
IPRs	知识产权（Intellectual property rights）	
IRB	（针对人体受试者研究的）机构审查委员会［Institutional Review Board (for human subjects research)］	

ISRCTN	国际标准随机对照试验号注册库（International Standard Randomized Controlled Trial Number）	
JAMA	《美国医学会杂志》(*Journal of the American Medical Association*)	
LDL	低密度脂蛋白（Low-density-lipoprotein）	
LPU	最小可发表单位（Least publishable unit）	
MIT	麻省理工学院（Massachusetts Institute of Technology）	
MTA	材料转让协议（Material transfer agreement）	
NAS	美国国立科学院（National Academy of Sciences）	
NASA	美国国家航空航天局（National Aeronautic and Space Administration）	
NCBI	美国国立生物技术信息中心（National Center for Biotechnology Information）	
NEJM	《新英格兰医学杂志》(*New England Journal of Medicine*)	
NIEHS	美国国家环境卫生科学研究所（National Institute of Environmental Health Sciences）	
NIH	美国国立卫生研究院（National Institutes of Health）	
NIMH	美国国立精神卫生研究所（National Institute of Mental Health）	
NSAID	非甾体抗炎药（Non-steroidal anti-inflammatory drugs）	
NSF	美国国家科学基金会（National Science Foundation）	
ODA	《罕见病药物法案》(Orphan Drug Act)	
OHRP	人类研究保护办公室（Office of Human Research Protection）	
ORI	科研诚信办公室（Office of Research Integrity）	
PCMH	皮特县纪念医院（Pitt County Memorial Hospital）	

PDUFA	《处方药申报者付费法案》(Prescription Drug User Fee Act)
PhRMA	美国药品研究与制造商协会(Pharmaceutical Research and Manufacturers of America)
PHS	美国公共卫生署(Public Health Service)
PLoS	美国科学公共图书馆(Public Library of Science)
PRIM&R	医学科研公共责任组织(Public Responsibility in Medicine and Research)
R&D	研究与开发(Research and development)
RCT	随机对照试验(Randomized controlled trial)
REB	多伦多总医院研究伦理委员会(Research Ethics Board, Toronto General Hospital)
REC	(针对人体受试者研究的)研究伦理委员会[Research Ethics Committees (for human subjects research)]
RTLA	穿透式许可协议(Reach-through license agreement)
SSRI	选择性5-羟色胺再摄取抑制剂(Selective serotonin reuptake inhibitor)
TGH	多伦多总医院(Toronto General Hospital)
TIGR	基因组研究所(The Institute for Genomic Research)
TTA	《技术转移法案》(Technology Transfer Act)
UCLA	加州大学洛杉矶分校(University of California, Los Angeles)
USPTO	美国专利商标局(U.S. Patent and Trademark Office)
UT	多伦多大学(University of Toronto)
VIGOR	万络胃肠道效应研究(Vioxx Gastrointestinal Outcomes Research)
WARF	威斯康星州校友研究基金会(Wisconsin Alumni Research Foundation)

第 1 章　科学与财富

> 对金钱的贪恋是万恶之源;有人贪恋钱财,受了迷惑,背弃了信仰,令苦痛伤害自己。
>
> ——提摩太前书 6:10(英王詹姆斯译本)

1.1　导　言

现代科学是一项大型建制。同其他事业一样,科学受到经济力量和金融利益的影响(Greenberg 2001)。学术界、政府和私人产业——这三个利益迥异的经济活动的重要部门,每年都要花费数十亿美元用于研究与开发(R&D)。私人企业聘用科学家来开发新产品、创造新发明。政府雇佣科学家向公众解释政策,提升社会福利,发展军事技术和战术。学术机构则通过科学家推动知识积累,以强化机构本身的学术名誉、增加收益。这些科学的"赞助人"虽然各有各的旨趣和优缺点,但他们都愿意为科学大笔投资。在为赞助者们效劳的过程中,科学家会冒险吗?会与他们所珍视的价值渐行渐远吗?无论其来源如何,金钱会腐蚀科学吗?本书试图阐述的是,金钱如何以消极的方式影响科研活动,以及科学家和公众如何采取措施来保护那些构成科学思维模式的规范和标准。在做这项工作之前,我觉得有必要回顾一下与现代科学相关的经济趋势,以及某些科学——金钱关系案例研究,这样读者能对市场和金融力量如何运作于科学之中,有更好的理解。

1.2 现代科学的经济学

二战后,美国政府不断加强对科学研发的经费支持(Greenberg 2001)。2005年,美国政府在科技研发上投入了1 320亿美元,其中712亿用于国防,608亿用于民生项目。美国国立卫生研究院(NIH)拔得民生项目的头筹,获得288亿美元资助,美国国家航空航天局(NASA)、美国国家科学基金会(NSF)和美国能源部(DOE)分别以162亿、57亿、34亿美元紧随其后(Malakoff 2004)。

虽然美国政府在研发上投入巨资,但从20世纪80年代开始,私人投资已经超过了政府投资。2004年,全美私人产业在研发上花费逾2 000亿美元,是联邦政府投资金额的将近2倍(见表1.1)。医药产业是研发活动最大的赞助者之一。2002年,从属于美国药品研究与制造商协会(PhRMA)的医药公司在研发上总共投入320亿美元(Pharmaceutical Research and Manufacturers of America 2003)。2001年,生物技术产业组织(BIO)下属的生物技术公司在研发上花费157亿美元(Biotechnology Industry Organization 2003)。1994年,全美生物医药研发总经费是371亿美元,到2003年,这个数字是943亿美元。受相关产业资助的临床试验费用在1994年是40亿美元,而到2004年则升至142亿美元(Moses et al. 2005)。尽管在大多数人看来,科学家是在大学实验室里工作,而事实上超过70%的研发工作是在私人实验室里开展的(Jaffe 1996)。在学术机构进行的研究中,有10%是受私人产业资助的(Bok 2003)。

表 1.1 美国研发资金来源(未根据通胀率调整)

年份	研发经费总额*	联邦**	非联邦***
1952	5.0(估计)	2.7	2.3
1956	8.5	5.0	3.5
1960	13.7	8.9	4.8
1964	19.1	12.8	6.3
1968	24.7	15.0	9.7
1972	28.7	16.0	12.7
1976	39.4	20.3	19.1
1980	63.3	30.0	33.3
1984	102.3	46.5	55.8
1988	133.9	60.1	73.8
1992	165.4	60.9	104.5
1996	197.3	63.3	134.0
2000	264.6	83.3	181.3
2004	368.1	122.7	245.4

* 单位为 10 亿美元,未根据通胀率调整。
** 资金来源为联邦政府,包括军事和民用项目。
*** 联邦政府以外的资金来源,如私人产业(主要来源)、私人基金、大学和学院。
来源:基于 National Science Foundation (2002), Greenberg(2001), Shamoo and Resnik(2003), Malakoff(2004)。

科学和技术研究深刻影响着美国经济。美国为世界上 40% 的研发提供赞助,有 600 万～800 万科学家从事这些研发工作(Greenberg 2001)。2003 年,美国国内生产总值(GDP)约为 9.5 万亿美元(Bureau of Economic Analysis 2003)。如果有人打算绘制出美国到 2003 年的经费趋势,2003 年美国在研发上投入 3 000 亿美元,约占当年 GDP 的 3.2%。由于研发投入创造了很多并不直接与研发相关的就业机会,科技研究的全部经济贡献很可能超过 GDP 的 3.2%。比如,1999 年,美国生物技术产业创造了 437 000 个工作岗位,其中包括 151 000 个直接岗位和 287 000 个间接岗位(Biotechnology Industry Organization 2003)。如果其他产业能像生物技术产业一样,利用研发投入同比例地带来就业机会,那么研发为全美 GDP 的贡献可以达到 6%。对于其他发达国家来说,投入研发的经费对经济产生的影响也是相似的,无论是日本、德国、法国,还是英国(May 1999)。(见表 1.2)。此外,研发投资带来的新技术能提高生产率、促进经济发展,所以那些在研发上投入巨资的国家往往具备很强的经济实力。

表 1.2 研发经费占国内生产总值比例

年份	美国	日本	德国	法国	英国	意大利	加拿大	俄罗斯
1990	2.62	2.85	2.75	2.37	2.16	1.29	1.47	2.03
1993	2.49	2.68	2.35	2.40	2.12	1.13	1.63	0.77
1996	2.53	2.80	2.26	2.30	1.91	1.01	1.60	0.90
1999	2.63	3.01	2.38	2.17	1.87	1.04	1.58	1.06

基于 National Science Foundation(2002)。

投入科研的大量资金一直在影响着科学家个人和大学。尽管很多科学家对工作有着超越经济考虑的热忱,但如果就此说科学家的行为完全不受金钱影响,就太天真了。虽然很少有科学家是大富翁,但大多数人还是有一份相当可观的收入,远超过美国平均家庭年收入(63 228 美元)(U.S. Census Bureau 2003)。2003 年,美国拥有博士学位的、有经验的生物统计学家的平均年收入是 158 609 美元,随其后的是物理学家(132 711 美元)、地质学家(118 184 美元)、天文学家(115 925 美元)、化学家(111 582 美元)。拥有医学博士学位,或医学博士和学术研究型博士学位的临床研究者,其薪酬从 200 000 至 350 000 美元不等,具体取决于他们各自的学术专长。与此形成对比的是,2003 年,有经验的美国高中老师的平均年收入是 63 571 美元(Salary.com 2003)。从事自然科学、生物医学或工程学研究的科学家,其收入往往远超从事人文和社会科学研究的学者(Bok 2003;Press and Washburn 2000)。路易斯维尔大学(the University of Louisville)一项针对 15 所城市大学的调查显示,就职于自然科学、基础生物医学和工程研究领域的人员,平均每年要比那些人文社科领域的人员多挣 10 000 到 30 000

美元不等(University of Louisville 2002)。

许多科研人员,尤其那些从事生物医学研究的,会从与研究相关的资金安排中获得额外收入,如股份、咨询费、酬金、专利费等(Bodenheimer 2000)。一项涵盖2 052名生命科学领域研究人员的全国性调查发现,28%的人获得过相关产业的研究资助(Blumenthal et al. 1996)。另一项调查揭示,34%的研究论文第一作者,20%的公司咨询委员会成员,7%的官员、主管或大股东,22%的专利发明人或参与专利申请的人,都与他们所涉及的科研项目存在经济关联(Krimsky et al. 1996)。

一些科学家,尤以博士后科研人员居多,无法获得一份体面的收入,也无法得到良好的职业保障。这个群体完成了学位论文,但没能在学术机构或公司谋取一个职位。若身在大学,博士后们是从高级研究员所获得的科研资助或合同中取得一定收入。他们是一群"收入不定"的被雇佣者,能挣到多少取决于资助金和合同。一般情况下,大学里的博士后平均每年能收入25 000到35 000美元,除此之外不大会有其他福利。随着廉价科研劳动力资源被挖掘,博士后研究员的地位在稳步上升(Greenberg 2001)。

一些调研发现,科研项目中的经济利益影响着学术领域内部的数据共享和研究成果的发表。在一项调查中,19.8%的生命科学研究者表示他们曾推迟或索性不出版科研成果,为的是保护正在申请中的专利、保障其他专有利益、就许可协议进行协商、解决知识产权方面的分歧(Blumenthal et al. 1997)。有一项囊括1 849位遗传学家的调查揭示,47%的受访人在过去3年里至少有一次拒绝过别人对获取科研数据、信息或其他实物的要求;35%的人表示,过去10年里,数据共享这事儿越来越少见了(Campbell et al. 2002)。

私人公司通常要求其下属的科研人员延迟或暂缓出版,以保护专利或商业机密。1994年,关于生物技术公司的一个调查发现,82%的公司要求相关科学家签署机密信息披露协议(CDAs)。而执行CDAs的公司中,88%声称签协议的做法同样适用于学生。这个调查还发现,签署协议的公司中,47%是为了保护专利。此外,41%的公司称,他们从自己赞助的科研项目中取得了商业机密(Blumenthal et al. 1986)。另一项调研显示,卡耐基梅隆大学的科学家中有53%和相关公司签署过延迟发表学术成果的协定(Gibbs 1996)。那些受雇于私人公司的科研人员还签过有关材料转让的协议(MTAs),也就是说,在未得到公司许可的情况下,不得和他人共享试剂、细胞株等试验材料。

越来越多的证据在佐证这一事实:科研资金来源与发表的学术内容之间存在某种强关联(Krimsky 2003; Davidson 1986; Angell 2004; Goozner 2004)。在已发表的且受私人资助的科研成果中,绝大部分对赞助公司产品持肯定立场。一项研究显示,在由公司所资助的非甾体抗炎药(NSAID)的研究中,所有发表的文章都支持了这些药物的积极疗效(Rochon et al. 1994)。另一项研究表明,被研讨会收录的药学研究论文中,98%的结论站在赞助公司这一边(Cho and Bero 1996)。还有调查显示,受特定公司资助的、研究癌症药物的论文中,只有5%给资助方的相关产品提出了否定性结论。与这一数字形成鲜明对比的是,未受特定产业资金支持的药学论文,给出否定意见的占到38%(Friedberg et al. 1999)。

有一项令人印象深刻的调查,通过分析1995年至1996年发表在医学期刊上、研究钙通道阻滞剂(用于治疗高血压的药物)的70篇论文,揭示出科研经费与研究结论之间存在某种关联。该研究进一步发现,支持钙通道阻滞剂临床应用的论文,论文作者中有96%与生产该药的公司有经济关系。其中质疑钙通道阻滞剂功效的作者,只占37%(Stelfox et al. 1998)。

科研人员,尤其是生物医学家,在研究过程中与相关公司建立经济联系,有几方面原因。首先,这些科学家受雇于公司,或与私人公司有合约关系,或享受研究资助;其次,许多科学家拥有与他们研究相关的知识产权,如专利权;最后,有些科学家自己开了公司,以便将科研成果转化为产品。刚起步的公司一般在资金上都不充裕,所以经常以股份作为支付方式。例如，一个科研工作者会将精力投注在公司运转上，换来一定比例的公司股份或股票期权。

现在许多大学参与了与科研相关的商业活动。20世纪的大部分时间里，大学对获取专利并不很感兴趣。实际上，不少大学教师和管理人员都认为专利要么显得不道德，要么与科学的旨趣相背离，因此会阻止那些想申请专利的科研者（Bok 2003）。20世纪20年代，威斯康星大学校务委员会拒绝接受亨利·斯廷博克（Henry Steenbock）的照射牛奶工艺的专利资助。部分威斯康星大学校友设立了一个非营利研究基金会——威斯康星校友研究基金会（WARF），用来资助科研。后来，在接受亨利的专利后，威斯康星校友研究基金会通过开放几千项专利和几百个许可证，募集到了数百万美元的资金（Bowie 1994）。发现如何利用细菌剪切基因的赫伯特·博耶（Herbert Boyer）和斯坦利·科恩（Stanley Cohen），最初并没有为他们的发现申请专利。不过最终他们将所获专利捐给了加州大学洛杉矶分校，该校因为两人的发明得到了超过1.5亿美元的专利红利（Bok 2003）。

20世纪80年代，大学和学院改变了他们以往对科研成果商业化的暧昧态度。这有几方面原因：在州级财政资助不断减少的情况下，不得不寻求替代性的经费来源；学术界对于商业精神的接纳；试图与产业领导者建立更紧密的关系；1980年《拜杜法案》（Bayh-Dole Act，BDA）的通过，该法案允许那些受政府资助的科研项目申请专利（McPherson and Schapior 2003；Shamoo and Resnik 2003）。《拜杜法案》是为了鼓励大学帮助开发具有重大效用的技术，并将这些技术转让至私人部门。1986年，国会通过了《技术转移法案》（TTA），该法案允许联邦政府和私人公司就合作研发协议（CRADAs）和材料转让协议（MTAs）展开协商，并允许大学将技术从公共机构转移至私人部门（Shamoo and Resnik 2003）。

《拜杜法案》和《技术转移法案》似乎已实现了各自的目标。从1991年到2000年，大学从专利红利中获得的经费增长了520%，同时专利申请数增长了238%（Thursby and Thursby 2003）。2001年，全美大学和学院归档了9 454项专利，签署了3 300项许可，并从各种专利红利中获利8.27亿美元（Blumenstyk 2003）。这个数字比史上最高，也就是2000年的10亿美元略有下降。2002年，加州大学在持有的专利数上排名第一（431项），之后是麻省理工学院（135项）、加州理工学院（109项）（*Science* 2003）。虽然从专利收益角度来看，10亿美元是笔大数目，但仍然比其他来源的大学经费要少得多。例如，2001年，全美大学和学院从个人和公司那里获得的私人捐赠就达到了242亿美元（Strom 2002）。

1980年，只有少数几所大学有技术转移办公室。现如今，所有主要的研究型大学和政府实验室均设立了技术转移办公室（Bok 2003）。这个部门帮助研究者将科学发现转化为可以申请专利的新发明，确定哪些是有专利潜质的成果，负责专利申请过程，为已获专利技术向私人公司商业化生产的转化过程提供许可协助。大学通常要求研究者公开已经获得专利的发明，并将专利权授予大学。凡是利用其所属实验室或科研资金创造出的专利和商业产品，大学和私企一样，都对其所有权提出要求。作为回报，大学通常给科学家50%或更少的专利费（Shamoo and Resnik 2003）。而大学本身则利用从专利中收取的费用投入技术转移或科研活动中。

同样，大学还通过多种酬谢形式与行业建立密切的联系（Angell 2004；Krimsky 2003）。1974年，哈佛大学和孟山都（Monsanto）签署了一笔价值2 300万美元的协议。协议规定孟山都为哈佛大学的科研提供资助。作为回报，孟山都享有科研成果的专利权。这在当时是第一项重大的合作性投资。另一个产生过巨大影响的交易是在1981年，麻省理工学院和泰克尼康（Technicon）①达成一项价值1.2亿美元的交易，并共同建立了怀特海研究所（the Whitehead Institute）（Shamoo and

---

① 美国一家仪器公司。——译者注

Resnik 2003)。自此，不少大学都效仿这种合作形式，比如，由药品制造商礼来（Eli Lilly）创办的礼来基金，最近给印第安纳大学赞助了1.05亿美元，用于支持该校的科研和教育（Strom 2002）。2002年，拥有沃尔玛的沃尔顿家族，承诺给阿肯色大学提供3亿美元资助，以发展这所学校的荣誉课程（honor program）和研究生教育（Pulley 2002）。

最特殊的一项大学—产业联姻是在1998年，加州大学伯克利分校和诺华农业探索研究院（Novartis Agricultural Discovery Institute）签署了一项效用期为5年、价值2 500万美元的协议，为该校植物和微生物系提供科研资助。该系全体研究人员均参与了协议签订，这使得他们每年可以获得330万美元的经费用于不受限制的研究，167万美元用于行政开支。作为对这项资助的回报，凡是在赞助范围内获得的研究成果，诺华有权优先获得相关产品的许可证。而关于研发经费如何分配，由该大学和诺华人员组成的委员会共同决定（Krimsky 2003）。

大学从私人产业那里得到的研发资金逐年增长。20世纪90年代，德克萨斯大学奥斯汀分校从产业获得的研发资金增加了725%，增幅排全美第一。列第二的是加州大学旧金山分校，增幅为491%。杜克大学和俄亥俄州立大学分别以280%、272%列第三和第四。然而在20世纪90年代，这些机构的总体研发资金只从13%增长到85%，到2000年，杜克大学的研发预算有31%来自产业。排在之后的为乔治亚理工学院（21%）、麻省理工学院（20%）和俄亥俄州立大学（16%）（Krimsky 2003）。

值得注意的是，一些大学的临床试验项目正在流失，代为进行项目操作的是一些私人机构的医生。目前，60%以上的临床研究为社区导向的研究，在私人医生的办公地点和诊所进行，而大学导向的研究，即由学术性卫生中心进行的研究占比不足40%。私人公司被称为合同研究组织（CROs），帮助组织和实施社区导向的研究，包括加强研究赞助方与医生、病人、医院的接触和沟通，招募病患，审核数据和监督研究（Angell 2004）。在过去10年中，社区导向的研究比例增加了2倍

(Morin et al. 2002)。由于医疗临床试验是获取资助的重要途径,学术性卫生中心正努力重新获得市场份额。具体举措包括:改进与药企和生物技术公司的关系,提升人体研究评估和监督的可信度与效率。

大学也鼓励本校科研工作者自己开公司。创办一家公司的最大困难是如何从银行(以贷款的形式)或投资方(以股份收购的形式)那里争取到资金。许多大学帮助身兼科研者和创业者双重角色的人克服公司成立之初的资金短缺问题,具体办法是先予以资助,以换取该公司的部分股份或股权。这种做法之中,比较典型的是:大学里的科研人员开发出新技术,再申请专利,并将专利权交给所供职的大学,然后开一家自己的公司,促使相关技术进一步成熟。之后,大学将专利所涉及的许可证交给新公司并提供公司起步的经费。不少大学都成立了私人的科研基金,这些基金中一部分投资于刚起步的公司,一部分用于投资其他公司,还有一部分用来作为风险资本,分配给那些刚成立自己公司的研究者(Krimsky 2003)。

政府合同和资助也会影响那些没有从私人企业处获得资助的科学家。这部分科学家不得不争取从政府那里得到经费支持,以继续自己的研究和事业。尽管美国一直在加大政府对研发的经费投入,对于科研资助的竞争仍然很激烈,毕竟资金是有限的,且总是供不应求。科学家群体之庞大和对知识的无止境探求也是重要因素(Greenberg 2001)。没能在公共或私人机构拿到赞助的人不得不找不同的差事谋生。在科学界,钱就像饭票一样不可或缺。对资金的强烈需求一方面给科研人员带来了经济压力,其中极端的情况是,部分科学家为了研究许可申请能获批,伪造或篡改研究数据,夸大真实性;另一方面,还会影响同行评议的客观性,如一些科学家会钻同行评议制度的空子来得到资金(Shamoo and Resnik 2003)。

大学和学院对政府提供的科研资助也是有兴趣的,毕竟政府合同和资助对研究性大学来说是很重要的经费来源(Bok 2003)。(见表1.3)。1998 年,学院和大学收到的研究资助达到 250 亿美元

(Greenberg 2001)。从 1998 年到 2003 年,政府对研发的投资增长了 50%,2003 年学院和大学获得的资助大概有 370 亿美元。

表 1.3　1999 年研发经费排名前 20 的学术机构*

密歇根大学所有校区	5.09 亿美元
华盛顿大学西雅图分校	4.83 亿美元
加州大学洛杉矶分校	4.78 亿美元
威斯康星大学麦迪逊分校	4.63 亿美元
加州大学圣地亚哥分校	4.62 亿美元
加州大学伯克利分校	4.52 亿美元
约翰·霍普金斯大学	4.39 亿美元
约翰·霍普金斯大学应用物理实验室	4.36 亿美元
斯坦福大学	4.27 亿美元
麻省理工学院	4.20 亿美元
加州大学旧金山分校	4.17 亿美元
得克萨斯 A&M 大学所有校区	4.02 亿美元
康奈尔大学所有校区	3.96 亿美元
宾夕法尼亚大学	3.84 亿美元
宾夕法尼亚州立大学所有校区	3.79 亿美元
明尼苏达大学所有校区	3.71 亿美元
伊利诺伊大学厄巴拉-香槟分校	3.58 亿美元
杜克大学	3.48 亿美元
哈佛大学	3.26 亿美元
俄亥俄州立大学所有校区	3.23 亿美元

*资金来源包括联邦政府、州级和地方政府、私人产业及其他等。引自 NSF (2002)。

政府提供的科研资助包括直接费用,比如支付工资、学生花费、设备和仪器等的费用;间接费用,指的是和科研相关的管理费用。间接费用这部分,政府会和大学进行协商。虽然间接费用和直接费用的比例会有所浮动,但总体来说间接费用是占直接费用的 30%。比如说有 100 000 美元的直接费用,那么就有 30 000 美元的间接费用。间接费用对于大学管理者来说是极为重要的收益来源,因为他们可以用这些钱支付所有与科研相关的花费。虽然大部分间接经费用于科研必需的花销,如建设图书馆、进行科研管理等,但仍会有大量盈余用于其他用途。间接经费被称为学术领域的"行贿基金"(Greenberg 2001)。

另外一个常见的且不断增长的政府资助来源是"专项资金",它指绕开常规支出方式的那部分钱。研究基金的常规支出通常是由同行评议审定小组来决定的。专项资金一般来自国会拨款。例如,在政府综合性资助规划中,一个议员可能会提议给他家乡的某个科研项目拨款。政府每年都会在这些"政治拨款"(pork barrel)①上花费不少钱。国会里的男男女女对这些不成文的政治拨款都心照不宣:你给我一些,我再给你点。对于政治拨款的商议都在幕后进行。1999 年,美国的大学从专项资金中共得到 7.97 亿美元。排名前 20 的研究性大学获得了这笔金额的一半以上。如果再加上全美的实验室,拿到的专项资金数额可达到 60 亿美元(Greenberg 2001)。

由于政府资金是科研经费的重要来源,许多大学会根据获取科研资助的能力来对研究者进行人事安排(Bok 2003)。那些有望拿到政府资助的人在任期、晋升、涨薪酬等方面能享受优待。相反,没希望的那部分人则被淘汰出局。在学术界,论文和专著的发表就意味着一张饭票(LaFollette 1992)。这个比喻如果放在科学界就意味着,从科研资助中拿到钱,即使不比论文和专著更重要,也有同等分量。

事实上,大学现在经常争相雇佣那些国际知名科学家,不仅是因为他们的学术才能和社会声誉,更是看重了他们在获取科研经费方面的竞争力。大学一般通过高薪、更多的事业自主权或更好的科研条件来吸引这些科学家。伦道夫·奇特伍德(Randolph Chitwood)是东卡罗来纳州立大学布罗迪医学院心脏外科医生,他也是机器人手术领域的世界顶级专家。伦道夫收到哈佛大学医学院投来的橄榄枝。东卡罗来

---

① 政治拨款指为讨好或报答支持者而提供利益。——译者注

纳州立大学和皮特县纪念医院对"挖人"的回应是：愿意将伦道夫的年薪从 672 834 美元提高到 950 000 美元，并承诺将提供一个价值 6 000 万美元的心脏外科研究中心且任命他为主管。之所以有此待遇，是因为伦道夫每年能给东卡罗来纳州立大学带来至少 185 万美元的研究资助经费，同时还能为皮特县纪念医院带来数量庞大的就诊率和大批心脏外科见习人员。杜克大学从伊利诺伊大学厄巴纳-香槟分校引进了两位光学领域的顶尖科学家大卫·布雷迪（David Brady）和雷切尔·布雷迪（Rachel Brady）。同时，杜克大学工程系宣布，他们已经获得了 2 500 万美元的资助来建造一个光学和通信系统研究中心。当化学教授约瑟夫·德西蒙（Joseph Desimone）得知北卡罗来纳大学教堂山分校和北卡罗来纳州立大学愿意建造一个国家三角法光刻技术中心并购置了一个价值 300 万美元的光刻仪后，拒绝了乔治亚理工学院和佛罗里达大学的邀请（Bonner 2003）。

许多评论者关注的问题是，过分强调研究经费会给诸如教学和指导、学术建议、公共服务等活动带来负面影响。很少有大学能认真严肃地对待教学评估、教学发展和嘉奖优质教学。因此在很多大学里，对教职人员评价的最重要指标就是他是否能很好地运作受资助的科研项目（Bok 2003）。

1.3　科学和金钱：案例研究

之前的章节展示了一些与科学有关的经济事实。为了表明这些市场力量和经济利益如何影响科学研究，回顾近期科学史中一些真实案例便很有必要。虽然有人会质疑，认为案例研究更多展示的是轶事一般的偶然性，而非统计证据，但我认为不应该否认一些事例所具有的重大教育意义。接下来的章节将运用事实来探讨金钱对科学的影响。

人类基因组测序的竞赛：大众科学 VS 私人科学

人类基因组测序的竞赛几乎成了一个缩影，它折射出一个事实——将大笔公共和私人经费投入科学研究的机遇和风险。1990年10月，美国政府发起了价值30亿美元的人类基因组计划（HGP）。该计划打算在15年内对人类基因组进行绘制和测序。美国能源部（DOE）一直在后冷战时代探寻科学和政治的关联性，并与美国国立卫生研究院（NIH）共同发起和扶持人类基因组计划。有两个互相竞争的机构共同建立了国际人类基因组测序协作组（International Human Genome Sequencing Consortium），以完成测序工作涉及的一系列目标。詹姆斯·D.沃森（James D. Watson），这位因为和弗朗西斯·克里克（Francis Crick）在1953年发现了DNA双螺旋结构而获得诺贝尔奖的科学家，是人类基因组计划的最早负责人。沃森于1992年不再负责该计划，由弗朗西斯·柯林斯（Francis Collins）接任（Human Genome Project 2003a）。

1998年5月，J.克雷格·文特尔（J. Craig Venter）和阿普蕾拉（Applera）公司另外组建了名为塞莱拉的基因组公司（Celera Genomics），该公司的主要任务就是在三年内测序整个人类基因组（Celera 2003）。文特尔在对其供职的NIH心灰意冷后，于1991年离职。1992年，他创办了一家名为"基因组研究所"（TIGR）的非营利性公司。文特尔的合伙人是迈克尔·亨卡皮勒（Michael Hunkapillar），他是PE生物系统公司科学仪器部的主管，他们的主要合作事项是组装自动DNA测序仪的大型存储器。文特尔打算用自己发明的却被NIH否定的"霰弹法"（Shotgun）来进行测序工作。作为"一次测序一段基因"这种费时费力方法的替代，文特尔的"霰弹法"能切开整个基因组序列，对各个片段进行测序，再通过运行于超级计算机中的特定算法将这些片段重新匹配起来（Service 2000）。那些使用传统的"逐步克隆法"的科学家对"霰弹法"的质量和可靠性表示怀疑。塞莱拉在2000年

2月发表的高质量的果蝇基因组测序结果让这些质疑和批评声不攻自破。

到2001年6月,塞莱拉卖出了价值超过10亿美元的股票,并在人类基因组测序上花费了3亿美元。塞莱拉计划通过向医药和生物技术公司率先出售基因组信息来实现盈利。它还计划针对部分基因申请专利。在能够初步获取基因信息的阶段,塞莱拉无法在与众多公司的竞争中得到巨额利润,因此不得不修改其商业蓝图。最终,塞莱拉回归更为传统的商业策略:为生物大分子申请专利,并向研究者和公司开放基因数据库、提供信息服务(Resnik 2003a)。

1998年到2001年这段时间,见证了公共和私人力量在基因组测序一事上的合作和竞争。一方面,来自公共和私人部门的研究者共同开发基因测序的技术、工具和方法,他们分享数据、观点和研究结果;另一方面,受政府和私人资助的研究者在数据获取和数据开放的问题上存在某种理念分歧。国际人类基因组测序协作组被认为有责任加快DNA序列信息的免费公开,且这样的公开应先于基因学文献的出版(Collins,Morgan,and Patrinos 2003)。协作组下属的研究人员于是将数据存储于基因银行——一个基因序列信息的公共数据库。但塞莱拉公司并不接受这种免费且及时公开DNA序列数据的做法,所以其下的研究员并没有把基因信息存入基因银行。即便最终基因数据通过网络向研究者免费开放,塞莱拉公司仍打算向那些想率先一瞥基因信息的科研机构收费。作为获取基因信息的条件,研究者被要求不能将所获的信息进行商业活动,也不能向外界公开(Marshall 2001a)。

这对立的两方最终达成了一致。2001年2月16日,也就是在比人类基因组计划预定结束日期提早两年的时候,双方发表了各自的人类基因组草图。塞莱拉和协作组之间的竞争关系,以及两者将数百万美元的私人资金和科研热忱进行的有机融合,这些因素共同加快了研究进程。协作组将其研究成果发表在《自然》(Nature)杂志上,塞莱拉则将其成果刊载于《科学》(Science)杂志上。《科学》杂志在没有要求塞莱拉将基因信息上传到公共网页的前提下，就刊登了他们的研究结果。这一做法遭到一些研究者的反对。2003年4月，塞莱拉和协作组圆满结束各自的工作，发布了人类基因组图谱的最终版。

由于基因组学在理解细胞结构、调控、功能、许多病变过程方面具有关键作用，人类基因组计划将对生物医学和临床医学产生深远影响。一些重要的领域，包括基因疗法、肿瘤学、再生医学、病理学、人类基因组学都得益于人类基因组计划。该计划同样将为基因测试、基因筛查、指纹识别提供丰富的有效信息。虽然科学家现在掌握了大量人类基因组数据，但他们仍面临一系列难题：这些数据的含义是什么？（Collins and McKusick 2001）从基因型到表型，之间包含的多个步骤，如基因如何调控、基因如何编码蛋白质、蛋白质如何在身体中发挥作用，对这些问题，科学家还知之甚少。换言之，我们距离人类基因组计划能带来实质性的科学收获还有相当时日。

从启动之初，人类基因组计划就存在争议。不少科学家认为，这个计划使其他一些很有价值的研究项目得不到充分资助。由于公共科研资金总是有限的，政府对于科研的资助就是一个零和游戏（Zero-sum game）：给一个项目钱多就意味着给别的项目钱少。一些科学家，尤其是物理和社会科学领域的研究者，对将大笔经费投在一个生物医学项目上这种做法的公平性提出质疑。另有一些科学家担忧，人类基因组计划会生产出大量无用数据，因为这个计划是测序整个人类基因组，而人类基因组中有98%是由无法编码蛋白质的垃圾基因组成的。最后，还有一部分人怀疑该计划能否完成（Roberts 2001）。这个想法从现在看来已不再成立，但在1990年，实验室每天只能完成500个基因序列的测序工作时，这样的担心也情有可原。人类基因组包含30亿个碱基对，若以90年代的进度，测完整个人类基因组需要20个实验室花上82年时间。

不过，关于人类基因组计划最大的争议一直是，也将继续是它所涉及的伦理、政治、社会和法律问题。从计划中获得的新知识将和很多议题产生重要关联,如基因测试、基因歧视、隐私;基因信息的专利化和商业化;人类生育、克隆、优生;道德和法律责任;对人类独特性和身份的理解。这些问题在计划之前就已经存在,只不过现在被计划放大,并以新的形式呈现在人们面前。比如,得益于该计划,在不久的将来,我们可以在某一个人身上开展基因测序,确认他/她的全部基因组成、状况,具体包括患有哪些基因病、疾病易感性、有哪些风险因子等。事实上,自从文特尔 2002 年离开塞莱拉,他便开了一家新公司,有偿为人类、动物、植物进行 DNA 测序。当时,他希望在随后的 10 年内,能够以几千美元的成本完成对个人的全基因组测序。

由于意识到人类基因组计划本身会带来很多伦理、政治、社会争议,计划发起者打算将每年经费的 3%～5% 用于伦理、法律和社会议题项目(ELSI)。ELSI 作为最大的生物伦理项目,是几十项研究资助、会议、研讨会的经费来源(Human Genome Project 2003b)。ELSI 还在基因歧视和基因隐私等问题上提供立法建议,为科学家、学者、专业人士、公众就伦理、法律和社会议题开设教育课程。

人类基因组计划不是第一个"大"科学计划,也不会是最后一个。其他一些民用项目包括哈勃望远镜(预算为 15 亿美元)、地球观测系统(预算为 170 亿美元)、自由号空间站(预算为 300 亿美元)(Collins, Morgan, and Patrinos 2003)。而以军事防御为目的的科学项目在规模和花费上更为可观。比如,自从里根总统在 20 世纪 80 年代提出"战略防御计划",美国在国家军事防御上已花了将近 1 000 亿美元(Marshall 2001b)。2003 年,美国在军事防御上投入了 80 亿美元(Congressional Budget Office 2003)。如果以 1945 年的价格标签来看,曼哈顿计划花费 20 亿美元,以 2003 年的标准则是 230 亿美元。

对研究的压制

从 20 世纪 90 年代起,有三个事件可以说明学术型研究人员为私人公司做研究所带来的问题。1995 年,博姿(Boots)公司要求加州大学旧金山分校临床药学家贝蒂·董(Betty Dong)撤回一篇关于治疗甲状腺功能减退的药物的论文,当时这篇论文已经被《美国医学会杂志》(JAMA)录用。贝蒂的研究受博姿制药公司赞助,研究内容是将该公司生产的左甲状腺素钠制剂和几种仿制药做比较。贝蒂的结论是,这些药物在安全性和效用上都是一样的。全美范围内使用左甲状腺素钠制剂的病人如果换用仿制药,每年可节省数百万美元。此前,贝蒂和博姿公司签了协议:一方面,贝蒂同意博姿在论文发表之前审查论文内容;另一方面,贝蒂在未经博姿许可时,不得发表论文。因此,博姿威胁要控告贝蒂,并花了两年时间试图抹黑她的学术声誉。贝蒂于是撤回论文以避开指控。不过,最终幸运的是,博姿态度有所缓和,贝蒂的论文得以发表于《新英格兰医学杂志》(NEJM)(Shamoo and Resnik 2003)。

1994年,布朗大学医学院和纪念医院职业卫生专家大卫·克恩(David Kern)在为一位在超细纤维公司工作且呼吸急促的病人进行检查后,决定去这家工厂走一趟,查探病因,可是什么也没有发现。为了能够探访工厂,大卫与工厂签了一个保密协定。1995年,大卫接收了另一位在这家工厂工作,也出现相似症状的患者。大卫把相关情况报告给了美国国立职业安全与卫生研究所(the National Institute of Occupational Safety and Health)。之后,这家公司聘用了大卫,希望他能确定工厂的工作环境是否与肺病有关。大卫为该病症撰写了一份摘要,并提交给了美国胸科学会(The American Thoracic Society)1997年度年会。超细纤维公司对这一举动提出抗议,理由是大卫的研究结论并不成熟,而且他之前已和公司签过保密书。大卫不顾布朗大学一位院长的劝说,仍决定将摘要提交出去,因为他认为保密书和将提交的摘要并无关系。在摘要内容被公开后一周,大卫被告知他在布朗大学和纪念医院5年的聘用合约将不再续约(Krimsky 2003)。

从1993年到1995年,多伦多大学(UT)和多伦多总医院(TGH)医生南希·奥利维耶里(Nancy Olivieri)和她的同事们对治疗地中海贫血症的一种药物"去铁酮"进行了研究。1995年,他们的研究成果发表在《新英格兰医学杂志》上。加拿大医药公司奥贝泰克（Apotex）既是去铁酮的生产商，也是南希研究的赞助者。南希的结论是：去铁酮不仅会显著减少地中海贫血症患者体内的铁储备量，其所带来的副作用也是可控的。然而在这一肯定性结论发表后不久，南希进一步发现她所诊治的地中海贫血症患者肝脏铁储备量达到了危险水平，极易导致心脏衰竭甚至死亡。南希决定提醒多伦多总医院研究伦理委员会（REB）关注此问题，让患者能在知情同意流程中，被告知该药的这一新风险。然而奥贝泰克公司不想让南希把她的这些担忧报告给研究伦理委员会。所以当她最终把报告成功交到研究伦理委员会之后，奥贝泰克公司终止了南希的研究，并撤回了供应给医院药房的去铁酮。此外，奥贝泰克还扬言，如果南希对其他人公开她对去铁酮的效用质疑，将会遭到起诉。由于南希不断收到来自公司的起诉恐吓，她最终撤回了一篇本打算在一个科学会议上公布的去铁酮研究论文（Olivieri 2003）。

1998年，奥贝泰克就向多伦多大学和多伦多总医院捐款一事展开协商，捐款前提是，两家机构必须向南希施压。最后协定达成，两机构为压制被曝光的药物问题，不仅否认去铁酮有不良效用，还试图将南希边缘化，刻意抹黑其学术成果，甚至想让她离职。1999年，一个由科学家和伦理学家组成的小组介入这一丑闻，保住了南希的职位。南希与多伦多大学、多伦多总医院达成协议，南希要求两方撤除对其本人的不实指控。事件真相得以水落石出，有赖于加拿大高校教师联盟（the Canadian Association of University Teachers）委员会在2001年进行的调查取证工作（Olivieri 2003）。

未发表的论文：抗抑郁药和万络[①]

本章之前已做出说明，在科研资金来源和研究结论发表之间存在某种强关联。不惜歪曲研究结果使之符合自己的期望，私人公司的伎

---

① 一种抗炎药。——译者注

俩之一便是索性不发表那些他们不想看到的结论。在美国，医药公司只有在得到美国食品药品监督管理局（FDA）批准后，才能上市一种新药。为了获得批准，相关公司要提交试验性新药（investigational new drug，IND）审核申请，以及关于药品安全性和效用的数据。而产生这些数据的研究必须遵守一系列法规，包括保护人体受试者、研究设计的客观性和完整性、数据收集和数据分析（Angell 2004；Goozner 2004）。医药公司把他们的研究结果视为商业机密，所以 FDA 并不会向外界公开这些结果。虽然 FDA 会依据试验性新药审核申请发布审核结果，但不会公开申请书中由公司提交的具体数据。数据公开与否由医药公司自行决定。这些公司在临床试验结果中有选择地公布那些"有利"信息，其背后是经济利益在起驱动作用。这种做法被视为一种特殊形式的市场营销（Angell 2004）。要知道，受医药公司资助的全部研究中，发表的只占 30%～50%（Dickersin and Rennie 2003）。

科学家、医生、伦理学家多年来都知道，临床试验中有很多研究结论未被发表，而这是很成问题的。他们建议，所有的临床试验结果要么发表在相关期刊上，要么统一收录进开放性数据库中（Rennie 2000）。从 20 世纪 90 年代起，一些机构对开展的临床试验进行登记，登记内容包括试验对象招募标准、试验对象状况、发表的和未发表的试验结论（Dickersin and Rennie 2003）。比如，NIH 建立了一个全美最大的登记网站 Clinicaltrials.gov.（www.clinicaltrials.gov）。到目前为止，临床试验信息的录入仍遵循自愿而非强制性原则。所以，很多医药公司并不打算对他们所开展的临床试验进行登记。

2004 年春，生物医学协会和一些公众已经了解到给儿童和青少年开抗抑郁药的危害性。一项发表于《柳叶刀》（*The Lancet*）的系统研究表明，被归为"选择性 5-羟色胺再摄取抑制剂"（SSRIs）的所有药品中，除了氟西汀（百忧解）以外，其他均和儿童自杀率升高有关。早前，一些发表的研究显示，SSRIs 在治疗儿童抑郁症方面很有效。然而，这次《柳叶刀》登出的文章参考了一些未发表的研究数据，这些数据来自为英国政府提供咨询的服务机构之一的药品安全委员会(the Committee on Safety in Medicines)。该委员会认为SSRIs与抑郁儿童群体中自杀率升高存在因果关联。文章作者认为，除了百忧解以外，所有属于SSRIs的药物都不应该用于儿童和青少年抑郁症的治疗(Whittington et al. 2004)。

SSRIs会提高儿童自杀率一事被披露后，激怒了医生、父母、研究者和政客。大西洋两岸政府委员会着手调查那些未发表的"负面"文献所披露的关于SSRIs用于治疗儿童和青少年抑郁症的种种问题。纽约州首席检察官艾略特·斯皮策(Eliot Spitzer)指控SSRIs系列之一帕罗西汀(Paxil)的生产商葛兰素史克(GlaxoSmithKline)犯有欺诈罪。该诉讼认为，药品生产厂家刻意欺骗医生，不告诉他们有些研究已经表明帕罗西汀在治疗儿童和青少年抑郁症方面既不安全，也没有效果(Harris 2004)。国际医学杂志编辑委员会(ICMJE)决定实行临床试验登记制度。凡是预备在国际医学杂志上发表的研究结果，必须首先在公开的临床试验注册中心进行注册(DeAngelis et al. 2004)。美国国会也考虑立法，要求药品生产商对所有临床试验进行登记。(但直到写这本书时，这项立法草案还没通过。)即使是美国药品研究与制造商协会(PhRMA)这样代表着美国药品产业的机构，也决定创立一个自愿性质的录入系统(Couzin 2004)。

万络是罗非考昔的商标名。这是一种由默克(Merck)公司生产、属于环氧化酶-2抑制剂的药物。这类药能通过抑制环氧化酶的合成起到消炎作用。它还能缓解疼痛，且比其他一些如阿司匹林和布洛芬等非甾体抗炎药(NSAIDS)在胃出血和胃溃疡治疗方面风险更小。1998年，FDA批准了辉瑞(Pfizer)生产的西乐葆(Celebrex,环氧化酶-2抑制剂的一种)，又于1999年批准生产万络。2000年，默克将"万络胃肠道效应研究"(VIGOR)报告递交给FDA。该研究显示，服用万络者罹患心脏病的风险是服用萘普生钠(Aleve,属于非甾体抗炎药但不属于环氧化酶-2抑制剂)者的5倍(Associated Press 2005)。万络的胃肠道效应研究发表于 2000 年 11 月,这项研究只提及了万络在对抗胃肠炎症方面的功效,却对其可能带来的心血管风险只字不提。在参与该研究的 12 名成员中,有 11 位与资助万络研究的默克公司有经济关系(Bombardier et al. 2000)。2001 年,FDA 对默克公司发出警告,认为其在万络药品资格申请中提交了虚假的安全性报告。2002 年,FDA 更改了针对万络的警告标识,以反映出万络胃肠道效应研究所披露的心血管风险。2004 年 9 月,"万络对腺瘤息肉的预防"(APPROVe)的研究显示,服用万络达 18 个月以上,中风和心脏病风险加倍。之后,默克下架了在售的万络。这项研究发表于 2005 年 3 月(Bresalier et al. 2005)。很快,面对那些因服用万络中风或患上心脏病的患者可能递来的数千个诉讼,默克打响了自我保卫战。2005 年 8 月,在对万络的首个判决中,陪审团不仅裁定默克应支付万络使用者之一罗伯特·恩斯特(Robert Ernst)的遗孀 2.53 亿美元,还做出宣判:默克未向万络用户警告该药的潜在风险,是一种过失行为。2005 年 11 月,另一陪审团裁决:默克在万络用户迈克·休姆斯顿(Mike Humeston)的心脏病问题上并无责任(Associated Press 2005)。

烟草研究和诉讼

1994 年,任职于菲利普·莫里斯(Philip Morris,一家烟草公司)的两位科学家维克托·德诺贝尔(Victor DeNobel)和保罗·梅莱(Paul Mele),在国会为尼古丁具有上瘾特性的秘密研究提供证词。在这之前,两人和所属公司有所协定:在未经允许时,不得披露或发表任何与烟草有关的研究结论。但国会委员会的证词要求使两人不受协定约束。维克托和保罗告诉委员会,他们一直在一个安全的、私人的实验室中研究尼古丁的上瘾性质。与此同时,烟草公司也在研究尼古丁,为的是操控烟草中的尼古丁含量(Resnik 1998a)。多年来,烟草公司一直与 FDA 和联邦法规抗争,坚称他们卖的是天然产品,而不是药物。不仅如此,他们还否认为了使人们对香烟上瘾而对烟草中的尼古丁含量进行人为操控。FDA最近并未把烟草设定为药品，不过许多州还有一些个人对烟草公司提起了诉讼。烟草公司在与46个州的庭外和解上就花费了2 060亿美元。

研究中的利益冲突

1999年，时年18岁的杰西·基辛格（Jesse Gelsinger）在一项基因疗法试验中的悲剧性死亡，被视为经济利益给科研带来偏倚的典型案例。杰西当时患有一种基因引发的肝脏疾病——鸟氨酸转氨甲酰酶缺乏症，患者缺乏编码鸟氨酸转氨甲酰酶的基因。大部分有这种病症的个体死于婴儿期，杰西由于饮食和药物控制一直和该病相安无事。后来，杰西同意加入宾夕法尼亚大学科学家詹姆斯·威尔逊（James Wilson）和他的同事发起的基因治疗研究阶段Ⅰ。本来，詹姆斯打算在患此病的婴儿身上开展该项研究，之所以决定把杰西囊括进来，是因为一位生物伦理学家艾特·卡普兰（Art Caplan）曾提醒过他，在无法执行知情同意权的婴儿身上进行试验，是违反伦理的。试验使用的是一种腺病毒载体，目的是将功能基因转移至杰西的肝脏细胞，从而在活体内实现酶合成。然而杰西对腺病毒载体产生了强烈的免疫反应，很快死亡（Marshall 2001c）。

人类研究保护办公室（OHRP）的联邦调查员发现，该项研究存在一些严重背离伦理和法规的行为。首先，研究者并未事先告知杰西对于腺病毒载体的毒性反应。在接受过同样疗法的病人和若干只因该疗法而死亡的猴子身上，人们已经发现了这些反应。其次，研究者没有把已经出现的人类毒性反应（不良事件）上报给FDA或负责对科研实行监管的机构审查委员会（IRB）。最后，詹姆斯和宾夕法尼亚大学均与该项研究有重大经济利益上的关联（Greenberg 2001）。

詹姆斯是该项研究的主要负责人，在几种基因疗法上拥有20项专利，且持有吉诺沃公司（Genovo）30％的股份。而该公司每年会拿出400万美元给一家由宾夕法尼亚大学组建的非营利性研究组织——人类基因疗法研究所(the Human Gene Therapy Institute)。该研究会给詹姆斯的研究提供资助。同样,宾夕法尼亚大学也持有吉诺沃的股份。詹姆斯拥有吉诺沃三成股份一事违反了宾夕法尼亚大学的政策——受公司赞助科研项目的研究者不得持有超过该公司5%的股份。在密歇根大学时,詹姆斯就是吉诺沃和不少其他公司的大股东。后来,1993年,宾夕法尼亚大学以任命詹姆斯担任新建的人类基因疗法研究所所长为条件,让其离开密歇根大学,转投宾大。在这次试验中,递交给杰西的14页的知情同意书的最后,确实有一部分提及詹姆斯和宾夕法尼亚大学将从成功的试验中获得经济回报(Greenberg 2001;Marshall 2001c)。

在杰西的悲剧性死亡之前,还有几件有利益纠葛的(COI)案例吸引了媒体的注意。1997年,迈克尔·马克宁(Michael Macknin)着手研究锌锭剂对普通感冒的疗效。在他发表研究结论后不久,他购买了生产这种锌锭剂的奎格利(Quigley)公司的股票,并在股票升值时获利14.5万美元。讽刺的是,其后续研究表明,在治疗普通感冒方面,锌锭剂不比安慰剂好到哪去。在迈克尔公布这个后继结论之前,他把手上的奎格利股票都抛了(Hilts 1997)。1985年,哈佛大学眼科医生谢弗·曾(Scheffer Tseng)发表了一篇论文,讲的是他用一种含有维生素A的药膏来治疗干眼症,但他没说的是,他从FDA获得这种药膏的专利已有7年。一家名为光谱(Spectra)的药品公司以31万美元的价格买走了该专利。谢弗同样没说的是,他持有53万股光谱公司的股票。在他发表这篇论文后,光谱股价大涨,他抛售了所有股票,大赚一笔。然而,后续研究显示,这种"药膏"并没有其研究所声称的那么有效,谢弗极力压制了他研究中的负面结论。在负面结论被披露之前,谢弗只发表了正面结论(Booth 1988)。

媒体报道的这几件事揭示出FDA批准程序中包含的利益冲突(Krimsky 2003)。FDA在批准任何一项新产品、新的诊疗方法或预防疾病的方法之前,都会要求相应的生产商或发明方提交临床试验报告。

其中必须包括能证明新产品或新方法安全性、功效的内容。不仅如此，FDA 还要求临床试验必须严格遵循试验设计、数据收集和监测、数据分析、负面结果报告和人体受试对象保护的相关规定。FDA 有一个由科学家和其他机构专业人员组成的咨询委员会来审核递交上来的资料。1998 年，FDA 批准了一种由惠氏立达（Wyeth Lederle）公司生产的抵抗轮状病毒的疫苗。在这种疫苗投放市场后的一年内，超过 100 名儿童因使用该疫苗而发生肠梗阻，惠氏立达公司便撤回了这种疫苗。一个国会小组着手调查此事，他们发现，当时给出疫苗许可证的咨询委员会中，有 9 人与生产该疫苗的公司有重要的经济关系，而其中有 1 人持有默克价值 33 800 美元的股票，而另一人则持有轮状病毒疫苗的一项专利，且已从默克公司获得价值 35 万美元的专利红利（Krimsky 2003）。

2000 年秋季展开了一项调查，调查 FDA 批准程序中的利益有涉问题，共涉及 18 个咨询委员会的总计 159 次会议讨论。该调查发现，在 146 次会议讨论中，每个咨询委员会至少有 1 名成员与待审核对象有直接经济联系。在 88 次会议中，有至少半数成员与待审核对象有直接经济联系。这些经济关联的具体方式包括资助、咨询费、股份、专利费（Krimsky 2003）。

FDA 自身也存在内部利益冲突。根据 1992 年通过的一项法规——《处方药申报者付费法案》（PDUFA），FDA 可向申请新药审查的私人公司收费。具体是，FDA 在公司递交药品、生物制品申请时，就会要求对方付费。2002 年，FDA 从私人公司那里共收费 1.433 亿美元，并把其中大部分用来支付 FDA 员工的工资和奖金。而 FDA 在 2002 年的工资和奖金总预算为 10 亿美元（FDA 2002）。可以算出来，处方药申报者支付的总费用占到 FDA 工资和奖金支出的 14%。处方药申报者付费制度的目的是，通过招募更多的雇员来提高 FDA 审批工作的效率和质量。1992 年之前，FDA 的经费均来自联邦政府的税收。一些医药产业观察者认为，以处方药申报者付费名义收取费用，实质上意味着 FDA 享有制药产业的恩惠(Wolfe 2003)。

最近一项发表在《自然》杂志上的研究显示，一些供职于专家小组、为处方药撰写临床用药指南的医生往往和药企存在某种关系。该研究还发现，这样的医生中，超过三分之一存在利益冲突。一个例子是：某个专家小组的所有成员均从某药企那儿收了钱，而该小组当时正在评议的一个药品正是由这个药企生产的。所以，专家小组给该药做出正面评价也就不足为奇了(Taylor and Giles 2005)。

另外一个值得一提的利益冲突发生在二十多年前。1976年，约翰·摩尔(John Moore)因为一种罕见的癌症毛细胞白血病，在加州大学洛杉矶分校医学中心接受治疗。约翰的主治医生大卫·戈尔德(David Golde)建议他进行脾切除手术。在约翰的脾脏被移除后，大卫要求约翰继续到医学中心复诊，进行血液和组织采样。然而，大卫在没有告知约翰的情况下，使用约翰的脾脏组织和后来的组织样本培养了一个细胞系。约翰的细胞组织由于可以过量生产淋巴因子——一系列可调控多种免疫细胞功能的蛋白，从而具有科学、医学和商业价值。大卫和他的研究助理雪莉·全(Shirley Quan)与好几家药企以及加州大学签署了培养这种细胞系的协议，并于1984年获得该细胞系的专利。之后他们把细胞系交给加州大学(Resnik 2003b)。这个细胞系涉及的专利最终被一家瑞士药企购得，因而产生了数十亿美元的经济收益(Krimsky 2003)。

当约翰发现大卫在未经他允许的情况下就将自己的组织用作商业用途后，约翰以过失和将私人财产变现为由，起诉了大卫、雪莉、私人公司和大学。最后这个案子被递交给加州最高法院，法院裁定：约翰并不能证明这是一种侵权行为，因为他对于从其组织中分离的细胞系不具备所有权。陪审团中大多数认为，将细胞系提取、纯化、进行专利申请的人，而不是约翰，享有所有权。陪审团的理由是：如果把自身组织的所有权赋予患者，将阻碍生物医学研究。因为医药公司不会愿意去投资那些将使他们面临患者知识产权诉讼的产品。不过，法院还裁定，鉴于大卫未将该产品涉及的商业利益告知约翰,所以他是存在过失的。大卫应当在履行知情同意权之后再进行组织样本的采集,并说明样本的商业用途和收益(Moore v. Regents of the University of California 1990)。

2003年12月,《洛杉矶时报》刊出了几篇关于NIH官员与医药、生物技术公司之间咨询模式的文章后,NIH爆发了一场关于研究项目内部利益冲突的争论(Willman 2003)。文章认为,部分NIH高级官员通过不正当的咨询程序收取了几十万美元。NIH主管伊莱亚斯·泽鲁尼(Elias Zerhouni)于2004年任命一个高级小组来调查相关事件,并要求给出政策建议。两个国会小组委员会就该问题举行了听证会,并发现在官员和公司之间存在其他不法关系,包括有几十名研究人员隐瞒其外源收入。伊莱亚斯的前一任主管为哈罗德·瓦尔姆斯(Harold Varmus),他松动NIH的伦理准则,招聘顶尖生物医学家,鼓励NIH内部研究者与医药产业合作(Kaiser 2004a)。2004年5月,高级小组发布一份报告,要求对NIH和药企之间的关系实行更严格的监管。2004年7月,伊莱亚斯公布了比高级小组建议的更为严格的监管标准。不久,政府伦理办公室发表了一项报告,报告建议NIH应禁止一切为医药公司进行的咨询活动(Kaiser 2004b)。伊莱亚斯对该报告的回应是:这个禁令先执行一年,以便给NIH留出时间修改相关的政策和程序。2005年8月,伊莱亚斯公布了最终的伦理准则,该准则不仅对NIH雇员的投资收入进行了限制,还明令禁止其与药企、大学、商业组织和其他受NIH影响的机构建立特定形式的经济关系(NIH 2005)。

冷聚变狂热

1989年,在一次新闻发布会上,犹他大学两位科学家斯坦利·庞斯(Stanley Pons)和马丁·弗莱施曼(Martin Fleischmann)宣布了一项震惊物理学界的研究结果:他们发现了一种在室温条件下进行核聚变的方法——将电流通过电解质溶液。然而,两人是在研究结论被刊载于学术期刊之前公布这一发现的。来自世界各地多个实验室的物理学家争相重复两人的实验,以期重现那个令人惊异的结果,但均以失败告终。许多物理学家认为,冷聚变没有理论基础,斯坦利和马丁很有可能错误地解释了他们的实验结果,两人陷入了某种自我欺骗中。另一些科学家则不那么宽容,在他们看来,两人的行为属于科学不端。两人在公布研究结论时,并没有遵照常规流程投给学术期刊或学术会议,而选择了新闻发布会。其目的一方面是想表明他们是做出此发现的第一人,另一方面是想保护专利权。由于没能在发布会上给出所有试验细节,斯坦利和马丁以重新通过试验给出结果作为妥协。犹他大学在两人的研究项目上投入巨额,为的是能在冷聚变项目的收益中分得一杯羹(Shamoo and Resnik 2003)。

下面要讲述另外两个关于科学和金钱关系的案例,尽管两件事并不能说明金钱的影响是毁灭性的,但还是能表明,当金钱被用于向科学施加意识形态或宗教性质的影响时,还是存在不少问题的。

政治和同行评议

2003年10月,美国众议院能源和商务委员会(the House Energy and Commerce Committee)举行了一次听证会,会上要求 NIH 为其所批准或资助的198项关于艾滋病预防、危险行为预防、预防怀孕和精神卫生的项目给出合法性辩护。保守性政治组织——"传统价值联盟"(Traditional Values Coalition)——将这198个项目清单递交给众议院能源和商业委员会中的一位工作人员。由于 NIH 对其研究项目的收益都予以公开,政治团体可通过 NIH 的公共数据库了解各项收益。但"传统价值联盟"反对其中的大部分收益,认为 NIH 的收益意味着对青少年性行为和使用静脉注射药物的许可,因为 NIH 批准的一些项目是研究如何在性行为和静脉注射药物时避免感染艾滋病的。众议院议员亨利·韦克斯曼(Henry Waxman)把 NIH 的198项目标收益称为"科学麦卡锡主义①"。2003年，众议院经过三轮投票，通过了一项由帕特里克·图米（Patrick Toomey）发起的提案，即收回四项性行为研究的资助（Kaiser 2003）。20世纪40年代和50年代，阿尔弗雷德·金赛（Alfred Kinsey）也遭遇过对人类性行为研究的敌意，所以金赛的研究经费是来自私人而非政府（Carey 2004）。

2004年，众议院提出一项提案，要求撤回两项对心理学研究的资助。一项是关于大学生的自我认知的研究，另一项是关于宿舍布置与精神卫生之间关系的研究。该提案还规定，将限制NIH研究人员出席国际会议的交通费（Kaiser 2004c）。根据法案起草者、议员兰迪·纽格鲍尔（Randy Neugebauer）的说法，"纳税人的钱应该集中于严肃精神卫生问题的研究，比如狂躁型抑郁症、阿尔兹海默症"，而不是那些"内部装饰"（Kaiser 2004c）。虽然这项提案最终没通过参议院批准，但它在两个问题上成了先行者：一是反对不加区分地对所有社会科学研究予以资助；二是联邦机构资助科研，会给同行评议过程带来不良影响。

胚胎干细胞研究

自从1999年科学家发现了如何在活体内培育胚胎干细胞，对于胚胎干细胞的研究就充满了争议（Thomson et al. 1998）。动物体内存在多种不同类型的干细胞，每种都有不同特性。成年干细胞是从身体组织中提取的干细胞，具有多种功能，可分化出多种细胞类型。比如，骨髓干细胞中的一些类型可以分化成红细胞，另一些可分化成白细胞。还有一部分胚胎干细胞是全能型的，它们可以分化成任何类型的细胞，如果植入子宫，能够发育成新的个体。胚胎干细胞是从早期胚胎的内细胞团，也就是囊胚中提取的。不同种类的干细胞很可能在将来用于治疗细胞功能不良和细胞组织损伤引起的疾病，如糖尿病、心脏病、阿

---

① 麦卡锡主义，政治迫害的同义词。——译者注

尔兹海默症、脊椎损伤。许多研究者认为，胚胎干细胞由于能分化出多种组织类型，因而比成年干细胞更有用。虽然把胚胎干细胞疗法用于人体还有相当时日，但这些疗法已在动物试验中取得了丰硕成果(Weissman 2002)。在研究中使用胚胎干细胞，这一点备受争议，因为提取胚胎干细胞会损伤胚囊，而在很多人看来，一个胚囊就是一个具有生存权的人。一些反堕胎者也抵制胚胎干细胞研究，他们认为这是在摧毁胚胎(Green 2001)。

2000年，克林顿总统授权NIH使用其科研经费来"研究"（而非"提取"）胚胎干细胞，之所以特意做出这个区分是为了避免触犯一项在里根政府时期颁布的禁令：禁止使用NIH经费进行胚胎研究(Green 2001)。克林顿的授权使得NIH研究人员能从NIH以外的其他来源，如生物技术公司，获得胚胎干细胞。

2001年，小布什修改了克林顿的政策，规定NIH只能进行部分干细胞研究，这些干细胞必须来自不能再进行体内发育的胚胎(Bruni 2001)。受NIH资助的科学家不得使用新的胚胎干细胞株进行研究，无论其来源如何。按照小布什政府的规定，有64株细胞系可以获得联邦政府的研究资助。这64株中，只有21株是NIH注册科学家可以获取的（而世界标准是130株）(Daley 2004)。小布什批准，每年胚胎干细胞研究经费为2 500万美元，而用于成人干细胞研究的经费是每年3亿美元。小布什还任命生物伦理总统顾问委员会来研究与胚胎干细胞、克隆、基因工程等有关的伦理问题(Holden and Vogel 2002)。从一开始，委员会就卷入了争议中。批评者认为，小布什把那些保守的、有点反科学的人招进了委员会，如委员会主席里昂·卡斯(Leon Kass)多年来都直言不讳地反对包括活体培育在内的再生技术。2004年3月，科学家伊丽莎白·布莱克本(Elizabeth Blackburn)和神学家兼伦理学家威廉·梅(William May)，这两位胚胎干细胞研究的支持者被要求离开委员会，小布什用三位反对胚胎干细胞研究的人替补他们(Blackburn 2004)。

虽然在一定程度上，小布什决定不用政府资金扶持胚胎干细胞研究限制了美国在该领域的发展，但研究并没有因为这个决策而停止。美国一些私人公司，如杰龙（Geron）公司、胚胎干细胞国际（ES Cell International），都培育出了胚胎干细胞细胞株。其他国家，包括英国、瑞典、以色列、韩国、新加坡，都对胚胎干细胞研究予以资助（Holden and Vogel 2002）。加州大学圣地亚哥分校、威斯康星大学、哈佛大学这些美国高校都建立了由私人资金赞助的胚胎干细胞研究所（Lawler 2004）。一些州公开表明了对胚胎干细胞研究的立场，如新泽西州和加州都通过了特别法律条款，允许胚胎干细胞研究。2004年11月2日，加州选民投票同意在10年内花费30亿美元来研究胚胎干细胞。拥护这项决议的人认为，他们支持的研究由于不受联邦政府资助，所以能通过为本州吸引生物技术公司来振兴经济（D. Murphy 2004）。

1.4 本书概要

政府、大学、公司在科学和技术研究上投入了巨额资金，以期发展国力、保持社会繁荣、增加经济收益。而科学家在此过程中发挥着重要作用。大部分情况下，科研资源的分配都有益于科学和社会，带来了新发现和新发明，促进学科和专业发展，提升就业。然而，金钱向科学的大举挺进也带来了黑暗的一面。本章开头取自《圣经》提摩太前书的那句话表达了某种亘古不变的道理：人类的贪婪，尤其是对金钱的贪恋，将使人们与他们曾经珍视的价值和原则渐行渐远。虽然提摩太前书的作者是在讲述一个基督徒式的信仰，但他的观点同样适用于其他的传统和实践类型，如运动、教育、艺术、医学、政治、法律、科学。对经济利益不加约束的觊觎，损害的不仅是宗教虔诚，还有公平、信任、对人类权利的尊重、民主、对真理的追求。

现代科学中的经济因素给研究伦理、科学哲学、科学政策带来很多重大且棘手的问题，比如：金钱是如何影响科学研究的？经济利益是否会损害诸如客观性、可信度、诚实等科学规范？科学家是否会成为某种一心只想赚钱的经济人角色，而不再是探求真理者？科研的商业化将如何影响公众对科学的认知？科学家是否能避免金钱对科研事业的腐蚀？科学家应基于什么样的规范和原则来避免金钱因素给科研和公众认识科学带来消极影响？

本书将考察当代科学中与金钱有关的形形色色的问题。具体来说，我们将审视和分析利益追逐和真理探求之间的关系；贪婪如何影响科学家群体、大学、公司的行为，又如何影响公众对科学的认知；道德、社会、政治价值观如何影响科学中的私人和公共资助，在更广泛的意义上，有关科研资金的争论如何折射出社会中的观念分歧。这本书同样会为控制、管理、监督科研中的经济利益，以及避免金钱损害科学声誉而提出一些对策。

有几位曾经对以上问题做出过回应的人并未能厘清科学和金钱的关系（Press and Washburn 2000），根据谢尔顿·克日姆斯基（Sheldon Krimsky）的说法：

> 公共政策和法律条例给大学、大学雇员、受公共资金支持的非营利性研究机构提供了激励机制——鼓励他们把科学和医学成果商业化，并和商业公司发展伙伴关系。这些新型的"学术—产业"关系，以及非营利性机构和营利机构的结盟，改写了科学和医学研究者的伦理准则，且带来了一系列结果：保密取代了公开；知识的私有化取代了价值共享；科学发现的商业化取代了知识是社会公有财产的观点。科学家内部的利益冲突一方面带来了研究中的偏倚，另一方面侵蚀了作为价值伦理准则的"利益无涉性"。当大学把实验室变成某种商业性阵地，并把所挑选的科研人员视为能实现商业目标的能人时，那些公共利益指向的科学就被蚕食了，这对于社会而言是巨

大的损失。(*Science in the Private Interest* 7)。

虽然我同意谢尔顿的观点,即金钱会腐蚀科学,但我认为当代科学已不同于谢尔顿所以为的那种纯粹的、完全以"公众利益"为导向的科学。如果我们以实事求是的态度回顾科学史,便会发现金钱因素一直都在影响科研活动,保密和公开一直有冲突,私人知识一直和公共知识共存,私人利益导向的科学总是与公共利益导向的科学相伴而生,科学家不可能是全然利益无涉的。现实中的科学曾经受到,也将永远受到政治、社会、经济偏好(私人和金融利益)的影响(Hull 1988;Longino 1990;Resnik 1998a;Ziman 2000)。对这个事实一种审慎的、具有现实意义的回应是,我们要努力减轻私人利益对科学造成的负面影响,建立和完善相关政策和法规,以捍卫科学准则。而这些政策和法规应当在公开和保密、科研项目的公有和私有、科学的公众利益导向和私人利益导向之间做出权衡。

尽管这本书描述的是金钱如何影响科学,并就如何避免金钱腐蚀科学给出建议,但并不会以反对知识产业化的立场来抨击金钱、所有权、商业化,也不会以道德训诫的口吻来宣扬某种象牙塔式的、全然不受世俗因素影响的学术本质价值。本书将从现实的而非理想主义的视角探讨金钱与科学的关系。当代高度发展的工业化社会是建立在自由市场经济原则之上的。即便是那些曾经反对资本主义的大国,如俄罗斯和中国,也开始深知自由市场在经济发展中的核心作用。虽然政府常常对市场经济进行调控,以促进公平贸易、维护社会价值,但几乎没有哪个现代社会中的部门能避免金钱因素的影响,科学也不例外。

现代科学由于高投入、高产出的特点,不啻为一项大型建制。它创造了经济机遇,同时也带来了经济风险。金钱因素驱动着科学和技术研究,并为个人和组织提供激励机制。科学家、大学、公司都是自由市场经济的参与者。他们创造、发展、修改、买卖、许可与科技知识有关的商品和服务。社会本身并不能消除科学带来的激励机制,正如它不能排除运动、教育、制造业、卫生行业带来的经济驱动力。

即使是完全由政府资助和监管、完全社会化的科研项目，也会有其特定的经济、社会、政治偏好和压力。无论研究经费来自私人还是政府，经济因素总是在研究中扮演某种角色。虽然政府通常不会在某个项目中有特定的利益指向，但政府经费和私人经费几乎以同样的方式影响着科研行为。当一个研究者试图从政府或私人公司中获取资助时，他都有可能不惜牺牲伦理规范来进行争夺。有的人为了占有资金，在提交给经费提供方的申请和报告上作假(Shamoo and Resnik 2003)。还有研究者则搞学术剽窃或伪造、篡改科研数据。科研诚信办公室(ORI)作为负责学术诚信、处理学术不端行为的机构，审理了1993—1998年上报的987项诉讼，218项已结案，而在这218项中有76项是典型的学术不端(Office of Research Integrity 1998)。

虽然说科研人员能完全从经济影响中挣脱出来这种想法是不现实的，但仍然可以对影响科学的经济动机进行监管。政府、研究机构、大学、公司应采取一定的法规政策来对知识的生产进行规范和监督，以提高公平性和捍卫道德、社会、政治、科学价值。本书将提出并讨论一些旨在保护科学免遭金钱侵蚀的规范和指南。

这本书计划涉及以下几方面内容。第一部分将提供历史的、社会的、哲学的背景资料，这些内容有助于理解金钱如何影响科学。另外还会对一些概念和理论进行解释，以帮助我们理解科学中的经济因素。第2章将考察科学的规范，包括什么是客观性、开放性、可信性、对研究对象的尊重等。在第3章中，我们将对科学中最重要的规范"客观性"进行更深入的探讨和辩护。第4章将构建一个框架，用来解释经济利益可能以怎样的方式损害科学规范。本书的第二部分，也就是从第5章到第8章，将会应用第一部分所阐释的概念来考察一些具体的议题，如知识产权、利益冲突、科学不端、科研成果的著作权及发表、政府对科研的支持。本书的结论部分，即第9章，将会根据第1章至第8章提出的观点给出一些政策建议。

第 2 章　科学的规范

让开。我是一名科学家。

——比尔·莫里,来自电影《捉鬼敢死队》(1984)

2.1　科学和价值

在大众文化的印象中,科学具有一种矛盾的分裂特征。一些电影和书籍将科学家描述成超然的、冷漠的、聪明的实验室研究者,这些人对人文、艺术或人类价值既不了解,也无兴趣。另一些人则把科学家视为邪恶的、精明的、莽撞的、渴望权力的,并对自我和人类社会抱有某种扭曲认知的天才。还有一些人把科学家呈现为某种勇敢的、智慧的人道主义英雄,他们拯救人类,使其免受怪物、致死性疾病、失控的小行星所带来的种种伤害。但所有这些意象既不正确,也有误导性。

科学不是价值无涉的,也不是先天就是好的或坏的。科学和任何其他的人类活动一样,有自己的目标和原则,这两者构成了科学的规范或价值(Merton 1973;National Academy of Sciences 1995;Haack 2003)。[1] 这些规范被应用于科学活动的许多方面,包括实验设计、测试、确认、数据的分析和说明、发表、同行评议、合作、教育和培训

(Resnik 1998a)。科学家根据科学规范来区分设计良好和设计低劣的实验、好的和坏的理论、严密的和伪劣的方法、恰当的和不当的行为(Kuhn 1977；Longino 1990；Shrader-Frechette 1994)。

至于为什么规范对科学来说是必要的,至少有两个原因。首先,科学本身是一种涉及多个彼此有交集、相互交流的共同体(或社会)的社会活动。这些不同的共同体可以被视作不同的学科,如生物化学、量子力学、免疫学、经济学等。科学规范对促进学科和跨学科合作来说很有必要(Hull 1988；Longino 1990；Goldman 1999；Steneck 2004)。规范能增强科学家之间的信任,并建立起某种期望。没有规范的科学是一种方法论上的无政府主义。

其次,科学是在一个更广义的共同体或社会中被实践的,因此科学必须去回应这一共同体的道德、社会和政治规范:科学家能够,同时也应当担负起公共责任(Shrader-Frechette 1994；Resnik 1998a；Goldman 1999)。作为社会的成员,科学家承担着一系列道德义务,比如:告知事实、遵守承诺、尊重人权和所有权、避免伤害、帮助他人、遵纪守法、参与公民生活。像其他的专业人员一样,科学家同样担负一些特殊的义务,具体取决于他们在社会中的角色。公众赋予科学家以权威、自主性和荣誉。为了维护公众的这种信任、公共的资金和政治支持,科学家应当遵守伦理标准(Steneck 2004)。

2.2 科学的目标

为了理解科学的规范性结构,区分科学原则(或科学标准)与科学目标是十分有用的。科学原则是应用于科学研究的一般性规则;科学目标是研究的目的、指向或意图。有两种科学原则:绝对原则(或称"定言命令性原则"),其合法性不依赖于任何目标;目的性原则(或称"假言命令性原则"),其合法性在于对特定目标的促进作用(Kant 1753)。

"目的论的"(teleological)这一概念来自希腊词语"teleos"或"goal",意思大约是"目标指向的"。一个人可能会认为,像"饭前洗手"这样的规定是目的论性质的,因为其合法性来自(a)某人有这样的目标:避免通过手传染的疾病;(b)洗手是达到这个目标的有效方法。还有人会认为,像"不要杀害无辜的人"这样的规定是一个定言命令,因为其合法性无须诉诸任何目标。科学的原则是目的论性质的规定,因为这些原则的合法性来自它们对科学目标的推动作用(Laudan 1984)。[2] 科学方法是研究活动要遵循的一系列规定。关于科学方法的争论所聚焦的,总是那些能促进科学目标实现的原则的效力问题。比如,元分析是一种通过汇集临床试验数据,来评价特定医学试验或诊疗方法安全性和有效性的方法。关于在医学研究中使用元分析的争论,围绕的是这种方法是否能得出可靠和令人信服的结果。支持使用元分析的人认为可以,而反对使用元分析的人认为不能(Bailar 1997)。这场争论中的反对方认同研究方法应当有助于得出可靠和令人信服的结果,但就元分析是否能实现这一目标,并未获得共识。

有时,科学家在对科学原则进行争论时,他们就科学的目标、目标之间应如何排序的问题未取得一致意见。然而,科学家们的争论还是诉诸目标。例如,临床研究者常常使用随机对照试验(RCTs)来确定特定的医学干预方式是否安全有效。每一项随机对照试验比较两种或两种以上疗法,如试验性疗法和标准疗法,或试验性疗法和安慰剂(不具有生化效力的物质)。一些研究者认为,所有新疗法都应当与安慰剂进行对比,从而获得可靠的、具有统计学显著性的结果,即使已经存在一种有效疗法。其他人则反对在有效疗法存在的情况下使用安慰剂,因为安慰剂组的受试对象不能获得有效的治疗,而如果他们不参与临床试验,则可以接受有效治疗。这类研究者赞成使用能对试验疗法和标准疗法做出比较的临床试验,但反对在试验中使用安慰剂。这场争论中的反方认为临床研究应当是可靠的,具有统计学显著性,并应当保护人体受试者,但对于在这几个目标中该怎样排序,是存在分歧的。支持安慰剂的人赋予可靠性和统计学显著性以优先性,而反对使用安慰剂的人首先考虑保护人体受试者(Emanuel and F. Miller 2001)。两个阵营都将争论本身限定为是对临床研究目标的争论,即使他们对目标的排序问题没有达成共识。

既然科学的规范是目的论的,理解科学原则就必须理解科学的目标。区分科学本身的目标和个体科学家的目标尤为重要(Kitcher 1993)。个体科学家会有多种多样的目标,如对事业腾达和名誉的渴望,这些都不是科学本身的目标。科学的目的应该是让科学家集结起来以追求一种共同的目标,而不是作为个体的科学家的偶然目标。区分跨学科目标和学科特定目标同样重要。跨学科目标是多种学科共有的目标。例如,心理学和神经生物学都致力于理解人类行为,即使两者的理论、方法和概念都不同。学科特定目标是特定学科才有的,如古生物学的目标是去研究为什么恐龙灭绝了。

不同的学科是否有一个共同目标？尽管多种学科有一些同样的目标,科学却并没有一个单一的、确定的目标。如果有的话,便很可能会将"科学"定义为"追求该目标的人类活动"。于是就会有人运用这一定义来划分科学、伪科学和非科学。"定义科学"这一难题,也被称为划界难题,已经被证明就算称不上棘手也是相当难解。对这个难题的争论已经持续了几十年,著名科学哲学和科学史家卡尔·波普尔(Karl Popper)、托马斯·库恩(Thomas Kuhn)、保罗·费耶阿本德(Paul Feyerabend)、伊姆雷·拉卡托斯(Imre Lakatos)和菲利普·基切尔(Philip Kitcher)都参与过争论,但至今没有公认的结论。在运用"科学"这一定义来区分天文学和占星术、神创论和进化生物学、医学和顺势疗法、哲学和心理学时,关于什么是充分条件、什么是必要条件,尚无被普遍认可的共识。能够期待的最好的一种可能是:罗列出特征清单,这些特征指示出的是我们称为"科学"的人类活动所具有的共同点(Kitcher 1993)。借用维特根斯坦的术语(Wittgenstein 1953),"科学"是一个"家族相似"的概念。

之所以说科学不具有单一或明确目标,一个理由是:科学是高度复杂和异质性的人类活动,包括了人类学、经济学和心理学;化学、物理学和生物学;还有免疫学、药理学和小儿肿瘤学。这些不同的学科有着无法被统摄于同一理论、方法和概念框架中的多种方法、理论和概念(Dupré 1993)。科学更像一个将不同研究形态与共同旨趣相互结合的巨大的网,而不是进行严格管控的政府。

另一个理由是,科学因政治、地理和文化差异而相异。科学开展于世界各个国家,实践科学的人有着不同的性别、民族、种族和宗教背景,也受制于不同的政府规章。科学的脚步遍布古希腊、中世纪的伊拉克、文艺复兴时期的意大利、启蒙时代的普鲁士、工业革命时期的英格兰和美国、斯大林时期的苏联、纳粹时期的德国,以及 21 世纪的新加坡、中国和印度。科学发生在大学的、学院的、私人的、政府的、法庭的、病理学的、中学的实验室以及绝密级的国防实验室中。

科学不是单一、同质性的事业,因此它具有许多不同的学科特定的和跨学科的目标。科学的跨学科目标包括多种认识论目标,如真理、知识、解释、理解;还包括实践性目标,如预言、控制、权力、解决问题(Resnik 1998a; Kitcher 1993)。这两类目标粗略对应基础科学和应用科学:基础科学研究追求的是知识,而应用科学是探究能付诸实际应用的知识。虽然一些如量子力学这样的学科类型,着力于基础研究,且追求的是认识论目标,但如电子工程学等其他学科,主要开展的是应用性研究,它们追求的是实践性目标,不过在基础和应用型科学之间,或者认识论和实践性目标之间,并没有截然区分。基础科学往往也蕴含了实践性指向,同样,应用型科学也建立在基础科学的理论和概念之上。在一些领域,如生物技术、遗传学、电子学、计算机科学中,一般性的基础/应用科学划分并无多大意义。

在为这一部分做出结论之前,思考一下对这种论述科学目标的方式的反对意见十分重要。有人会承认,科学具有多种目标,但还是会认为,这些相异的目标归属于一个更大的目标——科学的最高目标。历史上，科学被认为是系统性的知识，所以可以认为知识就是科学的最高目标。其他目标都是为这个最高目标服务的。

这种反对意见存在几方面问题。首先，正如上文已经提到的，它与划界难题相冲突：如果知识就是科学的目标，便可以将"科学"定义成"人类追求知识的活动"。很多我们并不会称为科学的学科都追求知识，如哲学、神学、法律和艺术史。不少伪科学领域，如占星术和数字命理学，同样也声称追求知识。既然这样的定义并不能充分区分科学、非科学和伪科学，我们便有理由认为，知识不是科学唯一的、最高的目标。

其次，如果科学的众多目标都是服务于某种最高目标，那么很有可能的是：这些目标与最高目标都存在关联，当多种关联之间出现冲突时，可以进行某种排序。在科学领域中一种常见的冲突是：理解和控制。一个帮助我们理解世界的理论、假设或研究项目不会赋予我们控制的机会，反之亦然。例如，天体物理学家教会我们理解宇宙的起源和未来，但我们不会因此而控制宇宙。同样，对武器的研究可能让我们能掌控人类事物，但这种掌控几乎不会增进对人类事物的理解。如果我们面临资助天体物理学研究还是资助武器研究的选择，要怎么做决断呢？最高目标的吸引力，如提升人类知识，并不能提供有用的答案，因为两种研究都能以某种方式增进人类的知识储备。如果用库恩的话来说，这些目标之间是不可通约的（Kuhn 1970）。我们无法通过某种一般性的度量标准（如提升人类知识）来比较这些目标。

如果科学的多种目标无法通约，科学家（以及非科学家）如何能平息关于科学目标的争论？在资助武器研究和资助天体物理学之间，社会应当如何抉择？一种可能的方案是：解决科学目标之间的冲突，应诉诸更高的社会、道德或政治目标。这种方法符合弗朗西斯·培根（Francis Bacon）的观点（1626）——科学应当有益于人类、提升人类的生存境遇。在大众媒体中，腐败的、邪恶的、胆大妄为的科学家形象会招致某种内心反应，因为这种形象触发了公众的恐惧——科学不仅不有益于人类，还会恶化人类的生存境遇。

然而,这个解决方案仍存在一个问题:关于科学应服务于什么样的社会、政治和道德目标,仍未有共识。关于什么算是"有益于人类"、什么算是"提升人类的生存境遇",我们还未达成一致。一些人认为,拥有强大的军事力量是一个社会最重要的目标;而另一些人认为,军事力量不及其他目标来得重要。还有更具争议性的一例:美国国会对人类胚胎干细胞研究的资助,这在第1章中已经讨论过。部分人认为,人类胚胎干细胞研究在道德上是能被接受的,因为该研究将使人类受益。然而还有人认为这是道德所不能容忍的,它触犯了人类的利益(Green 2001;President's Council on Bioethics 2002)。因此,能够平息关于科学目标的争论的方法,并不能解决任何问题。它仅仅是将问题转移到了别的层面。

科学众多目标之间存在冲突,任何针对这个难题的"终极"解答,都必须提出一种方法,来解决复杂的道德、政治和社会争议。如果确实存在这样的解答,也不属于本书论述范围了。古特曼和汤普森(Gutmann and Thompson 1996)给出了一种既有趣又有用的方法来解决民主社会中关于基本价值的分歧。根据两人的观点,在民主社会中,当公民对道德、政治或社会问题不能达成共识时,应当参与诚实、开放、公平、信息透明和具有反思性的论辩,公开给出对自身立场进行辩护的理由。商议性方法启动了在民主框架内解决道德、社会和政治争论的程序,而这种方法并没有预设有关道德或社会正义的重要理论,如功利主义、自由主义或自然法理论。

有人会认为,学术性科学和产业型科学有着不同的目标和规范,任何关于科学规范或目标的理论都应当区别科学的这两种类型。事实上,有充分的证据支持这样的观点:学术性科学和产业型科学是基于不同的规范而运作的(Resnik 1998a;Krimsky 2003)。在学术性研究中,个体科学家自主决定要去解决什么问题,什么时候、在哪里、和谁分享数据、材料、工具和结果。学术型科学家被认为是受追求知识这样一种动机激励,而不是物质回报。他们进行基础性研究,而非应用型研究。在产业型研究中，个体科学家不能自主决定要去解决哪些问题，公司的管理层掌管着这些研究的目标和战略。在产业型研究中，公司不仅拥有数据、材料、工具和结果，还决定着何时、在哪、如何、和谁分享这些东西。在产业型研究中，科学家感兴趣的不是知识或者为社会带去优质成果。他们在意的仅仅是经济收益。最后，产业型科学聚焦于应用型而非基础性研究。

虽然学术性和产业型科学存在显著差异，但差异程度并不像人们设想的那样。第一，尽管学术型科学家享受到了智识上的极大自由，但这种自由仍然受限于资金的获取。是否划拨资助款是由私人公司审查委员会、联邦机构或私人慈善组织决定的。第二，虽然学术型研究者能自主分享数据、材料、工具和结果，但他们不会这么去做，为的是防止自己的研究结果在不成熟时就发表，或者是为了在学术荣誉和所有权方面享有优先权。第三，许多学术型科学家受激励，不仅是为了追求知识或者做对社会有益的事，也是为了个人的和物质性收益。第四，不少学术型科学家根据现实和商业价值开展应用型研究。第五，很多产业型科学家拥有较大的自由来选择要研究的问题，因为一些公司对研究计划的制订进行放权，为的是提升创造性和创新性。第六，虽然私人公司在数据、材料、工具和结果方面维持严格管控，但他们还是常常乐于在特定条件下进行分享，并频繁发表研究结果。第七，许多私人公司同时赞助基础研究和应用型研究。第八，相当一部分科学家同时就职于学术界和产业界。尽管绝大多数科学家是在学术界起家，但他们会移步至产业界，然后再回到学术界。第九，学术型和产业型科学家目前在研究项目上频繁合作。因此，现代科学并不符合学术性/产业型科学的严格二分。

2.3 科学研究的原则

我们已经论述了科学的目标，现在能够对掌管科学研究的原则（或规定）进行描述。既然很多不同领域的学者和科学家都已谈及这些原则,本书会对这些规定进行一下概括,并将对其中一些进行专门评论。在展示这一概要之前,先给出一些一般性的评论还是合乎常理的。

第一,科学原则应当被理解为应用于科学活动的规范性目标,而不是对科学实践的描述性概括。记住这一点比较重要。此处对科学原则的说明是哲学性的和分析性的,而非经验性的或实验性的。显然,大部分科学家可能都没有遵循这些原则,但这并非科学研究的目的。即使很多科学家不遵守这些原则,我们依然能断言他们**应当**遵守。即使人们有时不去遵守原则,原则本身还是具有规范性效力。如果人们公开承认某一原则,且与是否实施该原则对应的是一系列奖惩,那么这一原则将具备规范性效力(Gibbard 1990)。例如,大部分科学家都会认同"诚实"是科学研究的一个重要原则。人们会将"诚实"作为科学研究的原则之一,但不会由此去认为科学活动都是诚实的。即使某人知道很多科学家都不诚实,但"科学家应该诚实"这一点还是不会动摇。科学家总是会强调诚实的重要性,并教育学生要诚实。科学同样也有一个体系来维护诚实。比如,不诚实的科学家会因为学术不端而受到惩罚,如果他们的不端行为包括数据捏造、数据造假或剽窃的话(Shamoo and Resnik 2003)。

尽管这些原则是规范性的而非描述性的,但对科学活动的经验性研究与对科研规范的研究是相关的。描述性研究为科学家和科学研究者提供了重要信息:人们是否遵守规则,为什么人们不遵守,人们如何获悉规则,规则是如何被实施的。然而,这些描述性研究在帮助科学家和学者定义、辩护或解释规定方面,并不是很有用。以科学不端为例,人们可以通过经验性或分析性视角剖析这个问题。针对学术不端的经验性研究试图计算不端行为发生的概率,并解释为什么会发生(Steneck 2000);分析性研究则试图定义或解释"科学不端",或者对"科学不端"的某一定义或解释进行辩护(Resnik 2003b)。两类研究对于研究和学术诚信来说都是不可少的,却具有不同的目标,且遵循的是不同的方法论。

第二,原则应当被理解为指南或经验法则,而非绝对的指令

(Resnik 1998a)。原因是：这些原则之间有时可能会发生冲突，当冲突真的出现了，科学家必须做出抉择（Kuhn 1977；Quine and Ullian 1978；Thagard 1992）。比如，科学家尝试给出具有解释力的理论或假设：好的理论和假设能够将分离的现象整合进入一个连贯的、能够进行解释的框架。科学家同样应该尝试发展具有简洁性的理论和假设：好的理论和假设会为现象提供简单、经济或优雅的解释（Rosenberg 2000）。当科学家在都符合证据却在简洁性和解释力上有差别的两个理论中必须选其一时，这两个原则会发生冲突。这时，科学家不得不在简洁性和解释力之间做出裁决，因为特定现象不可能同时符合两个理论。

第三，规范性原则掌控着行为伦理和信念伦理（Lycan 1988）。一些研究原则可以被视为方法论原则，因为这些原则监管着信念的形成，而其他一些原则可以被视为实用性原则，因为这些原则管理人类行为（行为伦理）。例如，简洁性原则是应用于科学理论和假设形成过程，以及证据评价的认识论规则。科学的认识论规则应用于研究方法和研究技能。另一方面，信誉分配原则便是实用性原则，它用来确认科学发现和发明中的个体贡献（Resnik 1998a）。科学的实用性原则应用于同行评议、出版、著作权、教学、聘用和晋升等方面。

虽然区分认识论和实用性原则很有用，但存在一些原则既是认识论的又是实用性的。例如，诚实是十分重要的实用性原则，它应用于科学数据和结果的发表，但诚实同样也是应用于科学证据评估过程的认识论原则。另外三种原则——客观性（避免偏倚）、开放性（信息共享）、审慎性（避免谬误）——都兼具认识论和实用性特点，因为这些原则用于信念的形成和行为。

第四，许多不同的原则被应用于科学知识发生过程中多个阶段的某一阶段。下面列举的就是适用于大多数科学学科的一般性框架（基于 Shamoo and Resnik，2003；也可参见 Giere 2004）。

步骤1：选择一个问题进行研究。
步骤2：阅览相关文献。

步骤 3:为解决问题提出假设。

步骤 4:设计测试方法或试验来检验假说。

步骤 5:进行测试或试验。

步骤 6:搜集、记录、管理数据。

步骤 7:分析和解读数据。

步骤 8:将数据和结果递交给同行以进行评议。

步骤 9:接收同行评议的结果。

步骤 10:发表/公开研究结果。

步骤 11:由科学团体决定接受还是拒绝研究结果。

当然,这个框架是科研的简化模型。首先,科学家几乎不会按照这样的顺序来行事。他们常常在步骤之间来来回回,同时不断改变着自己的研究计划。比如,一位科学家可能会在遭遇实验困境后改变实验设计,又或者有的科学家可能会在搜集到数据后修正假设。其次,科学家有时不按这个流程办事。比如,在进行数据挖掘时,科学家会去分析海量数据,并同时提出一种假设来解释数据的机制。最后,科学家有时会在同一时间段内操作多个步骤。如,科学家在提出问题的同时也构想出了可能的解决方案。虽然这个框架过于简化,但在我们思考科学时,它还是会很有用。在接下来的章节里,我会通过这一框架来解释为什么金钱能影响科学研究。

我们现在可以考虑一些科学研究的原则(或规范)(基于 Schrader-Frechette 1994;National Academy of Science 1995;Resnik 1998a;Shamoo and Resnik 2003;Haack 2003;Giere 2004)。

2.4 科学研究的伦理原则

诚实:在任何科学共同体中都要诚实。不要捏造、伪造、歪曲数据;不要剽窃。诚实的重要性,体现于科学成果的发表过程,以及如申请项目、聘用和晋升、学术指导和协商合同等方面。

谨慎:避免因疏忽而造成的错误、草率和疏漏。对自己的工作要进行谨慎的和批判性的审视。认真记录研究活动。在调查研究中使用适应于议题的研究方法和分析工具。正如前文指出的,小心谨慎促进了"避免错误信念"这一认识论目标的实现。因为错误的信念同样能造成实际后果,如损害人身安全或健康,所以小心谨慎包含了伦理向度。即便在科学中错误在所难免,且错误对知识的发展不可或缺,人们还是会认为不采取合理措施来避免和修正错误的科学家都背负了疏忽的罪责(Thomsen and Resnik 1995; Mayo 1996)。

客观性:要在实验设计、测试、数据的分析和解读、同行评议、学术成果的出版中杜绝个人的、社会的、经济的、政治的偏见,尽可能得出中立的数据、方法和结果。该原则对于实现科学最重要的目标——生产出具有客观性的知识,尤为必要。很多不同领域的学者认为,科学在本质上就不是中立的,无法做到客观。第3章将深入探讨科学的客观性。客观性在理解科研中的利益冲突方面起到重要作用,因为利益冲突会削弱客观性。第5章将深入剖析利益冲突。

开放性:共享观点、数据、理论、工具、方法、结果。对批评、建议和新观念保持开放。开放性对合作、创新、责任和同行评议来说都至关重要。保密只会助长孤立、腐败、研究中的智识惰息。事实上,保密在过往的科学史中是为了保护非法的、无竞争力的、违反伦理的研究。虽然在科学中开放性很重要,但开放性常常与数据和结果、商业机密、军事机密、同行评议、人体受试者的研究记录等方面的保密和优先权相冲突(Shamoo and Resnik 2003)。第6章和第7章将进一步探讨保密和开放之间的冲突。

自由:不要干预科学家追求新知的方式,也不要干预他们对即存观点、理论和假设的挑战。支持研究环境中的思想和讨论自由。对科学中的创造、发现、创新来说,自由是重要的。科学如果不能探索全新的研究领域,或不能挑战现存观点,将无法发展新知。现代和民主社会中的科学家享受到了极大的自由,但情况并非一直如此。天主教派逮捕伽利略,正是因为后者坚持日心说(Shamoo and Resnik 2003)。现在,处在当代民主社会中的科学家鲜少面临对他们的信念进行审查和惩罚的威胁。然而,由于科学研究花费大量资金,围绕研究经费的种种权术会构成对研究自由的威胁。第8章将深入讨论相关问题。

荣誉:将荣誉赋予值得享有荣誉的人。这一原则对研究中的合作、信任、责任来说有着重要意义。进行合作的科学家会期待,自身的贡献为其赢得一定的荣誉,如著作权或被认可。由于荣誉对事业晋升和威望来说都很重要,一些关于科学的激烈争论关注的都是荣誉的分配。恰当的荣誉分配对研究过程中科学家角色的确认来说也是必要的,以防研究出现问题,如错误或造假(Resnik 1997)。

对知识产权的尊重:尊重专利、著作权、合作协议及其他知识产权形式。不要在未经允许的情况下使用未经发表的数据、结果或观点。该原则对促进研究中的合作和信任同样重要,因为人们在得知自己的观点和成果会被滥用时,便不会愿意合作。这一原则内嵌于保护产权的知识产权体系之中。这个问题会在第6章中讨论。

对同事和学生的尊重:要公平对待你的同事和学生。尊重他们的权益和尊严。不要歧视或剥削他们。该原则可营造出一种容纳了信任、团结、公平和尊敬的研究氛围和研究文化。同样,该原则对学术指导、教育、聘用、晋升也是重要的(Shamoo and Resnik 2003;Steneck 2004)。

对研究对象的尊重:尊重人类和动物受试对象。保护和提升两者的福利,不要损害人体受试者的尊严和权益。这一伦理原则基于的是对人类权利如尊严及动物福利重要性的认可。围绕人类和动物受试对象,存在多种法律法规(Shamoo and Resnik 2003;Steneck 2004)。本书将不会深入讨论这些规范,但第5章着重思考这一问题:经济利益是否会威胁到参与研究的人体受试者的权利和福利。

能力:通过终身教育来保持并提升你的能力和专业技术。在专业

领域内提升技能,同时汇报自己的不足之处。该原则几乎不需要解释。它的重要性在于:维持科学研究的专业性和正直性;促进人类知识进步;取得公众信任。能力欠缺的研究者可能会削弱公众对科学的信任,还会因为犯错而威胁人类的生命和生存环境。

保密性:保护研究中的私密交流。科学家有机会获取大量机密信息,如申请书、待出版的文献、人事档案、病患记录、军事或商业秘密。如前文提及的,私密性有时会和开放性产生冲突。比如,如果一个研究小组被要求在发表之前共享数据,他们会拒绝这个要求,为的是保护自身的职业权益。

合法性:遵守相关的法律法规。遵纪守法之所以重要,原因有几方面:对同事、学生、研究对象的尊重;保护研究机构和组织;责任;维护公众对科学的信任。存在一系列和研究相关的法规,包括保护人类和动物受试对象、实验室安全监管、聘雇平等、科研或经济不端等方面的法律。本书不会详细深入探讨这些法律。更深层次的讨论,详见 Stencek (2004)。

社会责任:尽力为社会做贡献,防止和避免因为研究、公民教育、公民参与、宣传而对社会造成伤害。该原则的重要性在于保障和维持社会对科学的支持。它还能推进责任和信任。照这么看来,社会责任体现了科学家和社会之间的某种契约:科学家为社会做贡献,并以公众支持作为回报。社会责任的合理性在于:科学家像所有公民一样,都有一种道德责任来避免伤害,并为社会带来福祉(Schrader-Frechette 1994)。虽然大部分科学家认可他们有社会责任,但有时体制压力和个人利益,如金钱和事业晋升,都会导致科学家们置责任于不顾。如果科学家在作为某种理论的倡导者,或在参与公共辩论时,允许他们自身的利益凌驾于科学事实之上,社会责任则会和客观性发生冲突。

对资源的管理:公平和有效地使用科学资源。不要损坏、滥用或浪费科学资源。该原则意识到了科学资源是有限的且不稳定这一事实。资源包括资金、人员、设备、组织样品、生物学样本、考古学地点、生态系统、物种、人口。管理资源对发展科学知识和保护道德价值，如尊重人类/动物/环境具有重要意义。

2.5 科学研究的认识论原则

可检验性：提出的理论和假设是可检验的。卡尔·波普尔（1959）根据这一原则来定义科学：一项科学假设或理论必须是可检验的。逻辑实证主义者，如艾耶尔（Ayer 1952），同样拥护该原则。虽然不同的哲学家提出了科学中可检验性的种种问题，但可检验性本身是科学研究中最重要也是最有影响力的原则（Mayo 1996；Giere 2004）。实际上，美国最高法院在对法庭上的科学证据进行裁决时，援引的就是可检验性原则（*Daubert v. Merrell Dow Pharmaceuticals* 1993）。

连贯性：提出的理论、模型、假设应具有内在连贯性。这一原则从逻辑上很好理解，几乎没有反对者。大部分科学家和科学哲学家认为，内在的连贯性是一种优势（Giere 1988）。内部不连贯的理论是自相矛盾的，也是不可能被检验的。

一致性（保守性）：提出和接受与成熟的理论、法则、事实具有一致性的新理论和假设。很多科学哲学家认可这一原则，原因在于：新理论或假设不应引发与成熟原理的冲突。如果一个假设与一个成熟原理发生冲突，如与质能守恒定律存在冲突，那么应首先考虑的是舍弃这一假设，而非推翻这一成熟的原理（Quine and Ullian 1978）。不过这一原则的危险之一在于，它会导致教条。为了避免这个问题，我们必须在一致性和认识论规范之间取得平衡。

经验性支持：提出和接受受证据（数据）支持的理论和假设。科学首先是经验性的：科学家使用观察和数据来支持自己的理论和假设（Van Fraassen 1980）。虽然一些科学学科，如理论物理学，几乎不怎么依赖实际观察，也还是需要经验的支撑。尽管哲学家和科学家就如何评价证据存在分歧,绝大部分人还是认同经验支持对科学来说是必要的(Giere 1988)。经验性证据的支撑同样有着伦理意涵,因为科学家必须相信他们使用的数据和结果不是捏造、作假或者被错误操控的。科学中的不诚实触犯了"获取经验性支持"这一律令。

精确性:提出精确的、被恰当定义的理论和假设。 在科学中,精确性很重要,其目的是检测理论、模型、假说,而如果理论或假设没有被恰当定义或表达不清,会得出模糊或不准确的结果。计算机编程准则"无用输入,无用输出"在几乎所有学科中都说得通,尤其是科学。精确性虽然重要,却不是绝对的要求,因为存在很多对精确性的限制,尤其是在社会科学中。很多应用于社会科学的研究方法,如访谈、小组座谈、实地考察,都不会像受控试验和量化计量那么精确。然而,这些方法在确认假设是否有解释力和预言力方面是有用的(Rosenberg 1988)。

简洁性:提出简单的、经济的或优雅的理论或假设。 英国哲学家威廉·奥卡姆(William Ockham)在中世纪时期提出了简洁性原则[所以该原则又叫作奥卡姆剃刀(Ockham's Razor)]。其他提倡简洁性的人还包括牛顿和爱因斯坦。遵循简洁性的主要理由并不是更简单的理论总是正确的,因为自然本身可能相当复杂。在科学中追求简洁性是出于实用性考虑:简单的理论要比复杂的理论更容易理解、使用和检验。虽然简单的理论常常被证明是错误的,但在给出复杂理论之前先提出简单的版本,是一种审慎的做法(Lycan 1988)。

一般性:提出、推导、接受在一定范围内具有一般性的理论和假设。 在科学中遵循一般性原则的理由也是实用性的:使用简单的、一般性的理论进行解释和预言要比使用多种混杂的理论更容易。具有一般性的理论还能满足我们的愿望:将不同的现象统一进入一个连贯的整体。一般性理论就像简单的理论那样,时常被证明是错误的,或者至少和预期不符。即便如此,在暂时不考虑例外状况时,以一般性的理论为起始,是一种审慎的做法(Lycan 1988)。

新颖性:提出、推导、接受新的理论和假设;使用新方法和新技术。

新颖性的重要性在于,它推动着科学中的创造、发现、创新。一个崭新的和有趣的理论能带来不同的研究路径,并引发新概念和新术语。新颖性在抵抗科学中的保守性方面扮演着重要角色(Kuhn 1970,1977)。由于新颖性包含了科学中的新奇之处,所以新颖性和研究自由存在重要关联,这一点前面已讨论过。大部分科学期刊在决定是否刊出一篇论文时,往往会考虑论文的新颖性和原创性。同样,新颖性是为一种创造发明赋予专利时的裁决标准之一。

2.6 结 论

总结本章:尽管人们通常认为科学是价值无涉的,但其实不然。像其他的专业领域一样,科学包含了很多规范和目标。科学的规范通过促进科学家之间的合作和信任,以及公众对科学的支持,来推动科学目标的实现。这些规范还会有助于确保科学研究的可靠性、客观性和公共责任性。科学具有认识论目标,如知识、真理、解释,同样还有现实目标,如预言、权力和控制。科学含有认识论规范,如可检验性、经验支持、简单性,以及现实规范,如诚实、守信、开放性。认识论规范主导着科学方法和科学技能,而实践规范则应用于实践和惯例。科学规范并非绝对的规定,而是研究行为的指南。有时,不同的规范之间会发生冲突。当冲突出现时,科学家必须通过判断来决定行动方式。接下来一章将详细讨论科学最重要的规范:客观性。

第 3 章 科学的客观性

> 我从未让任何人下地狱。我只是告诉他们事实,然后他们认为事实就是地狱。
>
> ——杜鲁门总统

3.1 定义客观性

前面一章已经对科学的规范和目标进行了概览。本章将详细探讨科学最重要的规范——客观性。客观性是科学最基本的价值,因为许多其他的科学规范,如诚实、开放性、谨慎、经验的充分性、可检验性、精确性的合理性正是在于它们促进了研究的客观性。正如在第 4 章将要了解到的,金钱对于客观性的腐蚀性效应会对科学规范构成重大威胁。

在第 2 章中,客观性被定义为一种规范性原则:我们应当消除科研活动中的偏倚,发展出无偏倚的方法,得出无偏倚的结果。我们同样可以将客观性视为科学的目标(Scheffler 1967)。在任何一种情况下,都不要宣称科学是客观的,而仅仅是"科学"应当是客观的。这是一种重要的区别,因为有人可能会承认,作为人类活动的科学,常常并不客观,但仍然坚持科学应当客观。这就好比,我们会时不时发现不道德的行为,但依然坚持行为者应当是道德的;又或者法律系统时常不公正,但我们依然认为法律应当公正。客观性,像正义、美德、虔诚一样,是规范性目标(Scheffler 1967;Kitcher 2001;Haack 2003)。

当人们谈到科学具有客观性时,有时是指科学是价值无涉的。这种对科学客观性的解释既不正确又有误导性,因为我们在前文已经说过,科学有其自身的认识论和现实规范。所以针对"科学是客观的"这一主张的一种更好的解释是,科学独立于道德、政治或社会价值(Longino 1990;Kitcher 2001)。然而,鉴于科学实践于更广泛的并具有自身价值的社会和群体之中,科学独立于道德、社会或政治价值的论断同样也是既不正确又有误导性。道德、政治和社会价值以多种方式影响科学研究:从政府设定研发计划的优先顺序,到制定与人类和动物受试对象有关的法律(Shamoo and Resnik 2003)。所以我们应如何定义"科学的客观性"呢?

《韦氏词典》将"客观的"定义为"作为某种独立于心灵的客体或事实而存在;真实的……不带有倾向或偏倚"(Webster's 1983)。《美国传统词典》将"客观的"定义为"拥有某种真实的存在或现实……不受情感或个人偏倚的影响"(American Heritage Dictionary 2001)。单词网将"客观的"定义为"没有受到情感或个人偏倚的歪曲;基于可观察的经验……强调或表明那些没有被个人情绪或个体解释所歪曲的感知"(WordNet 1997)。这些定义强调了客观性的两个方面:一方面,如果某一事物是事实,是真实的,那么它就是客观的;另一方面,如果某一事物没有被个人感觉、情感、偏倚所歪曲,那么它就是客观的。

政府出台的某些重要的有关科学研究中利益冲突的规章将"客观性"等同于"无偏倚"。例如,美国公共卫生署采用名为"研究中的客观性"的指南来揭露经济利益(Public Health Service 1995)。美国国立卫生研究院和美国国家科学基金会都在用这些指南。根据指南,"相关部门通过设立标准来提升研究的客观性,以确保这一合理预期:美国公共卫生署赞助的或合作协议规定的研究设计、研究操作、研究报告,都不会因研究者的经济利益冲突而被歪曲。"(Public Health Service 1995)。正如我们所见,该项公文试图通过控制经济利益会造成的偏差,来提升客观性。

哲学家提出了一系列关于客观性的定义。根据波普尔的观点,如果一项科学陈述能够以主体间性的方式被检验,便是客观的(Popper 1959)。伊斯雷尔·谢弗勒(Israel Scheffler)[①]认为,科学论断的客观性在于,它们能被公正且独立的标准所检验(Scheffler 1967)。基切尔认为,科学的客观性是指演绎推导或归纳推导的证据和法则,而不是个人、政治或文化偏好,决定了科学理论的选择(Kitcher 2001)。科学社会学家和科学史家约翰·齐曼(John Ziman)将客观性等同于公众共识——科学数据或科学结果的客观性在于,若运用同样的方法,所处环境相似的观察者将得出同样的数据或结果(Ziman 1968)。《牛津哲学指南》(Oxford Companion to Philosophy)将客观性定义为(某事物)正确与否,独立于个人的想法和感受(Honderich 1995)。

海伦·朗基诺(Helen Longino)对"科学的客观性"的理解、对科学与价值关系的理解,是最有洞见的表述之一。朗基诺区分了对科学客观性的两种理解。第一种理解是,将客观性归属于科学是在表明:"科学提供的见解是以'如其所是'的方式对自然的精确描述。"第二种理解是,将客观性归属于科学是在表明:科学见解就是那些通过审慎的、客观的标准而提出的并被接受或拒绝的假设和理论(Longino 1990,62)。

本书将遵循朗基诺对客观性的理解来区分"客观性"两方面的含义。这两种含义大致对应了词典中对"客观性"的两种解释。第一种含义是形而上学性质的:一项科学陈述,如假设、观察、理论,只有当它准确描述了某种独立于人类意志的实在时,才是"客观的"。在此种意义上,"客观性"大致意味着"符合事实的、真实的、现实的"。一种科学方法的客观性在于,经由该方法得出的数据或观察准确描述了独立于人

---

① 美国分析教育哲学的倡导者和代表人物之一。——译者注

类意志的实在。"**实在论**"就指科学描述的是独立于人类精神的实在（Giere 1988）。

"客观性"的第二种含义是认识论意义的：一项科学陈述只有当其不存在偏倚时，才具有客观性。无偏倚的陈述必须是建立在推理和证据之上，而不是基于个人偏倚、感觉、观点、经济利益，或道德、社会、政治价值（Resnik 2000a）。例如，某人可以认为随机受控试验是临床研究中一种无偏倚的方法，因为它能得出客观的结果。在此意义上，一种科学方法是客观的，在于它能给出无偏倚的陈述。**理性主义**就是这样一种观点：科学是以推理和证据为基础的（Newton-Smith 1981；Giere 1988）。

正如之前已经提及的，我们可以对"客观性"的描述性和规范性含义进行区分。如果我们将这种区分用于实在论和理性主义，那么就可以区别出科学客观性的四种不同类型。（1）**描述性实在论**：认为科学准确描述出了独立于人类精神的实在；（2）**规范性实在论**：认为科学应当描述出独立于人类精神的实在；（3）**描述性理性主义**：认为科学是无偏倚的；（4）**规范性理性主义**：认为科学应当是无偏倚的。

大部分科学家（以及很多科学哲学家）接受实在论和理性主义的规范性及描述性版本。那么围绕这四种立场的争论是什么呢？绝大多数针对客观性的争论起始于对科学知识以及对科学和世界关系（科学的形而上学）的论述。这一视角和我们要讨论的四种类型不是一回事。我们要讨论的内容，起点是科学之于社会的角色，在我们看来，在考虑科学是否真的具有客观性之前，科学应当是客观的。这一论证性策略的基本原理在于，它促使我们在判断目标能否实现之前去思考目标本身。当然，也许最终会证明，这些目标都是幻觉，但我们还是希望，这不是幻觉（Kitcher 2001）。

3.2 规范性理性主义

首先,我们可以发展出这样的论点,即科学应当是客观的(规范性理性主义)。该主题的论点具有政治意义:民主社会需要科学来制定公众政策。该论点的第一个设定是,科学所运行于其中的社会类型具有某种民主治理的形式。[1] 虽然民主并非是治理的完美方式,但它仍然是优于其他形式的,如法西斯主义、寡头政治、君主政体、神权政治、无政府主义。第二个设定是,科学运行于其中的社会是多元化的,也就是说,社会中的人在对善的理解、宗教教义的信仰、政治立场方面都存在差异(Rawls 1993)。根据这两点设定,一个社会在不违背民主原则、不沦落至无政府主义状态的情况下,应如何就具有争议性的道德、政治、社会问题,在法律和政策方面达成共识?出于稳定的目的,民主社会需要一些信念和方法来解决具有争议性的公共问题。科学提供了相关的方法和信念。

正如在第 2 章提到的,古特曼和汤普森(1996)针对该问题给出了"商议民主"作为解决方案。身处民主和多元化社会中的公民应当通过参与诚实、开放、公平、信息透明和具有反思性的讨论,以及公开给出对自身立场进行辩护的理由,对富有争议的议题做出决策。在这个过程中,科学会扮演重要角色,具体方式是为参与论辩的阵营提供信念和方法,而这些信念和方法在参与特定道德、政治、经济、文化或社会议题讨论时是中立的。论辩参与方需要无偏倚的、提供知识和信息的第三方,而科学能承担这一重要角色。借用伏尔泰的说法,如果科学不存在,就有必要去发明科学。

为了理解科学如何作为中立方,可以考虑目前两个具有争议性的公共卫生议题。一个是,在公共场合吸烟是否意味着个人自由侵犯了社会公益(公共卫生)。科学为这一辩论双方提供了一些有用的信息:

关于二手烟危害的资料（Environmental Protection Agency 1994）。这一信息当然并不能完全解决这种争议，但它有助于社会围绕某些共同规则去达成某种共识。如果没有某些无偏倚的相关群体提供的真实信息，争议的解决就不可能朝着有益的方向发展。没有这样的信息，争议只会一直停留在个人自由与社会公益对立的层面上。但如果双方都在某种程度上同意个人自由不能侵害他人的这一原则，那么二手烟具有危害性的信息就会有助于争议双方达成某种解决方案。第二个是，关于批准用于人类的新药的争议。这类争论不仅将新药制造者置于强调病人安全性的人的对立面，还涉及对这几方面的艰难权衡：安全性、有效性、药物的获取（Angell 2004）。为了解决有关批准新药的争论，人们需要了解的是：争论涉及的各种利益和价值，是否会影响新药的检验与审核。由于反对方认为，在一定程度上新药应该做到安全和有效，那么关于药物安全性和有效性的信息就有助于解决要不要批准新药的争论。

当科学家在政府诉讼中被要求给出专业证词时，科学作为中立方的角色最为显著。当科学家作为专家时，他们有一种伦理义务去做到客观、无偏倚、公平、中立（Shamoo and Resnik 2003）。FDA 批准流程中表现出来的利益冲突，为这个问题提供了完美的诠释，即在公众眼中，专家应该是中立和无偏倚的，这一点是关键的。因为，若发现专家证人与原告或被告任何一方存在经济利益关系，就会降低专家法庭证词的可信度。在特定案例中，专家能因为作证而获得几千美元，有时甚至能挣到 10 倍于此的金额（J. Murphy 2000）。在法庭上，一种公平而恰当的做法是，询问专家证人是否和争议任何一方存在某种关系，或者他是否接受过任何一方的钱财（J. Murphy 2000）。尽管专家证人立下过誓言要说出事实，但他们仍然可能违背誓言，夸大、曲解或歪曲事实。[2] 为了应对专家证词中歪曲事实这一现象，几个专业机构制定了有关证人作证和律师获取专家证词的伦理法规（J. Murphy 2000）。"科学应当无偏倚"这个议题的批评者认为：专家证人身上的种种问题支持了他们的观点,即科学是存在偏倚的、不客观的。然而,我们应当推断出一些别的事情:我们之所以希望消除专家证词(包括 FDA 的科学顾问)中的潜在偏倚,是因为我们珍视科学客观性的价值。

对这一点的论证已试图证明,科学家应当努力被公众认作是理性的(或无偏倚的),因为人们需要某种他们所认定的无偏倚的(或中立的、中性的)知识和信息来源。但相较于表现出客观,科学家应该做得更多;他们应试图无偏倚。支持这一主张的有两个论点。首先,相较于"看上去像什么","是什么"要更加容易和简单。可以试想一下,有人会试图显得诚实,但实际上并不打算真正做到诚实。他在公众面前表现出良好的姿态,但私底下并不诚实。这种伎俩不仅耗费大量精力,最终还会适得其反。伪装诚实的人不得不编造出一系列谎言,而这些谎言到最后都会被揭穿。这一点同样适用于科学。假装不带偏倚但实际上并非如此的科学家,会耗费许多精力极力展示出某种中立的形象,但最后都会被识破。表现中立性的最好方式仅仅是尽力做到无偏倚。

其次,如果人们发现科学家只是在竭力佯装诚实,便会失去对科学的信任。这就好比发现了一个自称在陈述事实,实际却是在讲故事的人(而别人又相信了这个故事)。如果这个谎言被识破,便没有人会再相信他所说的其他任何话。为了避免类似的问题出现,科学家必须尽力做到客观,而不仅仅是"显得客观"。

3.3 对规范性理性主义的反对

除了对上述两种设定的挑战,对于"科学应当无偏倚"这一论断,还可以进行怎样的质询呢? 首先,我们可以认为,科学无须做到无偏倚或者看上去无偏倚。例如有人会说,在政治、道德或经济争论中,科学不一定要作为中立的一方,而是可以作为积极的参与者。每一种人类活动或专业领域都包含一系列道德、社会、经济、文化或政治价值,科学也不例外。科学家在决定是否接受某种理论或假设时，与其说是根据它们对证据的解释力，还不如说是根据它们在推进特定道德、政治、社会或经济目标方面所具有的能力。³ 归根结底，世上所有的争论都是政治争论。科学家应当承认并接受这一事实，而不要躲藏在对合理性的某种虚构之下。

这个反对意见是存在严重缺陷的。第一，在第 2 章中已经论述过，客观性这个目标只是科学的规范性结构中的一部分。如果这点成立，那么科学家应当试图接受基于论证和证据的理论和假设。反对对合理性的忠诚，其实就是反对科学。

第二，如果人们认为科学家只是有自己的社会、政治、经济、文化或道德价值的另一种利益群体，那么为什么人们会允许科学家给出专家证词，又为什么会批评那些支持特定道德、社会、政治、文化或经济观点的科学家？如果科学与宗教、政治派别、社会运动没有差别，那么公众就会对科学家及其他代表某种宗教、道德、社会或经济观点的人一视同仁。但当人们要求科学家提供专业证词或公共信息时，他们并没有用这种方式看待科学家，而是将科学家视作中立的、公正的。

第二种对"科学家应当不带偏倚"的反对意见并不像第一种那么容易被反驳。根据第二种意见，科学家无须做到不偏不倚，因为他们无法做到这一点。科学是非理性的。科学家不会，也不可能做出基于论证和证据的决定。他们的决定都是建立在各种道德、政治、社会、文化或经济偏好之上的。合理性最多是种错觉，至少也是对公众实施的欺骗。既然科学家没有义务去做做不到的事，科学家便没有责任做到不偏不倚。

在库恩《科学革命的结构》(*The Structure of Scientific Revolutions* 1962)首次出版之后的 40 年中，很多科学哲学家、科学社会学家、科学史家都通过声称科学的非理性，对客观性发难(Newton-Smith 1981; Klee 1997)。在这本极富影响力、促使人们将科学视为非理性的著作中，库恩给出了很多不同的见解。库恩批判了科学进步的累积模型，根据该模型，科学是基于谨慎的推理和证据、不断趋近真理的渐进过程。依照库恩的观点，科学的变化时常以革命的形式发生，并不存在趋近真理的过程。根据描述科学变化的库恩模型，科学通过两种不同的时期循环往复：常规科学时期、科学革命时期。当科学实践者接受了某一共同范式，从前科学时期的不稳定状态中就会诞生全新的领域。库恩至少从两种意义上使用"范式"一词：根据第一种含义，一个范式就是学科基质；根据第二种含义，范式是范例。学科基质包括了假设、概念、理论、方法、相关证据、惯例、工具、技能。一个共享范例是指被广泛接受的一组工作，这些工作展示出如何在学科基质内解决研究方面的难题。接受一种共同范式的科学家的实践，正是库恩所称的"常规科学"。在常规科学时期，科学家试图进行的是阐述工作，并将范式应用到不同的现象中。例如，随着牛顿《自然哲学的数学原理》(Principia)的发表，牛顿范式主导了物理学。《自然哲学的数学原理》就成为共享的范例，牛顿拥护者们接受了共同的假设、信念、概念、方法等。

常规科学时期不会永远持续。最终，一些科学家开始关注那些范式无法解释的现象，即反常。很快，危机出现，这时科学家会提出新的理论，发展出新的概念和方法来处理反常。若这些方面不足以应对反常，科学革命就发生了。科学家会舍弃旧范式，迎接新范式，这时便开启了一个全新的常规科学时期(Kuhn 1970)。比如，在20世纪的最初几年里，物理学家们发现牛顿物理学无法充分解释电磁辐射。他们发展出新的理论来解释电磁现象，量子力学就成为物理学的新范式。

根据库恩的观点，每一种理论都应被置于它所关联的范式中而获得理解这一范式定义了理论中使用的术语。不同的理论可能使用相同的词汇，但各自的内涵是不同的。例如，"质量""空间""时间"在牛顿力学和后牛顿力学(量子力学和相对论)中有不同的内涵。由于不同理论应用同一术语的不同内涵，而这些理论的裁定又是根据不同的证据基础，所以无法凭借学科基质来比较两种科学理论。不同范式的理论之间是不可通约的。鉴于科学理论的不可通约性，科学家不会因推理和论证就改变理论。"一个理论之于另一理论的优越性无法由争论而获得证明……每一个理论阵营必须试图通过说服来改变对方。"(Kuhn 1970，198)库恩还认为，范式也是不可通约的。他将一个范式比作格式塔转换。根据库恩的说法："当常规科学传统发生改变，科学家对其自身处境的知觉必须重新训练——在某些相似的情境中他必须学会去看一种新的格式塔。"(Kuhn 1970，112)这种理论和范式的不可通约性打开了科学变迁的非理性解释的大门，如社会、政治、经济、文化或心理学的解释(Newton-Smith 1981)。

很多阅读库恩著作的人认为，库恩想表达的是，科学是非理性的，尤其是当库恩用了"格式塔转换"和"改宗"(conversion)这类短语来描述科学中的理论变迁时。在《科学革命的结构》第二版(1970)中，库恩写下了一段后记，他试图在其中澄清自己对科学合理性的理解。他还在《必要的张力》(*The Essential Tension* 1977)一书中拓展了这些观点。库恩坚持认为，他并没有直接否认科学合理性，仅仅是认为科学合理性应该根据他自己对科学变迁史的观察而被重新思考。他表明，科学合理性在一定程度上是基于对多种价值的共同承诺，如简单性、精确性、可检验性、诚实性、一般性等。在决定是否接受一个理论同时排除另一理论的过程中，这些价值起到关键作用。

接受一种新范式，其意味要远远甚于戴上一副新眼镜去看世界；范式转换在事实上创造了一个全新的世界。根据库恩的观点，在科学革命之后，科学家置身的是一个全然不同的世界(Kuhn 1970)。世界已经发生了变化，因为一种世界的存在，取决于人们在观察世界时持有的概念、理论和信念。虽然科学在进步——科学在解决问题方面表现更佳——但这种进步并不指向对独立于人类精神的世界的真实描述(Kuhn 1970，206)。科学论断并不描述，也不表征独立于人类精神的世界或"事实"。

尽管库恩并没有说科学是由社会建构的，但很多对科学的客观性持批评态度的人，从库恩那里获得启示，将自己视为社会建构论者

（Hacking 2001）。这类人包括皮克林（Pickering 1992）、布鲁尔（Bloor 1991）、拉图尔和伍尔加（Latour and Woolgar 1986）、诺尔-塞蒂纳（Rnorr-Cetina 1981）。尽管存在很多版本的社会建构论，但它们都有共同点。首先，社会建构论者将科学视为一种实践或文化，就像其他类型的实践或文化一样。科学可以对物理学家的信念和实践进行研究，就像去研究罗马教会、祖鲁战士或澳大利亚布希曼族的信念和实践那样。在形成自己的信念方面，科学家并不具有某种特殊或唯一的方式，也无法将有关"太阳升起和下落"的现代的、科学的解释与前现代的、非科学的解释区分开来。知识总是相对于特定的社会和文化的（Bloor 1991）。其次，建构论者认为，科学是非理性的。科学家不会根据推理和证据改变自身的信念、假设或理论；政治、社会、经济和心理因素能够解释科学中的认识论转向。再次，建构论者坚持，科学不能准确地代表独立于人类精神的实在。科学是社会建构、发明、制造或创造的。科学家并没有朝着真理不断挺进，也没有对预先就存在的独立世界做出过发现。最后，科学不是中立的、客观的事实提供者；科学包含了政治性的意识形态或社会议程，如种族问题、性别歧视（Harding 1986）。

　　本书并没有给深入探讨有关科学合理性的种种争论留下足够的空间。但我们不需要明确地解决这些争论，以捍卫科学家应该尽可能保持不偏不倚这个观点。为了理解对"科学家应该不偏不倚"的反对意见，我们应当区分对这一观点的两种批评方式：经验性批评和概念性批评。根据前者，科学家无须竭力做到完全合理，因为科学，正如其自身表明的那样，本身就不是合理的。科学应是合理的，但它的表现时常是不合理的，这归咎于人类的弱点和不可靠性。而根据后者，科学家无须竭力做到具有合理性，因为科学本身就不可能是合理性的；科学合理性在逻辑和概念上都是不可能的。谈论科学合理性，那种感觉就像在谈论"圆的方"。

　　为了支持"科学家应该不偏不倚"这一观点，我们无须证明科学是无偏倚的。科学可能在某种程度上存在偏倚，甚至可能很严重。不同的偏倚如何影响了科学是个重要的经验性和概念性问题，最好能通过对科学史、科学哲学、科学社会学、科学心理学的深入研究而予以解答（Giere 1988）。本章的疑问并非在于这样的经验性问题：科学家是如何行事的。相反，本章关心的是科学家应当如何行事。政治、社会、心理、经济、文化都影响着科学，这些方面的经验性证据并不能表明科学就不应该去寻求客观性。这就好比，有人一方面认为只要是人都有过错，而另一方面又认为人应当避免犯错；还有人一方面认为，没有哪一种人类社会是完全公正的，而另一方面又认为人们应该努力去实现公正。

如果要反驳"科学应当以客观性为目标"的论点，首先必须论证出科学不可能做到无偏倚。如果无偏倚确实无法实现，那么我们就无须竭力做到无偏倚。一个人如何才能论证科学不可能实现无偏倚？他可能会说，科学家从不回应论据和证据。即使看上去科学家根据对证据的考量而接受了某一假设，但他们实际上还是出于心理、社会、经济、文化或政治因素而接受的。科学家甚至无法选择做到无偏倚，因为他们能做的只是在多种偏倚方式中选择一种。竭力做到无偏倚就好比努力去发明一种永动机，不仅在理论上不可能，实际上同样也是徒劳。最好还是放弃这种无用功，而不是被它迷惑。

对这一论点的回应是，科学尽可能做到无偏倚是可能的，因为开展科学研究的是人，而人能努力保持客观。为了争取客观性，一个人必须在做出决策时，不受政治、社会、文化、经济或其他利益的影响，而是仅仅根据严格推理的论证、明晰的证据。这个人接受某种信念或理论，不是因为它推进了这个人的政治、社会、经济或其他方面的利益，而仅仅在于信念或理论受到了论据和证据的支持。尽管人类是具有显著偏好的生物，他们还是有能力基于论据和证据做出选择。如果人类不能对论据和证据做出回应，那么参与任何展示和考量论据和证据的活动都将变得无意义。甚至是为了理解本书，读者也必须认同，人对论据和证据做出回应是可能的。如果人确实能对论据和论证做出回应，那么科学家为什么就不能同样做出回应呢？是否在科研中，存在某种特殊的东西让人们无法正视推理和证据，而在一般性的人类活动中就不会有这种情况？形成对比的是，有人会认为相反的情形才是真实的：相较于参与其他的人类活动，如宗教、政治、商业等，人们在参与科学活动时，更容易受推理和证据的影响。

3.4 规范性实在论

到目前为止，我们已经论证了科学家应当是无偏倚的。这个结论是这一论点的基础：科学家应该试图去描述独立于人类精神的存在。如果我们以"科学家应该无偏倚"为前提，便会提出疑问：什么是达到这个目标的最好方法？精确表现出一个依赖于人类精神的世界更有效，还是给出一个依赖于人类精神的架构更有效？两者之间是否存在可以探明的差别？我们可以考虑存在差异和偏好的情形，如制作地图。制作地图是讨论科学实在论的有效隐喻，因为很多不同的科学学科都在创制地图（Kitcher 2001）。科学家为各种不同的实体制作地图，如染色体、细胞、海底、月球表面、星系。

有两种方式可用来制作城市地图：独立于精神的（实在论的）方法、依赖于精神的（建构论的）方法。实在论方法将不同的街道和标识物视为独立于精神的实体，实体与实体在空间中互相关联。该方法要求地图制作者观察城市，并建立表征城市空间关系的模型（地图）。例如，如果该城市中街道 A 的长度是街道 B 的两倍，那么在地图上标识街道 A 的线条长度就得是标识 B 的两倍。而建构论的方法将不同的街道和标识物视为依赖于精神的实体，而实体与实体以叙事和口头表述的方式彼此关联。这种方式从生活于该城市、到过该城市或听说过该城市的人那里搜集信息。这种方式要求地图制作者将关于城市的不同叙述整合进一个单一的、具有逻辑连贯性的表征中。

假定有人想挑战地图的权威，并宣称地图是存在偏倚的。这个人主张,地图表明的空间关系,源于经济、政治、社会偏好,因为在地图上,富人居住的街道要比穷人居住的街道更宽阔。遵循实在论方法的人有直截了当的方法来断定地图是否存在偏倚:他可以比较地图和城市中的地点,来确认地图是否大致保存了城市真实地点所占的比例。如果是,地图则准确表征了城市,我们就可以宣称地图不存在偏倚。如果不是,就可以变更地图,减少偏倚。最终,通过对地图的修正,地图制作者可以绘制出一个更准确、更少偏倚的地图。而遵循建构策略的人会发现很难甚至不可能证明自己的地图是无偏倚的。如果根据口头表述来对照地图,批评者会认为,地图制作者并没有搜集到中立的或无偏倚的口头叙述,或者这些口头叙述本身就是存在偏倚的。由于地图制作者无法将地图与独立于精神的实在进行对照,他总是免不了被指责是带有偏倚的。事实上,即使地图制作者本人也无法确定地图是否存在偏倚。他能期待的最好状况是,他绘制的地图在每个人看来都不存在偏倚。但这一共识本身并不能证明地图本身是无偏倚的,而更多的共识也不意味着地图的偏倚在减少。

当然,并非所有科学家都绘制地图,但大多数科学家都制作模型(Giere 1988)。前面两段得出的结论同样也适用于模型的制作。有人会问:什么是构建无偏倚模型的最好方法——实在论方法还是建构论方法? 在制作地图、建构模型方面,实在论的策略似乎更胜一筹。(作为题外话,建构论策略在解释法律文件、根据原著编写电影剧本、撰写自传方面可能表现更好。)因此,根据科学应当无偏倚这一主张,我们可以得出结论:科学应当试图发展出关于独立于精神的客体的表征。当然,这并不意味着科学家就真的能充分而准确地表现独立于精神的客体,仅仅说明,他们应当努力去实现这种类型的表征。

3.5 对规范性实在论的反对

这个问题不容易回答。对科学客观性持批评态度的人表示反对：制作地图的隐喻并不适用于科学研究，而且会回避实质性问题。我们可以再次区分对实在论的两种批评意见：经验性批评和理论性批评。根据前者，科学所描述的并非独立于精神的世界。为了能支持这一观点，批评者诉诸科学史、科学社会学、科学心理学，以展示科学家无法描述独立于精神的实在。而根据后者，科学同样不可能描述独立于精神的实在。为了证明这一论断，批评者需要给出能驳斥实在论的哲学论证。我们可以先来看经验性的反驳。

为了评价这两种批评意见，有必要将"科学的理论性论断体系是否准确描述了现实"这个问题暂时搁置。根据一些被视为"反实在论者"的科学哲学家的观点，科学不能根据自身的理论陈述提供有关真理的证据，因为这些陈述描述的客体、特性、过程和事件都无法直接观察到。比如，人们无法直接观察到原子、分子、DNA、染色体、细胞，但他们可以直接知道温度计读数、海龟孵了几枚蛋、猫头鹰的叫声。一个科学"反实在论者"否认我们能获得显示原子、分子、DNA存在的直接证据，尽管他可能会承认我们具有关于温度计读数、海龟蛋、猫头鹰的证据，因为我们能直接观察到这些东西（Rosenberg 2000，Klee 1997）。[4]

尽管在科学哲学中这样的争论既重要又有趣，但社会建构论者对科学发起的责难远远不限于用"反实在论"攻击科学的理论性论断。否认描述性实在论的人主张，科学根本不是在表征独立于精神的世界。科学的理论和观察性论断都是社会建构的。即使是像"水在零摄氏度结冰""人类心脏有四个心室""橡树在秋天落叶"这样的论断，描述的也不是独立于精神的实在。社会建构论的主张与科学家对自己所从事工作的理解以及人们对科学的常规理解相冲突（Fine 1996；Haack

2003)。

最有影响力的反对描述性实在论的经验性论证之一，其灵感来源于库恩对科学史的解读。这个论证是这样的：科学史是由错误的理论、信念、概念、假说、假设等堆砌起来的。量子力学超越牛顿力学，牛顿力学取代伽利略力学，而伽利略力学又是对亚里士多德力学的颠覆。我们有理由推断，总有一天会出现别的理论，它能证明量子力学是错误的。科学家曾一度相信燃素说、以太论、自然发生说、生机论、生物学种族论，现在却不再相信。历史表明，当下最好的理论都可能是错误的，很多科学家认为是真实的东西最终会被证明为错觉。因此，科学根本不描述独立于人类精神的实在。科学展示的只是一系列不同的理论、假说、信念、假设和概念。科学可能在解决问题方面会表现得更出色，但它并不向我们提供真理，或者朝着真理不断挺进（Kuhn 1970）。

描述性实在论的支持者从全然不同的角度解读历史。尽管他们承认历史上的科学家持有很多错误的信念、理论和假说，他们还是认为科学是一系列实践和认识论意义上的成功，而非失败的集合。科学在预言和解释众多现象，以及帮助人们理解和控制世界方面取得了不可思议的成就。几乎很难将这些成就只归功于社会、经济、政治环境，或仅仅是运气使然。对科学成功的最好解释是，科学准确描述了独立于精神的实在，并为了获得对实在的更好解释而不断进步（Boyd 1984；Kitcher 1993）。

科学的成功既是现实意义上的，也是认识论意义上的。根据现实性的观点，科学在推动人们实现实用性目标，如把人送上月球、研制出脊髓灰质炎疫苗方面，都大获成功。如果我们缺乏准确描述独立于精神的客体的科学知识，还怎么能实现这些复杂的、技术性的目标呢？而根据认识论的观点，有人会给出一大堆在不同学科中被证实且长期以来都没有发生变化的论断。人体解剖科学自从达·芬奇时代就没变过太多。解剖学家对人体基本器官、肌肉、骨骼和组织的描绘和展示，精确地描摹了人体。其他一些学科也经久稳定，包括部分化学、地质学、生物学、天文学。在科学领域那些存在分歧的学科中,如粒子物理学或天体物理学,人们会发现向真理的不断挺进。即使量子力学取代了牛顿力学,牛顿力学依然做出了精确预言,不过是在此种情形下,即当物体体积大于原子并不以接近光速的速度运动时。牛顿的理论与量子力学十分近似,其近似程度要优于伽利略的理论(Kitcher 1993)。

对规范性实在论的深层次挑战并非来自社会学或历史学,而是来自哲学。对规范性实在论发起的哲学责难是:科学论断不可能精确描述独立于精神的世界,因为不存在独立于精神的实在,即使存在,我们也对其一无所知。我们所了解的世界是由心灵(或社会)建构的。如果科学论断不可能精确描述独立于精神的世界,那么科学家就没有义务给出描述该世界的论断,因为人没有义务去做自己做不到的事。

这些对实在论的挑战反映出关于实在本质的争论,而这一争论可以追溯至柏拉图和亚里士多德关于理论形式的争论。本书不打算在此回顾整个形而上学的历史,而是将谈及起始于科学革命的争论中的几个关键问题,因为这有助于我们理解对"科学应当无偏倚"发起的种种挑战,以及来自社会建构论者对形而上学观点的种种挑战。(希望哲学家们能容忍这种对哲学史过度简化的论述方式。)

科学革命(大约发生在 1450—1650 年)之后,出现了有关人类知识局限性的哲学争论,其中形成对比的是实在论者和观念论者。实在论者认为,人类能够获得关于独立于精神的实在的知识;而观念论者坚持,人类能够获得关于依赖于精神的世界的知识。英国哲学家约翰·洛克试图为快速发展的力学、天文学、光学、化学、解剖学、医学建立理念基础,他认为,存在独立于精神的客体(又称物质),这些客体具有不同的属性,他将这些特质分别命名为第一属性、第二属性、第三属性。第一属性存在于实体性客体中,如质量、体积、形状、运动;第二属性是那些不存在于客体之中,而是作为观察者精神产物的属性,如颜色、声音、质地等;第三属性是指存在于客体中并能引发其他客体产生变化的属性,如能够打破玻璃的锤子力。洛克认为,科学能够研究客体所具有的客观属性(第一和第三属性),但无法研究客体的主观属性(Locke 1690)。洛克也是一位经验主义者:他认为所有的科学知识都必须建立在源于感觉的证据之上。因此,洛克的自然哲学引入了客观性与主观性的二分法,并将科学视为客观的。洛克认为科学能够研究物质,并为我们提供有关第一和第三属性的知识,这些知识都是客观的。

17世纪英国哲学家和神学家乔治·贝克莱(George Berkeley)接受了洛克的经验主义,却对他的形而上学发起攻击。根据贝克莱的观点,实在并不独立于精神;只有精神和观念才是真实的。贝克莱对这一观点的论证开启于经验主义传统:我们所有的知识都应当基于源自感官的信息。感官信息产生了感官性的观念,如颜色、质地、声音等;也产生了由关注心智的运作而形成的观念或来自记忆的观念,如由感知时间、运动、因果关系而获得的观念。根据贝克莱的看法,我们只能将自己的观念与其他观念进行比较,却无法将自己的观念与独立于精神的客体做比较。例如,假设我们问:一个苹果和一件毛衣的颜色是否都是红色?让我们断言苹果比毛衣更红的根据是,我们可以比较我们所具有的两种有关红色的观念,而不是将我们的观念与独立于精神的客体相对照。即使当我们使用语言来讨论物质客体的所谓第一属性时,我们仍然在诉诸源自我们感官的观念。因此,当我们说"苹果比毛衣小"时,我们仅仅是在谈论我们具有的观念之间的关系,如"苹果""小""毛衣"。我们并没有谈论存在于独立于精神的世界中的某物。因此,贝克莱反对洛克对于属性的划分方式,并认为所有的属性都只存在于精神之中。对于贝克莱而言,存在就是被感知(Berkeley 1710)。

18世纪苏格兰哲学家休谟沿袭了洛克和贝克莱的经验主义传统,将观念论作为经验主义的逻辑结论。休谟在对"独立于精神的实在"持怀疑态度方面,比贝克莱走得更远。休谟拒绝去相信物质、第一属性、因果必然性、上帝,甚至是自我(灵魂),因为这些观念所关涉的内容超越了人类经验。根据休谟的观点,如果我们不能在客体、属性、过程中将某种信念回溯至特定的感知,那么信念就是不合法的,并应当将其拒斥为某种无意义的形而上学。虽然休谟为了驳斥形形色色的形而上学观念,基于"这些理念并无经验基础"这样的理由,发展出了有力的哲学论证,他还是承认,我们有充分的现实理由来接受一些信念。例如,如果不相信存在独立于精神的客体,我们甚至没法走远。尽管休谟承认,相信存在独立于精神的客体是合理的,但他不认为我们能够理解这些客体。人类的知识受经验所限(Hume 1748)。

18世纪德国哲学家康德对洛克、贝克莱、休谟提出的论点予以了回应。康德发展出了众所周知的超验唯心论,这一观点吸收了贝克莱"我们的知识是依赖于精神的"主张,同样也接纳了洛克"存在一个独立于精神的自在世界"的观点。康德接受休谟的断言,即所有的知识都必须以经验为基础,但他认为,人类精神蕴含了某些概念,这些概念为经验提供了某种结构。根据康德的看法,由14个基本概念组成的体系为所有的科学知识提供了基础。康德认为,这些概念都是先验的,这意味着概念并非来源于经验。康德的概念体系包含了有关时间和空间的概念,以及其他12种概念范畴,包括实体、否定、整体、多元性、物质、因果关系、可能性和存在。依照康德的观点,当我们将这14种范畴运用于感官所接收到的原料状信息时,我们便获取了科学知识。实际上,除非我们将基本概念用于感知信息,否则无法理解任何事物。并不存在粗糙的、未经加工的感官经验;所有的感官理解都是经由概念来理解的。我们的感官与我们的基本概念构成了物的知识,这种知识使物(或现象)呈现在我们面前。这个世界是客观的,因为这是一个充满了对象的世界,却不是充满了"独立于精神的对象"的世界。因此,对康德来说,存在一个自在的但我们无法知晓的世界;我们能理解的世界只能是依赖于精神的(Kant 1787)。即便如此,在康德的辞令中,知识仍然可能是"客观的""真实的",因为这些知识关涉的是存在于空间和时间中的真实对象。然而,空间、时间、对象、实在这些概念仅仅是我们为自己表征现实的各种工具。

即便康德不认为我们能够理解独立于精神的世界,他还是认可我们必须假定存在一种世界,它包含了独立于精神的对象,如灵魂、自由、上帝,其目的是使道德和宗教变得合法。我们无法理解与这些独立于精神的对象(又称物自体或本体)有关的科学知识,但我们还是必须相信这些对象的真实性。[2] 如果选择不相信灵魂和自由,那么我们就会把人视为机器,道德责任这样的概念也会失去意义。如果我们不相信上帝,道德也会变得无关紧要。

在20世纪,实用主义者们发展出了一种不同的方法,来回应在独立于精神的世界中有关信仰的问题。实用主义者一般认为,形而上学问题最好通过有效性来解决。威廉·詹姆斯在信仰上帝这个问题中更新了实用主义观点,他主张,如果信仰上帝能在生活中被证明是有用的、能带来好处的,那么信仰上帝就是理智的选择(James 1898)。约翰·杜威认为,想要检验一种哲学,就必须参考它在实际中解决问题的方式(Dewey 1910)。早在库恩对科学进行反思之前,皮尔士(Charles Peirce)就已经意识到,科学不仅容易出错,并且会继续犯错。然而皮尔士并不反对科学进步观:

> 只要把科学的进程推进到足够远,科学的追随者就被激发出愉悦的希望,希望科学的进程将会为其所应用于的每一个课题提供一个确定的答案……这个伟大的希望就在真理和实在的概念之中体现出来。这种观点最终必定要成为所有研究者的共识,就是我们所说的真理,而在这种共识中表现出的对象就是实在……实在并非必然地独立于一般的思想,而仅仅独立于你或者我,或者任何有限数目的人们可能对它的看法。(1940,38)

奎因(W. V. Quine)虽然不是詹姆斯、杜威或皮尔士的追随者,但受教于这三人的同辈怀特海(Alfred North Whitehead)。奎因综合了实用主义和逻辑实证主义。逻辑实证主义者试图使用逻辑和语言分析来肃清科学的形而上学。他们认为,只有当一个陈述做出了关于某种观察的断言,或者表达出了逻辑或数学真理时,该陈述才是有意义的。实证主义者竭力使科学摆脱无意义的陈述。为了做到这一点,他们尝试构造新的语言架构(或语言),这类语言(架构)将把所有科学表述翻译为关于可能观察到的现象的陈述,或者是数学、逻辑的陈述。通过这种方式,科学将实现休谟的梦想:消除对超越感官经验的事物的信念。然而,奎因的同辈人之一卡尔纳普(Rudolph Carnap)意识到了一个问题:在语言架构的内部讨论是否要采用某一种语言架构,这个问题是无法回答的。这是一个外在于语言的问题。为了决定是否采用某种言说方式,必须首先明确这种言说方式的使用方式。特定语言架构的合法性最终取决于该架构在实现现实目标时的能力。实用主义性质的因素,如简单性、效率、精确性、效用,都是是否采用某一语言架构的决定性理由(Carnap 1950)。

奎因赞同卡尔纳普的观点,即对形而上学问题的回应最终依赖于我们选择的语言,而这样的选择应当基于实际目标。然而,奎因没有使用卡尔纳普的"语言架构"这一术语。奎因倾向于探讨那些能表达我们与世界关系的理论。根据奎因的观点,观念论和实在论都是表达我们与世界关系的哲学理论,能够用评估科学理论的方式来评价这两者。一个理论要对暗含在其描述性陈述中的对象、属性、事件、过程的存在做出承诺。例如,如果一个理论包含了"太阳的90%都是氢元素"这样的句子,就说明它承诺了有太阳和氢元素的存在。如果一个理论包含了"太阳熔化氢元素,制造出氦元素,引发了电磁辐射"这样的句子,那么它承诺了有氢元素、氦元素、核聚变和电磁辐射的存在。实在论者提出的理论,承诺了独立于精神的对象(以及过程、特性或事件)的存在;而观念论者提出的理论,并不承诺独立于精神的对象是存在的。两种理论都与我们通过感官接受的信息一致。我们所做出的观察并不能确定哪个理论是正确的。在奎因看来,两种竞争性的理论,无论从科学还是哲学角度来看,在经验意义上都是等价的,我们要接受的是能最大限度推进我们目标的那个理论。诸如简单性、一般性、可检验性、效用等因素，都在我们选择特定理论时发挥了关键作用。

奎因的"不同理论之间具有经验等价性"的观点，是基于 20 世纪物理学家皮埃尔·迪昂（Pierre Duhem）的著作。迪昂认为，数据不能单独决定物理科学中的理论。奎因发展了迪昂的思想，将之应用到所有的理论中，无论是科学理论还是其他理论。按照奎因的说法，经验观察不能充分决定理论选择。大致说来，很多理论在逻辑上都与同一组观察相契合。因此，一次或若干次检验都无法推翻一个理论并支持另一理论，因为总是可以通过修正理论或理论的背景假设，去让理论适应看上去不匹配的证据。即使数据在逻辑上无法充分决定理论，科学家仍然可以基于实践性目标（他们想要做的事）和认识论目标（他们想要知的事）在不同的理论之间做出理性选择。有人可能诉诸认识论规范，如解释力、多产性、经济性和精确性来裁决竞争性理论（或假说）。由于奎因和迪昂都形成了这一观点，理论的不充分决定性又被称为奎因-迪昂论题（Klee 1997）。

如果我们将奎因-迪昂论题用于实在论和观念论之争，我们应当接受实在论，因为它已经被证明是一个在日常生活中十分有用的理论（Quine 1961，1977，1986）。试想一下实在论是如何帮我们解释和预测生活中的事的。假设有三个人都对他们认定为"椅子"的东西有过感官体验，那么对这些人来说，若在他们彼此的交流中使用"椅子"一词，并且明确该词涉及的是一个独立于精神的对象，那么对这些与感官经验有关的事件做出解释和预言就容易得多。关于科学在现实意义上和认识论意义上的成功，实在论同样为我们提供了简单的、普遍的、有力的解释，这是我们之前讨论过的。奎因也使用这一论点为"假定抽象物体（如数字、点、线）的存在"进行辩护。我们认为相信抽象事物的存在是合理的，因为这些事物在数学和科学推理中扮演重要角色。奎因给实在论—观念论之争提供的解答同样回应了康德的忧虑——世界也许存在，但我们无法了解——因为在奎因看来，假定存在一个独立于精神的世界是不合理的，除非我们已经有了支持某种理论的证据，而该理论会使这一假定变成承诺。对奎因来说，对形而上学问题的回应取决于有关知识的理论，该理论依赖于我们对这样的问题的理解：如何使用语言来谈论世界（Quine 1961，1977，1986）。

总结起来就是，奎因在解答形而上学问题上的实用主义进路，能够对哲学上的反实在论策略的做法做出反驳，这点前面讨论过。反实在论者认为，实在论策略之所以不成立，原因是该策略不可能成功，因为我们无法理解独立于人类精神的世界。然而，奎因认为，我们是否能理解独立于人类精神的世界，这取决于我们决定采用哪一种类型的语言框架。我们可以选择观念论的框架，这表明我们无法理解独立于人类精神的世界；或者选择实在论框架，这意味着我们能够理解独立于人类精神的世界。但我们有理由采用实在论框架，因为这种框架帮助我们达到我们在科学和生活中的目标。我们运用此框架，因为它能带来结果。

3.6　科学如何实现客观性

本章关于科学客观性的讨论已接近尾声。一些不是哲学家的读者可能对本章中所讨论的复杂而抽象的问题没什么耐心，而另一些哲学家身份的读者，可能感觉其中部分分析过于简化。然而，对这些问题投注时间和思索是值得的。很多关于金钱对科学的负面效应的讨论都是一概而论，却经不住更加细致和具有批判性的分析。本书尝试避免这种做法。重要的是，在理解金钱可能会以怎样的方式损害科学的客观性之前，要弄清楚"科学的客观性"究竟意味着什么。本章尝试给出了思考客观性的大致框架，然后，我们才可以将这一框架应用于特定的情况，如利益冲突、著作权和出版权的冲突。在为本章下结论之前，就科学如何实现（或无法实现）客观性给出一些评论是具有启发性的。

首先，三种不同的要素促成了客观性：(1) 科学家；(2) 结果；(3) 认识论和实践规范。只有当结果（包括数据、理论和假说）不存在偏倚并准确表述了实在时,才算是客观的;只有当规范有助于得出客观性结论时,才算是客观的;只有当科学家遵守了与客观性有关的规范时,才算是客观的。因此,科学的客观性贯穿科学家、规范和结果。这些不同的要素对于实现科学的客观性来说同样重要。如果科学规范不能促进客观性,或者科学规范促进了客观性但科学家没有遵守规范本身,科学就不会实现客观性。如果科学家采用的是不客观的结果,如基于数据有偏倚的理论或假说,那么建立在这些失准结果之上的结果便是扭曲的。

个体科学家也许是客观性链条中最薄弱的一个环节,但他们仍然与客观性存在本质关联。之所以如此,是因为科学家是人,且会受到金钱、权力、成功、名望的诱惑以及经济、机构、社会、政治等方面的压力(Shamoo and Resnik 2003)。作为对这种状况的回应,一些作者不再强调科学家的客观性,而是更加注重科学规范或社会组织的客观性(Solomon 2001;Longino 1990)。朗基诺(1990)认为"客观性是群体科学实践而非个体科学实践的特征"(74)。朗基诺在此问题上表达了一个重要观点:在理解科学的客观性时,我们应当思考科学团体及其规范。然而,我们也不应当忽视个体科学家的重要性。科学团体由个人组成。个体科学家决定着科研经费的申请、实验的设计、实验对象的招募、实验的操作、数据的分析和解读、结果的发表。如果从属于同一科学共同体的大部分成员在大多数情况下都不遵守那些能够提升客观性的规范,那么这个团体不可能获得客观的结果。

即使是最好的方法、最佳的科学团体,也可能存在数据造假、疏忽大意、保密性、严重的利益冲突等现象。如果大部分科学家不能在大多数情况下都努力做到客观,那么科学组织将会分崩离析,科学也将失去公众对它的支持和信任。作为对比的是,可以试想:假如在法律系统内就职的法官在大多数时候都无法做到公平公正,将会是怎样的状况?无论设计出多么良好的法律体系,都依赖于其中每一个个体遵守规则来实现自身的目标。这同样适用于任何一种社会活动,无论是科学还是体育。个体在维系或破坏人类社会活动中，扮演了重要角色。

意识到科学的客观性并不是"要么全部要么全无"，而是体现为程度上的差别，这一点也很重要（Longino 1990）。构成科学客观性的每一种要素——结果、规范和科学家——的客观性程度均有所不同。某种特定的科学理论 T_1，可能比另一种科学理论 T_2 具有更显著的客观性，因为 T_1 对独立于人类精神的世界的描述，要比 T_2 所描述的更精确，或者是 T_1 的偏倚程度要弱于 T_2。某位科学家 S_1 可能比另一位科学家 S_2 更客观，因为 S_1 比 S_2 更遵守与客观性有关的规范。最后，规范 N_1 可能比另一个规范 N_2 更客观，因为 N_1 比 N_2 更能促进客观结果的产出。由于每一种构成科学客观性的要素都存在程度之分，所以客观性这个整体概念也是有程度差异的。

3.7 结　论

对科学中客观性的大多数讨论都会引发这个问题："科学是客观的吗？"本章采取了一种不同的方式讨论科学客观性，并提出"科学应当是客观的吗？"这个问题。本章给出的回答是肯定的。科学应当是客观的，因为民主社会需要客观的信念和方法来解决具有争议的道德、政治、经济、文化和社会争论。为了有助于解决争论，科学家应该在公共论坛中努力给出公允的证词，并尽力发展出不带有个人、文化、社会、道德或政治偏见的理论、假说、方法和概念。发展不偏不倚的理论（假说、方法和概念），最有效的方式是通过在一个独立于精神的世界中对理论进行检验。当然，科学家常常屈从于各种偏见，因而很难实现科学的客观性。然而，对客观性的追求并不是白日梦，也不是徒劳。为了实现客观性，科学团体有必要制定出多种规范来促进客观性，科学家也需要去遵守这些规范。前一章已经讨论了部分规范，下一章将要思考的是，金钱是以怎样的方式影响客观性及其他科学规范的。

第4章 金钱和科学规范

如果金钱能说话，真理将缄默。

——俄国谚语

4.1 导 言

前两章已经讨论过科学规范。第2章对这些规范进行了描述，而第3章则重点关注了科学中最重要的规范——客观性。本章将解释金钱是如何破坏科学共同体对规范的遵守的。金钱可以通过影响判断、决定，以及个体科学家和科研组织（包括私人公司、大学、政府机构、专业社团）的行为，来干预科学研究。金钱会诱使个体和组织做出一些违背研究规范（如客观性、开放性、诚实、谨慎）的判断和决策。

对科学规范的挑战或有意或无意。在第1章记录的南希一案中，医药公司奥贝泰克试图压制南希能证明药物可带来伤害的研究。该公司阻止了南希发表其数据和结果。而这种做法所损害的正是开放性这一规范。公司的行为同样阻止了科学共同体获取与药品评估相关的重要证据，挑战了"客观性"准则。最后，公司的行为还对服用该药的患者带来了健康方面的负面影响，触犯了"社会责任"这一规范。在此案例中,医药公司有意违背伦理规范,目的是避免经济损失。科学共同体常常对故意触犯科学规范的行为予以最严厉的谴责。那些有意违反规范的人或许犯有欺骗、造假、干预、偷盗、剥削罪等。一些人故意挑战伦理规范,同样触犯了法律。

部分科学家可能会认为,只要他们不是故意违反伦理规范,就没什么需要担忧的。可事实绝非如此。一个人之所以做出了错误的判断或决定,有可能源于施加于他思想和行为上的潜意识影响。这些影响可能会导致科学家无法仔细审查特定的假说,或注意到一些问题和反常。尽管大部分科学家自认为是具有批判和怀疑精神的,但其实很容易陷入自欺中(Broad and Wade 1993)。在第 1 章同样讨论过的庞斯和弗莱施曼一案中,研究者不大可能是就冷聚变问题故意欺骗科学团体,但他们因为自欺而犯了重大错误和疏忽。从此案例看来,金钱是导致科学家陷于自欺的重要诱因。包括第 1 章也论及的杰西的案例在内,金钱可能对研究者施加了某种无形的影响,因为詹姆斯的经济利益可能会导致他低估了基因疗法试验的固有风险。正如我们即将在第 5 章讨论的,利益冲突会在潜意识层次上产生某种作用。一个身陷利益冲突的研究者可能深信自己是不偏不倚的,但实际上他是存在偏倚的。每个人——即使是最诚实的人——都可能以微妙的方式被金钱影响。

经验性研究让我们更好地理解科学中经济利益和伦理问题的关系。例如,根据第 1 章已经提及的,记录资金来源和研究结果之间关系的诸多文献证明了:研究赞助方的经济利益和获取/发表的研究结果,这两者常常存在强关联(Krimsky 2003;Lexchin et al. 2003)。然而,证明关联性并不意味着就证明了因果关系。尽管这些研究具有揭露性,但并没有明确告诉我们金钱是如何影响研究活动的。为了展示金钱影响研究的方式,我们需要考察特定案例中从科研经费到研究结果这一链条上所有的关联。到目前为止,针对这类分析,几乎没什么经验或理论研究。几位作者暗示了金钱会导致研究偏见(如,Krimsky 2003;Greenberg 2001;and Resnik 2000a)。而另一些作者(如 Wible

1998；Kealey 1997）为科学行为提出了经济学模型，但他们并未从细节上考察金钱和科学规范的关系。本章将对金钱影响科学实践以及公众对科学的感知的某些不同方式进行研究。我将把第 2 章论述过的科学研究的步骤，作为理解金钱和科研关系的基础。

4.2　问题的选择

　　知识源于好奇，科学研究始于对研究问题的选择。金钱在这样的初始阶段起到了重要作用，因为科学好奇心受制于经济现实：进行科研往往耗资巨大。那种科学家自己花钱来研究自选问题的时代已经一去不复返了。绝大多数科学家依赖政府或产业界的合同或资助来支撑自己的研究，并对与赞助者利益攸关的问题进行研究。尽管社会和政治因素在设置政府研发议程方面扮演重要角色，但经济/财政却在设置私人产业研发议程中起着重要作用（Dresser 2001；Resnik 2001c；Resnik 2004a）。虽然私人公司投资一些基础研究，但大部分还是将研发经费分配给那些能实现商业化和可盈利的项目。为了弄清楚为什么会这样，深入考察一下医药和生物技术产业不失为明智之举。

　　在美国，FDA 控制和管理食品、药品、生物制剂、生物医学仪器。FDA 可以批准，也可以禁止一项新产品，还有权下架在售商品。为了获得 FDA 对一种新药的批准，医药公司必须向 FDA 提交试验性新药申请，并展示有关该药安全性和有效性的数据。在对人体受试者开展试验之前，医药公司必须有充分的动物试验数据，以确定该产品用于人类是否安全。医药公司会进行四类临床试验：阶段 Ⅰ 试验，在相对小规模①的受试者处进行药品安全性测试；阶段 Ⅱ 试验，在相对小规模的

---

①　阶段 Ⅰ 受试人数为 20～80 人。——译者注

受试者处①进行药品安全性和有效性测试;阶段Ⅲ试验,扩大受试范围;阶段Ⅳ试验(售后监控阶段),搜集有关药品长期效用的数据,研究药品的不同用途。在搜集阶段,医药公司必须遵守FDA有关临床试验的标准,这些标准规定的内容是受试者的安全和权益、研究设计、数据完整性。FDA会审核医药公司提供的临床试验数据,对新药的优势和风险做出权衡。如果FDA确定该产品收益大于风险,则会批准新药上市。医药公司只需证明该产品在治疗特定的医学病症方面既安全又有效,而无须证明这种新药优于治疗同种疾病的其他药物(Goozner 2004)。

如果FDA批准了新药,将授予医药公司在一定期限内(一般是5年)对该药的专有权。由于专利期为20年,而药品研发过程,包括实验室研究、生产质量控制与临床试验,一般要花费10~12年,除非公司能采取措施延长专利期,否则医药公司对药品的专属权只有8~10年,这个问题我们会放在第6章讨论。一旦专利到期,其他公司将可以以不同的药品名称免费生产和上市这种药品,而原来的研发公司仍保留对药品商标名的控制权。尽管医药公司会通过法律诉讼阻止其行业竞争者生产不受商标保护的仿制药,但最终还是会失去对市场的控制。专利常常是维系市场专有权的关键,虽然公司可能根据《罕见病药物法案》获得了无专利药物的市场专有权,但该法案只允许FDA批准为期7年的市场专有权(Resnik 2003a;Goozner 2004)。

由于FDA不要求医药公司证明新药优于用于诊断、治疗或预防特定医学疾病的现有药品,医药公司时常研发治疗同一病症的多种药物。一个公司可能生产出治疗特定疾病的先锋药,而其他公司会用与先锋药相似的派生药(me too drug)②打开市场。这个现象的一个典型的例

---

① 阶段Ⅱ受试人数约为100人。——译者注
② 避开专利药物知识产权保护的新药,其研究大多以现有药物为先导物,研究关键在于寻找到不受专利保护的相似化学结构。还有me better, me best, me first等药物类型。——译者注

子是，一系列用于治疗抑郁症和其他心理疾病的药物，如选择性5-羟色胺再摄取抑制剂（SSRIs）。市场上有很多具有不同名称，却包含与SSRIs相似化学成分的药物，如百忧解、舍曲林、帕罗西汀等（Goozner 2004）。

研发新药、新的生物制剂或医疗器械会花费大量资金。根据一些统计，研发并上市一种新药平均耗资5亿～8亿美元（Goldhammer 2001）。安杰尔（2004）和古兹纳（2004）认为，这高估了药品成本，两人认为平均成本远低于5亿美元。假如研发一种新药平均花费3亿美元，仍然是笔大开销。即使医药公司成功研制出新药，并将其市场化，该药仍然可能无法实现盈利：只有大约33％的新药能盈利。不仅如此，公司有可能不得不因安全性、责任原因，从市场撤回一种成功的药物（Goldhammer 2001）。所以说，药物研发是一项高风险事业。

医药或生物技术公司的研发投资决策，基于的是一系列影响新产品利润的因素，如知识产权对新产品的保护力度、新产品的市场规模和市场潜力、与新产品相关的潜在法律责任风险、新产品生产和上市的周期和困难（Goldhammer 2001；Angell 2004）。由于医药企业倾向于根据各种经济考虑来做决策，所以更可能资助研究那些影响发达国家（而不是发展中国家）人群疾病的治疗方法、常见疾病（而非罕见疾病）的疗法、影响富裕和权势阶层（而非贫穷和弱势群体）的疾病的疗法，这些和经济有关的决策影响着儿童、少数群体、发展中国家人群的健康。根据一些统计数据，全球生物医学研发经费的90％只负担了全部疾病的10％（Benatar 2000）。很多针对儿童的处方药都没有在小儿科患者处进行预测试。虽然在患儿身上开展试验所面临的多种法律法规难题，能够解释儿童试验的匮乏，但经济因素也是原因。为了给医药公司提供经济激励，以开发能帮助病童的药品，美国国会已通过相关法律，将进行试验或标记为儿童专用的药品专利保护延长六个月（Tauer 2002）。这六个月的额外保护期似乎并不长，但对医药公司来说则意味着几百万美元的收益。正如前文提到的，《罕见病药物法案》为医药公司提供了经济激励,以研发和生产罕见病用药。

美国批准新药、生物制剂、医疗器械的政府部门中暗含了多种不同的偏向。第一,FDA常常只审查研究赞助机构所提供的新产品申请,而不审查其他研究资助方(如联邦机构)提供的独立数据。即使FDA要求医药公司遵守有关试验设计、数据收集、数据分析、伦理的严格标准,但这些标准不敌审查系统的潜在偏见,因为医药公司会绕开甚至打破规则。第二,由于FDA并不要求医药公司证明他们的产品优于现有产品,对新产品的许可可能不仅无助于医疗实践或公共卫生,还会让消费者多掏钱,因为医生会开更新、更贵的专利药,而不是传统价廉、已过专利期的药。例如,对于很多高血压患者来说,一种传统的利尿剂呋塞米,和治疗高血压的全新专利药一样有效(Goozner 2004)。第三,由于医药公司将提交给FDA的所有数据视为商业机密,所以FDA不会在未经许可的情况下公开这些信息。这一做法使医药公司可以不发表呈递给FDA资料中的负面结果,这将导致研究记录中的偏倚(Angell 2004;Goozner 2004)。第四,医药公司会将有利于自己产品的同一结果在多篇论文中发表,这将夸大研究记录。对已经发表研究的系统性重复会高估证据对产品的支持程度(Krimsky 2003)。第五,医药公司要求研究者签署协议,以便给予公司审查、分析、解释、控制数据,以及审阅出版物的权力。这些协议许可了医药公司对试验设计、数据的分析和解释、数据的所有权、研究结果出版的全面掌控(Angell 2004)。第六,医药公司会通过掌控资金流向从而控制研究本身。公司会对某项能证明自己产品好处的研究予以资助,若得出了负面结果,则会撤回资金。如果初步结果显示产品不安全或没有疗效,医药公司便会取消临床试验,以保护受试者并维护自身的经济利益(Goozner 2004)。

医药或生物技术公司资助的研究充满了潜在的偏向。对这些偏向,社会应当采取哪些行动?第一,作为批准新药的条件之一,FDA应当要求医药公司保证公众可通过数据库(如临床试验注册中心)获取所有收集到的与药品相关的数据(Angell 2004;Shamoo and Resnik

2003)。这些数据应当包括：递交给 FDA 用于审批的数据、因为安全性或效用问题在审批过程中撤回的数据。国际医学杂志编辑委员会（ICMJE）现在要求，进行临床试验注册必须作为研究成果发表的前提条件(De Angelis et al. 2004；ICMJE 2005)。第二，期刊和编辑应当对重复发表超过一次的行为进行惩戒，这种做法是为了阻止医药公司歪曲研究成果(Huth 1986)。第三，研究者和研究机构应当仔细审查与私人公司签署的合约，以保护研究数据和结果的完整性，以及研究者的发表权。第四，政府机构应当对独立研发新产品予以资助，以制衡潜在的行业偏向。这些研究可能是在 FDA 批准过程之中或之后进行的。如果市场上已经存在有效的产品，那么政府资助的研究应当将新产品与已有产品进行比较，从而确定新产品是否更优。尽管 NIH 目前资助了一部分比较性质的临床试验，但应扩大资助比例。一个富有远见的观点是，成立一个新的 NIH 中心或机构，专门用来进行临床试验，其职能是设计和开展临床试验，测试新的临床干预方法(Goozner 2004)。第五，为医药公司开展临床试验的研究者应当对试验的设计和分析、研究结果的发表和解释拥有更大的掌控权。以上每项建议都会在之后的章节中予以详细讨论。

值得注意的是，科学家并不总是能从政府或私人产业那里获得大笔资金来进行研究。古希腊哲学家和科学家，如柏拉图、亚里士多德、欧几里得、恩培多克勒、希波克拉底、阿基米德、黑若斯、托勒密，都是在教学以外还进行研究和学术工作。他们受学生和其他捐助者的资助。在 12 世纪，欧洲的学生筹建了第一批大学，并支付老师的薪酬。就职于大学的学者花费大量精力在教学上，很少有时间进行自己的研究和学术。他们教授古典人文——文法、修辞、逻辑、算术、几何、音乐、天文——以及古希腊/罗马/阿拉伯哲学家、科学家、物理学家、法理学家、历史学家的经典著作，这些著作在黑暗时代的欧洲都是无法获取的(Haskins 1957)。

大学很快就扩充了其课程，提供不同的科学学科，如解剖学、医学、生物学、物理学、地理学和化学。大学开始接收来自政府和宗教机构的更多资助。很多科学家用他们在大学获得的薪酬支撑自己的研究。维萨里(1514—1564)、伽利略(1564—1642)、威廉·哈维(1578—1657)、牛顿(1643—1727)都有大学教职。哥白尼(1473—1543)在大学里研究教会法规、数学、医学，却以教会学者和管理者的身份受聘于路德教会。波义耳(1627—1691)在经济上则很自足，他自费开展化学实验。虎克(1635—1703)为波义耳本人及世界一流科学团体伦敦皇家学会效力。牛顿以皇家铸币局监管身份挣到的钱要多于以科学家身份的所得(Meadows 1992)。

在20世纪之前，政府通过资助大学支持科学研究，但他们很少资助大型的科研项目，除了一些最值得关注的项目。1572年，德国腓特烈国王二世给了第谷(1546—1601)一个靠近哥本哈根，位于桑特(Sont)的名叫芬(Hven)的小岛，并资助他在那里建了一座天文台。1675年，国王查尔斯二世建造了格林尼治天文台，用来帮助确定经度这一航海中的重要测量工具。很快，其他拥有船队的国家，如法国，也建造了自己的国家天文台。达尔文(1809—1882)获得了一个大学教职，但他仍在"小猎犬号"五年的航行中，以博物学家的身份进行了大量的经验性研究。孟德尔(1822—1884)是位修道士，除了从教会获得的补助，他在没有其他外部资金支持的情况下开展了豌豆实验。爱因斯坦(1879—1955)在1901年至1908年作为瑞士专利局助理期间，做出了最高质量的工作。一战时，政府为军事技术(如飞行器、防御化学武器)投入了大笔资金，但在战后便削减了对科学的资助。政府对研究项目的投入力度一直很小，直到二战时才提升，这清楚地表明了在战争中科学和技术的重要性。在二战期间，处于敌对状态的两方政府都对飞机、潜艇、直升机、雷达、火箭、计算机、密码术、医学、原子能、化学爆炸、电子学的研究进行资助。二战后，美国和苏联开始大力资助科学和技术研究，尤其是和国防相关的研究(Meadows 1992；Williams 1987)。

学术界科学家和产业之间最重要的合作发生在18世纪晚期，当时科学家瓦特(1736—1819)和实业家博尔顿(Matthew Boulton)合作,发明了高效的蒸汽机。瓦特不仅发明了蒸汽机,还为其申请了专利,博尔顿则将其市场化,这样两人就都掘到了金。虽然蒸汽机是科学—产业联姻的典型例子,但产业为科学和技术研究提供的支持都未对研发经费产生显著影响,直到19世纪,德国公司雇佣化学家来制造合成染料。很快,其他产业如石油化工、纺织业、食品业都开始雇佣科学家,现代工业实验室就应运而生了(Williams 1987)。到20世纪30年代,美国所进行的大部分研发都由私人产业资助,并开展于私人实验室中。贝尔实验室所进行的研发工作要远多于大学。产业对研发活动的支持在过去一百年中稳步增长,自20世纪80年代以来则出现快速增长,这取决于生物技术、医药、计算机、电子产业投入的大量研发资金(Teitelman 1994)。正如在第1章中提到的,私人产业目前为美国及其他工业化国家2/3的研发项目提供着经费支持。

4.3 试验设计

为了讨论金钱如何影响试验设计,有必要引入19世纪数学家和发明家巴贝奇(Charles Babbage)的术语,他记录下了自己在英国科学活动中发现的不道德行为。巴贝奇(1830)区分了欺骗、伪造、修饰、篡改数据。欺骗和伪造包括编造数据;修饰包括省略或删除不符合假设的数据。美国联邦科研不端行为管理条例严禁数据的捏造或造假,这基本上是对欺骗/伪造、修饰数据行为的回应(Office of Science and Technology Policy 2000;Resnik 2003b)。进行试验设计,从而获得事先所期待的数据以及确认某种假设,这就是编造数据。一个人会为了获得肯定结果、避开否定结果,而去编造数据。存在编造数据行为的试验并不是对假说的真实检验,而仅仅是经过策划的检验。一个巴贝奇并没有用到的术语是捏造数据,这种行为包含了对统计学方法的不诚实使用,从而导致数据看上去要比真实情形更"美好"(Resnik 2000b)。

当研究者在试验设计中编造数据时,偏倚就出现了。编造数据的方式有多种,但可能最容易的一种就是没能测量出具有相关性的结果。在设计任何一个试验时,研究者必须决定要去测量哪类结果。如果他不打算去测量某个特定结果,那么他不会得到基于该结果的任何数据。在实验性科学中,证实就意味着测量。例如,假设有一家医药公司就某种降血压新药的安全性和有效性撰写了一份试验报告,该公司计划测量多种不同的变量,如血压、心率、呼吸、体温、血液胆固醇、血酸度、血铁水平、眩晕程度、恶心程度、肾功能等。又假设该公司不打算测量药品对血钾水平的影响。如果这种药品会导致危险的低血钾,那么该公司所开展的临床试验不会披露这一信息。更糟糕的是,假设该公司已进行了动物试验,而试验给出了充分证据,使人不得不承认药品对血钾水平有不良影响。如果该公司并不计划在服用药品的人体受试者身上测量血钾水平,该公司则犯有为逃避不良结果的编造数据罪。

另一个编造数据的方式是未能收集足够的数据去发现具有统计学显著性的效应,而该效应是当研究者收集更多数据时会出现的问题。假设一个医药公司决定测量某种药物对血钾水平的影响,但没有收集足够的数据来证明负面效应具有统计学显著性。设计这种试验的目的是获得足够的数据来证明新药的正面效果,但对于证明具有统计学显著性的负面效应来说,证据是不足的。这种试验由于负面结果的存在,在说明效用方面是不充分的。如果确实存在负面效应,但不具有统计学显著性,则该公司很可能会获得 FDA 对药品的批准,即使公司会被要求在药品上市后告知消费者产生负面效应的可能性。[1]

如果 FDA 基于对药品风险的错误预估而批准了新药,那么医药公司编造数据的行为便对科学规范和社会构成了负面影响,因为能产生不良反应的药品会给许多患者带来不必要的伤害。几乎不可能确定私人公司是否有过编造数据的行为,因为他们对试验设计的种种考虑都是秘不示人的。然而,鉴于新药因不良反应而被下架的频率,似乎编造数据存在于很多不同的产业中。

大部分产业赞助的临床试验都是由产业科学家而非学术界科学家设计的。医药公司会挑选研究方法和想要的结果，还会制定科学实验计划和研究手册，进行临床试验的科学家将按照计划和手册开展研究。典型的临床试验是由公司而不是研究者驱动的。临床试验研究人员招募试验对象、收集数据，也可能作为研究论文的作者。多年来，临床试验都几乎只在学术性机构内的医学中心进行。而现在，大部分临床试验的研究者都是就职于私人诊所的医生。很多医药和生物技术公司聘请合同研究组织（CROs）来管理临床试验。CROs 招募私人诊所医生开展临床试验，并通过（针对人体受试者研究的）机构审查委员会（IRBs）对研究进行监管。虽然许多私人诊所医生对推动生物医学发展抱有诚挚的兴趣，但其中大部分人还是出于经济目的（Angell 2004）。第 5 章将深入探讨经济利益问题。

当一家私人公司掌控了试验设计的所有方面，很有可能会发生偏倚。社会应当如何应对这个问题？FDA 对研究设计和数据收集做出的规定，有助于从理论上确保试验设计和试验报告的质量和客观性。不仅如此，（针对人体受试者研究的）机构审查委员会能对试验设计施加一定影响，从而保护人体受试者免于伤害。例如，（针对人体受试者研究的）机构审查委员会会要求研究项目在接受伦理审查之前先通过科学审查。然而，这些组织远不是完美无缺的，一些存在问题和缺陷的试验可能会逃过审查。为了避免这个问题，开展受产业资助项目的临床研究者应当对试验进行更严格的管控。他们应当就试验的设计和开展提出更多建议，还应当鼓励公司在必要的时候做出调整，从而确保研究的质量和完整性，保护人体受试者。研究者应当发挥自身的斡旋能力，而不应让自己被私人公司牵制。

理想的情况是，科学家应该成为先锋，与存在偏倚的试验做斗争。客观性、诚实、谨慎等准则都表明，我们应该设计出试验，不让编造数据的行为有机可乘。而现实是，故意和有意编造数据的行为将会被视作科学欺诈。但在这里，欺诈不是最重要的问题。很多发生在科学中的数据编造可能是无意的。在科学中很容易出现自欺，尤其当个人的经济利益与研究结果存在关联时。

也许处理这类问题的最好方式是，确保有足够多与研究结果无直接利益关系的研究者，由这些人进行相关领域的研究。这些独立研究者可进行监察：哪些研究人员因为能从研究结果中获得经济利益，从而导致研究偏倚。在制衡或缓解出于私人利益的科学研究中潜在的、具有偏倚的影响时，服务于公众利益的科学活动将发挥重要作用（Krimsky 2003）。

4.4 试验者的招募

临床试验中，在收集和记录数据之前，需要招募参与者。人体受试者是临床试验的关键。如果研究者招募不到足够的受试者来产生充足的数据，就无法完成研究，也无法发表研究结果。同样，研究者也不能获得项目带来的职业和经济回报，如出版、知识产权、额外资助、股票收益等。研究赞助方也和招募试验者这件事存在强利益关联。实际上，一些赞助方为临床试验研究者提供"招募费"。还有一些赞助者会报销护理病患的开销，这是一大笔经费，包括划拨给管理工作的一部分。临床试验的操作人员可使用这笔管理经费为研究活动提供支持，也能作为自己的额外收入。医药公司常常按照每个病人几千美元的标准，支付给临床试验研究人员，作为病患护理费和管理费（Shimm, Spece, and DiGregorio 1996; Angell 2004）。如果把支持经费、额外酬金、咨询费等试验赞助方提供的经济回报算在内，开展受产业资助的临床试验所带来的经济收益是相当可观的（Angell 2004）。

至少有两种经济利益类型会影响受试者的招募。第一种是，如果研究者与招募受试者的行为存在显著的利益关联，研究者就可能会不充分满足病患的知情同意权。研究者可能高估试验的收益而低估了风险,因此导致对疗法的错误认知,这在临床研究中是很常见的。如果一个受试者错误地认为试验本身是为了救治自己而专门设计的疗法,而不是为了获得普遍知识的试验,便是一种对诊疗的误解(Lidz and Applebaum 2002)。在第 1 章杰西的案例中,很可能是詹姆斯淡化了试验风险,而夸大了试验能带来的好处。这个试验处于临床试验阶段Ⅰ,这意味着受试者并没有被设想为会由此获益。杰西虽然健康状况不佳,但还是可以通过谨遵医嘱来维持身体状况的相对稳定。回过头来看,如果将这种疗法用于陷入健康绝境,即使不被救治也没损失的婴儿身上,似乎更行得通。

第二,如果研究者能通过招募试验者而获得经济回报,他们可能会违背临床试验中纳入/排除这一二元标准。大部分临床试验都有着复杂的纳入/排除标准,为的是保护受试者免于伤害,并更好地掌控试验本身。例如,针对一种新降压药的临床试验可能会排除血压极高的人,目的是防止他们血压再升高。临床试验会排除怀孕和哺乳期妇女,以避免对胎儿和婴儿的伤害。试验还会排除癌症患者、肾病和肝病患者等,为的是减少不可控的变量。若不遵守这些排除标准,不仅会伤害到患者,还会使试验本身作废。一个广为人知的例子是,加拿大外科医生罗杰·泊松(Roger Poisson)进行的一项研究是美国国家乳腺与肠道外科辅助治疗项目的一部分。在 1977 年至 1990 年间,罗杰伪造了关于 117 名病人的数据,目的是将他们招募进入试验(Resnik 1996)。尽管罗杰声称,他之所以违反临床研究的排除条例,为的是他的病人能有机会接受高级疗法,但人们还是怀疑他的动机。

社会应当如何应对这些潜在的问题?首先,揭露临床试验中的利益冲突将有助于完善知情同意流程。在对宾夕法尼亚大学的诉讼中,詹姆斯和其他研究者,以及杰西一家都认为,如果杰西事先知道与大学、试验研究者有关的经济利益的详情,他不会同意参与试验(Krimsky 2003)。其次,对临床试验的监管和审查将有助于促使研究者更严格地遵守纳入/排除标准。罗杰13年来都在触犯这一标准。如果受赞助的研究者或者IRB能及时复审数据和知情同意的执行情况,在事态恶化之前便能发现问题。

4.5 数据的收集和记录

当科学家收集和记录数据时,有两种方式是违背伦理规范的。如果一个科学家因草率或缺乏条理性,在不是故意的情况下,以不当的方式收集或记录数据,将被视为失误。如果一个科学家因为不诚实,故意以不当的方式收集或记录数据,将被视为不端行为(Shamoo and Resnik 2003)。正如前文已提及的,有两种与数据收集和记录相关的不端行为:捏造和造假。剽窃则是另一种有预谋的不端行为,这点后面再讨论。在科研伦理看来,不良的数据记录是严重的问题,但该问题远不及数据捏造或数据造假严重。不良记录和捏造/造假之间的区别就好比疏忽和渎职之间的区别。

经济利益是否会对科学家如何收集和记录数据产生影响?设想这一情形:研究者可能因为潜意识里证实某种理论或假说的愿望而错误录入了某数据。然而,很难确定这是否会发生在科学中。人们无时无刻不在犯错。人们还有需求、目标和欲望。从"失误可能会带来经济利益"这一事实中,我们不能反推出"经济利益会导致失误"。"失误"的部分含义是,它不是有意造成的。通过诉诸潜意识的欲望、需求或目标来解释失误,就好像把失误当成了有意识行为的产物。

理解经济利益和捏造/造假之间的关系,要比用概念澄清和证明这些行为更容易。在很多已经确认的科学捏造或造假案例中,经济利益都是根源(Shamoo and Resnik 2003)。其中,如果违规人员在不端行为出现后逃脱惩处,他们将获得晋升、提拔,或者是从研究经费和税费中渔利。例如,从1980年到1983年,史蒂文·布罗伊宁(Steven

Breuning)接受美国国立精神卫生研究所(NIMH)一项许可的拨款,发表了24篇论文。史蒂文向NIMH申请更新许可,再延长4年,但该申请中的数据是伪造的。NIMH对此事的后续调查显示,史蒂文向NIMH呈递的数据都是捏造的。史蒂文还被指控犯有欺诈罪,他因此被判入狱60天,并被要求赔偿政府11 352美元。1981年,哈佛大学一位博士后研究人员约翰·达西(Tohn Darsee),捏造了防止心肌缺血的一种药物疗法的相关数据。如果他成功了,他将从此种疗法中获利。1985年,哈佛大学心脏病专家罗伯特·斯勒茨基(Robert Slutsky),在面临晋升时,被发现其个人简历列出的137篇出版物中,有12篇存在造假行为(Shamoo and Resnik 2003)。我们还可以在造假名单上增添更多案例。很可能会发现其中大部分都和经济利益脱不开干系。

尽管在一些案例中,似乎经济利益在导致研究者出现不端行为中,扮演了重要角色,但如果因此在经济利益和行为不端之间确立某种因果关系,还是存在问题的。虽然很难准确估计科学不端行为出现的比例,但这个比例应该是很低的。尼古拉斯·斯丹尼克(Nicholas Steneck 2000)从那些确证的学术不端案例中获得数据,计算出了不端行为的出现比例大约是每年十万分之一。针对学术不端的一项高质量调研表明,6%～9%的教职人员和学生透露,他们曾经发现过学术不端或知晓存在学术不端行为的研究者(Swazey, Anderson, and Lewis 1993)。由于绝大多数科学家都和科研项目存在利益关联,而科研不端行为的比例又如此之低,可见在大部分案例(99%或更多)中,经济利益都不是学术不端的原因。绝大多数科学家都不会允许经济利益破坏他们数据收集的诚实性。也许理解经济利益与学术不端关系的最好方式是,经济利益不会导致学术不端,却是不端行为的一个风险因素(U.S. Congress 1990)。

在科学家在研究中总是利益有涉的情况下,社会应当如何应对学术不端或错误发生的可能性呢?几种应对方式包括:制定、推广、强化处理利益冲突的相关政策(该问题将在之后的章节中深入讨论);制定、推广、强化处理学术不端的政策;制定、推广、强化有关记录保管、数据的收集和管理的政策;支持并优先科学方面的指导和训练。这些问题我们都会在之后讨论。

4.6 数据的分析和解读

经济利益会影响科学家对数据的分析和解读。能从成果中获利的研究者或公司会有意无意歪曲或"美化"数据,以得出想要的结果。在第1章的贝蒂案例中,医药公司对贝蒂的结果进行了数据分析,目的是推翻贝蒂"该药并不优于同类药"的结论。通过对统计方法的不当使用而得到了错误或具有误导性的数据,有几种可能的方式:(1)为了得出两种或两种以上变量之间的强关联,在不对剔除行为进行讨论的情况下,从文献或陈述报告中剔除数据;(2)在不对填充行为的方法进行讨论的情况下,以填充缺失数据的方式生成数据;(3)使用不当的方法分析数据;(4)使用具有误导性的图表来展示数据(Resnik 2000b)。

考虑第一种形式的误用——巴贝奇称之为"修饰"。在特定试验的数据分析中,研究者既无必要也不愿意去考虑所有的数据,因为一些数据点要么会导致错误,要么是统计学上的离群值。比如,一位研究真菌的研究者知道培养皿已被另一种真菌污染,那么他将会排除由这一培养皿得出的错误数据。离群值是指存在两种以上参数偏离平均值的数据点。统计学家已经开发出一些方法来排除离群值。通过排除离群值来澄清和突出变量之间的关联,这一做法是被允许的,只要排除本身没有改变总体数据(Resnik 2000b)。设想,一位临床试验研究者试图证明,某种药物的摄取量(Y)和该药的效果(X)之间存在线性关系。在图4.1中,X轴和Y轴中存在两个离群值:(a)和(b)。这位研究者可能会在数据分析中排除这些数据点,为的是能证明X和Y之间存在强关联,前提是他能在论文或陈述中给出排除离群值的原因。X_1轴和Y_1

轴中同样存在离群值：(a)(b)(c)和(d)。研究者不应该排除这四个离群值，因为如果排除掉会改变整体数据，X_1 和 Y_1 之间原本的弱关联会变成强关联。诚实和客观性这些伦理原则要求试验者既不能去修饰 X_1 和 Y_1 中的数据，也不能不对其进行讨论。与研究结果存在利益关系的研究者有可能受到某种诱导，而在数据分析中剔除 X_1 和 Y_1 中的离群值。

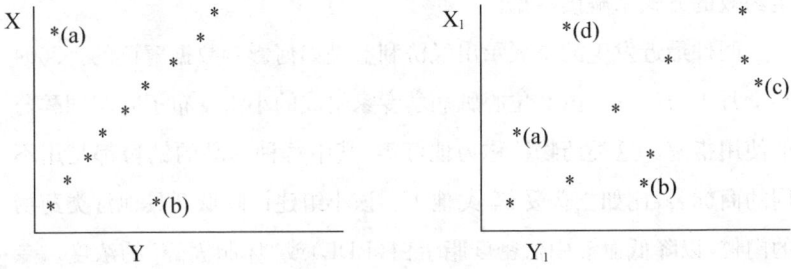

图 4.1　离群值

大多数对科研不端的定义都将排除离群值视为不端行为(如果排除行为影响到整体数据)(Resnik 2003b)。美国联邦政府对科研不端的定义是"在计划、执行或复查科研活动，或是上报研究结果的过程中，存在捏造、造假或剽窃行为"。造假被定义为"操控试验材料、设备、过程；改变、剔除数据或结果，以至于研究过程无法真实地呈现于试验报告中"(Office of Science and Technology Policy 2000，76261)。根据这种定义，如果忽略或排除数据导致了无法准确展示研究，这些行为就会被视为造假。

经济利益还会影响科学家对数据的解读。为了解读数据，研究人员必须解释数据的科学和现实意义。数据是否支持某人的假设或者竞争性假说？数据是否为临床应用或临床干预提供了证据支持？由于数据的解读要求相当程度的专业技能和专业判断，当研究者们对数据的解读存在分歧时，就可能让那些受经济利益驱动的解释乘虚而入(Als-Nielsen et al. 2003)。例如，假设一位临床试验科学家正在研究某种治疗高血压的药，而他又与该研究存在经济关联。如果这种药销路好，他将收入不菲。这位科学家可能会声称,该药的科学意义是它利用了身体一种全新的代谢机制,而临床意义是,它比目前治疗高血压的药物更有效。这位科学家可能会有意或无意夸大有关药物重要性的这两方面以获得经济利益。比如,在这种新药比现有药物疗效高出2%,并且存在显著副作用的情况下,他可能会宣称,该药要优于同类药。又或是,对科学家研究予以赞助的医药公司可能会给科学家施压,要求他用肯定药效的方式来解读数据。

两件最近发生的事展示出经济利益是如何影响数据解读的。2004年7月13日,一个由9位心脏病学专家组成的小组发布了降胆固醇药的使用指南。这类药物统称为他汀类,其中每种药品的销售都是用不同的商标名,比如立普妥、辛戈他丁。该小组建议降低开具他汀类药物的门槛,以降低血液中低密度脂蛋白(LDL)或"坏胆固醇"的浓度。专家们的建议是基于对"降胆固醇药物的影响"这一研究数据的系统性审核和解读。如果该小组的建议被采纳,几百万美国人都将开始服用这类药物,每年将因此总共花费260亿美元。然而,很多心脏病学专家对这项建议提出了质疑,他们认为,必须权衡服用降胆固醇药的好处和服药带来的医疗风险及花费。当消费者群体披露这个9人的专家小组存在利益关联后,这一争论随即趋于白热化。9人中,8人曾经从降胆固醇药生产商那儿收了钱,但没有任何人透露过他们与厂商之间的这种经济关联(Kassirer 2004)。

1990年,《新英格兰医学杂志》启用了一项新政策:禁止评论性文章作者或社论作者与其所讨论的产品(或竞争性产品)生产商有任何利益关系。这个政策的依据是,评论和社论性文章由于涉及对大量不同研究数据的分析和解读,很容易受偏见的侵袭(Krimsky 2003)。2002年6月13日,该杂志在发现自己从1997年至2000年间有19次违背了这一政策后,松动了这项政策。目前,《新英格兰医学杂志》不允许评论性文章作者或社论作者与其所讨论的产品存在"显著的"利益关系(超过10 000美元)(Drazen and Curfman 2002)。

当科学家与他们的研究存在利益关联时，社会应当如何应对欺骗性的数据分析或数据解读所引发的问题呢？一些可能的应对方式包括：(1)制定、推广、强化处理利益冲突的政策（上文已提及）；(2)制定、推广、强化数据分析和解读的相关政策；(3)对独立研究（或非产业资助性研究）予以资助。我们也将在接下来讨论这些应对方式。

4.7　署名权

在一篇论文发表之前，研究者必须决定谁应当被列入作者名单以及作者的排序。经济利益可能会对科学成果出版过程中署名权和荣誉的分配产生影响。大学所做出的职位、晋升以及其他人事安排，一定程度上是基于研究者的研究成果。虽然很多大学试图将这些安排和决议不仅立足于出版物的数量，还要立足于质量，但"不发表即出局"的格言仍然掌控着学术界。学术型科学家具有强烈的动机把自己的名字列在出版物中。科学文章的合作作者数量在过去几十年里有所增长，并将继续增多。例如，在生物医学期刊中，平均每篇文章的作者数在 1915 年只比 1 多一点，而到 1985 年超过了 6。一篇量子物理学论文有 831 名共同作者（Jones 2000）。尽管这种作者数的快速增长背后有很多因素，如研究的复杂性和规模，但不断增长的合作和经济/事业压力也助长了这一趋势。

有很多原因可以解释为什么在对论文无贡献的情况下，有些人还会在文中署名。如果一个人对论文的撰写没有任何实质贡献，却在文中署名，这属于名誉署名（Flanagin et al. 1998）。之所以允许名誉署名，原因有：数据、材料、试剂共享；人情；表达感激和敬意。在一些案例中，某人署名后，会增加文章的威望和知名度。有些实验室主管一直要求别人以共同作者的名义，把自己的名字加在每一篇出自本实验室的论文中。还有一些同事关系的人，想出了互惠性的协议：把对方的名字加在论文中,作为共同作者(LaFollette 1992)。在一项针对809篇论文展开的调查中,19%的文章存在名誉作者的情况(Flanagin et al. 1998)。名誉署名严重挑战着科学伦理规范(Shamoo and Resnik 2003)。经济利益很可能在助长名誉署名方面起到了直接或间接作用。

幽灵作者(Ghost authorship)与经济利益相关,是对科学伦理规范的另一种挑战。幽灵作者是指,有人对论文的撰写做出了实质性贡献,但文章没有这个人的名字。在调查的809篇论文中,11%被认为是幽灵作者的成果(Flanagin et al. 1998)。医药公司通常将出版视为推销的一种形式。如果支持某种医药产品的论文发表在科学期刊上,公司就可以在针对消费者的杂志广告中,以及针对医生的手册中引用这些论文。不少公司还会到处派发论文拷贝,向医生宣传它们的药物。为了向医生宣传药物的效果,论文作者是否隶属于著名大学或医学中心就显得很重要。为了保证那些很有名的人物能出现在论文中,医药公司可能会聘请幽灵作者撰写论文,花钱把那些就职于大学或医学中心的名人列为作者。在这种情况下,文章中出现的作者只会是名义上的作者。在一些案例中,署名作者甚至都没有读过论文(Flanagin et al. 1998)。媒体曾报道过一个事件,惠氏药业和《医学文摘》(*Excerpta Medica*)签署了一项价值18万美元的协议,要求著名学者作为其社论、评论、原创论文的作者。根据该协议所发表的每篇文章,其独立作者将获得5 000美元,而名义作者将获得1 500美元(Krimsky 2003)。

在一些案例中,之所以出论文署名"名不副实"的现象,是由于经济利益在作祟。如果一个研究项目可带来经济回报,科学家或私人公司会极力阻止其合作者通过出版和专利获得名利。还有一些案例,高级研究者从研究生那里窃取思想,并从后续的发明中获取产品专利。比如,1997年,评审团裁定卡洛琳·菲尼(Carolyn Phinney)获得赔偿167万美元,因为经调查发现,卡洛琳在密歇根大学的导师盗取了她的数据(Shamoo and Resnik 2003)。又比如,周娇妮(Jaony Chou)起诉:她所就职的芝加哥大学的指导老师在未经她本人许可的情况下,不仅使用了她关于变异病毒的相关数据,还为从这些数据得出的产品申请了专利。联邦法院裁决周娇妮对已经申请的专利享有所有权(Marshall 2001d)。在另一些案例中,研究者窃取他人的思想来获取资助。1999年,安东尼娅·德玛(Antonia Demas)起诉康奈尔大学营养学专家大卫·列维茨基(David Levitsky)盗用了她的思想,将其用于营养课程的教学及申请资助(Marshall 1999a)。还有其他一些例子,私人公司窃取研究者的观点,为的是阻止他们申请知识产权。比如,联邦政府要求美国氰胺公司支付罗伯特·艾伦(Robert Allen)和保罗·塞利格曼(Paul Seligman)4 500万美元的赔偿金,因为前者窃取了两人创制的产前维生素的配方(Smith 1997)。

为了应对出版物署名问题,很多科学期刊制定了一系列伦理标准,这其中,国际医学杂志编辑委员会的标准最具有影响力。

> 所有有作者之"名"的人都必须有作者之"实",同时有作者之"实"的人也必须有作者之"名"。每一位作者都应当充分参与研究工作,对其承担的研究内容担负起公共责任。无论是一个还是多个作者,都要对研究工作的诚实性负起责任,从论文的开始到发表,将诚实性一以贯之。署名权仅仅应当基于:(1)对研究的构想、设计,数据的获取,数据的分析和解读有实质贡献;(2)在起草文章和对文章进行批评性修正的过程中,在内容方面做出了重要的学术贡献;(3)在确认终稿方面的贡献。这三个条件必须同时满足。获取资金、收集数据、监管研究小组,这些都不能作为享有署名权的条件。作者必须说明各自的贡献,编辑也应公开这些信息。其他对研究有贡献的非作者,应该被列在致谢中,并说明他们所做的工作。(ICMJE 2005)

让所有发表在科学期刊上的论文都满足以上要求,或是其他期刊制定的标准,似乎很不现实。因此,很多研究者享受了他本不应该享有的学术名誉,这带来了一系列科学伦理问题,包括公正和责任的缺失(LaFollette 1992)。研究中的公正要求对科研的奖励能反映科学贡献,荣誉的授予应当保证实至名归(Pennock 1996)。责任要求研究者对自己为科研项目所做的那部分贡献负责任。当出版文献中包含严重错误或存在疑似造假的数据时,责任感的缺失会给科学家带来严重的问题。如果这类情况真的发生了,重要的是弄清楚谁负责文章,以及他们都做了些什么。在很多学术不端的案例中,共同作者否认其对受争议数据以及同事所做工作有任何了解。那些凭借科研获得名利的人必须相应地对研究本身负责(Shamoo and Resnik 2003)。

美国专利商标局(2003)将"发明人"定义为"对发明物的构思有贡献的人"。尽管有这个定义比没有定义要好,但它没有说明哪种行为可以算作"对发明物的构思有贡献"。数据收集工作算吗?试验设计或数据分析算吗?很明显,科学共同体需要做更多工作来定义"发明权"(Ducor 2000)。

当科研包含了显著的利益关系,社会应当如何应对署名权和发明权所涉及的伦理问题?很多期刊、专业团体、大学制定了有关署名和发明权的指南。这一措施尽管重要,但还不够。如果指南存在模糊之处,这些机构应当予以澄清,并对研究者和研究资助方进行引导。此外,还应严格执行指南。期刊应要求所有的合作作者在说明自己贡献的陈述书上签名。大学或专业团体也应开展随机性的审查,来核实署名状况。(我们会在第7章再次讨论署名权问题。)

4.8 出版和数据分享

当研究者结束了数据收集工作,并解决了与数据分析和解读、署名权相关的问题后,就准备发表研究成果了。大多数情况下,研究者乐于分享他们的数据、发表他们的研究结果,然而,经济利益会影响数据分享和成果的出版。在本书中,我们已经讨论了几个类似的事例:科学家面临公司施加的种种压力,包括不发表研究结果,不共享数据、方法和工具。我们谈及了一些经验性研究,这些研究显示出,与公司的经济关系有时会影响科学成果出版和数据共享。阻止有效研究的发表,这种做法违背了科学的开放性,可能会给社会带来负面影响。例如,奥贝泰克公司决意阻止南希发表论文,该论文揭示了去铁酮的副作用,从而可能伤害服用该药的病人。如果维克托和保罗被许可发表关于烟草的研究,很可能相关部门会更迅速地采取措施,来管控公众吸烟问题,并对烟草行业提起诉讼。

尽管那些对研究成果私有化持批评立场的人会将大公司视为罪魁祸首,因为它们干预了发表和数据共享,但公司并不是利用经济去损害研究成果的唯一的"实施者",这一点尤其值得注意。由于大学也参与技术转移和商业发展,如果发表或数据共享会损害某所大学的知识产权或商业回报,那么该大学同样会给科学家施压:不要发表、不要共享数据。鉴于很多个体科学家也涉及知识产权收益,或是自己成立了公司,这部分人会选择不发表研究成果、不分享数据,为的是保护经济利益(Shamoo and Resnik 2003)。最终,一些科学家可能拒绝进行数据共享,这样一来就能保护自己的职业权益。例如,如果一位研究者开发了一个大型数据库,并发表了其中一篇论文,他可能并不会愿意与其他研究者共享整个数据库,除非等到剩余的文章都发表后。

一些作者(Krimsky 2003; Brown 2000; Press and Washburn 2000)认为,科学共同体内不能分享数据和结果的压力只是在过去几十年内才出现的,这种压力是由学术界与私人产业的联姻造成的。尽管科学界和私人产业之间的关系威胁到了科学的开放性,但两者之间的矛盾并不是在过去几十年才出现的。几百年来,科学家都在保密性和公开性之间做着斗争。很多人都知道,达·芬奇曾"镜像写作",因为他担心别人盗走他的思想。但很多人不知道的是,追求保密性的不只达·芬奇一人,几个世纪以来,科学家都在守护着自己的秘密,他们害怕其他人会偷走自己的观点。18世纪和19世纪科学期刊的发展,在帮助克服保密意愿中扮演了重要角色,期刊在公共平台上为科学家做出的贡献授予荣誉(Shamoo and Resnik 2003)。

在国家颁布专利法之前,很多发明者将自己的观点和发现视作机密,为的是避免其他人使用、制作发明物,或将发明物商业化。正如我们接下来将要看到的,专利体系是发明者与政府达成的协议:政府授予发明者有关发明物的有限垄断权,作为对政府的回报,发明者必须公开与发明相关的信息,以让他人使用或制作该发明。即使工业化国家制定了专利法,科学家/发明者、公司、大学仍然可以通过保密的方式保护自己的思想(A. Miller and M. Davis 2000)。建立明确的、稳固的、公平的专利法是很重要的,因为由此可以鼓励人们追求公开而非私密性。

除了与知识产权相关的利益,科学家还是会保密,为的是确保优先性。当专利权不存在悬念时,发现的优先权是科学家十分关注的一个问题。在20世纪50年代早期,三组研究者——剑桥大学的詹姆斯·沃森和弗朗西斯·克里克(Francis Crick)、伦敦国王大学的莫里斯·威尔金斯(Maurice Wilkins)和罗莎琳德·富兰克林(Rosalind Franklin)、加州理工学院的莱纳斯·鲍林(Linus Pauling)和他的同事们——正陷入谁发现了DNA的双螺旋结构的争论中(Mayr 1982)。正如我们知道的,沃森和克里克赢得了诺贝尔奖。在这场角逐中,不同的研究小组并没有自由进行数据共享,因为他们各自都想争得第一发现者的殊荣。这次竞争并不涉及专利问题,但保密性还是与开放性发生了冲突。一个更近的例子是,罗伯特·加洛(Robert Gallo)和吕克·蒙塔尼(Luc Montagnier)之间关于人类免疫缺陷病毒(HIV)的发现权之争。吕克与罗伯特合作,共同研究HIV,吕克指控罗伯特为了得到首先分离出HIV株系这一荣誉,窃取了病毒样本(J. Cohen 1994)。

科学家还会通过保密来保护自己的研究,以避免在研究未成熟时就发表。一个研究者可能会决定在研究初期不共享数据或观点,为的是避免学术尴尬、在发表前给出更完善的论证、避免传达出错误的数据或结果。这些都是以下行为的合理理由：在准备好向公众呈现之前，只与信任的同事，而非公众，分享研究成果。例如，达尔文在发表自己于"小猎犬"号航行中所构想的自然选择理论之前，等待了 20 多年。他只把自己的观点告诉了约翰·胡克（John Hooker）（Mayr 1982）。达尔文很久之后才公开自己的理论，因为他知道这个理论是极具争议性和颠覆性的。在第 1 章讨论的冷聚变案例中，庞斯和弗莱施曼召开了新闻发布会，这就是一种不成熟的发表形式。如果两人在公开研究之前能花更多的时间检查自己的数据、方法、结果，会更有益于科学共同体。

最后，科学家保密，也是为了保护那些会被视为机密的信息，如那些涉及大量个体受试者的人类研究数据、同行评议的观点和数据、秘密军事信息、有关人事决议的信息等。有时，科学家会把自己的研究递交给同行进行评议，这时他们不会向评议人员透露每个细节。科学家可能会在出版物中描述他们的实验报告，但不会说明重要的步骤或程序，这样能避免研究工作被窃取（Shamoo and Resnik 2003）。

一些作者指出，因经济压力而选择不共享数据或结果，会阻碍科学的进步（Heller and Eisenberg 1998）。在理论上，很容易理解保密是如何放缓了科学进步。如果一个研究者不能获取实验所需的数据、结果、试剂、工具或方法，他的研究项目将会拖延甚至停滞。由于持有机密的人试图限制能知晓其秘密的人的数量，于是保密工作也会阻碍科学中的合作。合作一旦受阻，就会制约科学的进步，因为合作对于科学进展而言是必需的。有证据显示，科学中的机密和数据保密存在很多问题（Blumenthal et al. 1997；Campbell et al. 2002）。

然而，事实并不支持这样的观点——科学因共享和出版不足而受到阻碍——而是支持相反观点。科学维持着飞速而令人惊异的进步，即使是在因经济（及其他）压力而维持保密性的情况下。进步的一个衡量标准——科学成果的发表——继续以近乎指数级的水平增长。在过去的两个世纪中，每年发表的科学论文数量每 10～15 年就会翻一番（Odlyzko 1995）。比如，1935 年美国化学学会（ACS）旗下的三本期刊刊载了共计4 500页的论文。到1995年,学会共有24本期刊、4本杂志,共计发表了20万页的论文和相关学术内容(American Chemical Society 1995)。这样的增幅展示出了每12年论文数翻番的趋势。从1994年到1999年,遗传学出版物增长了38%,即使PTO收到的专利申请从每年不到500上升到每年2 700个(Resnik 2001b)。5年增长38%说明了13年可以翻一倍。

对科学实践的反思帮助我们对科学中保密和科学的关系形成一种清晰、冷静、平衡的认知。尽管经济利益会对出版和数据共享产生负面影响,但这些做法还不大可能彻底损害开放性这样的伦理原则,也不至于阻碍科学进步。事实上,证据表明,科学家还是很珍视开放性的,科学仍然在快速进步,尽管经济和其他压力依然维系着科学中的保密做法。之所以保密不会阻碍进步,一个原因是,保密帮助我们保护知识产权,而知识产权鼓励创新、投资、创业(Resnik 2003c)。社会促进科学进步的最好方式就是,制定出与科学发表和数据共享相关的政策和法规,并就这些问题对科学家进行教育。这些政策我们将会在之后的章节中讨论。

到目前为止,科学保密性最大的问题是,它会扭曲科研结果的记录,且会损害科学的客观性。在讨论贝蒂、南希,以及公司压制证明产品不良效应的数据时,我们已经几次涉及这个问题。正如上文提到的,要求公司在公共数据库中进行临床登记,是处理这类问题的有效方式。

除了压制发表,出版方面存在的很多问题在一定程度上都可归咎于经济利益。其中一个是重复出版。一些科学家在不告知编辑的情况下,在不同的期刊上发表几乎一样的内容(LaFollette 1992;Huth 1986)。重复发表违背了科学的规范,因为这是不诚实、浪费的,且会扭曲研究记录(Shamoo and Resnik 2003)。一个原因在于,某位科研人员可能会受到诱导而做出这种行为,因为这是在个人履历上增加出版物数量的捷径。正如已经论述的,直接原因是这种行为背后的经济动机,学术界的人事安排一般都根据履历上的论文发表数量。另一个原因在于，个人或公司可能会通过重复发表来歪曲实验记录（Angell 2004）。例如，假如一家公司赞助了三项临床试验，可以根据每一项临床试验都发表3篇研究论文——1篇原创、2篇原创复制版，这样总共就有9篇论文。这将扭曲研究记录，并使外行看了之后会觉得有9篇文章支持了该产品。

另外一个值得注意的问题是依据"最小可发表单位"（least publishable unit，LPU）的出版行为，又被称为"腊肠科学"（salami science）。如果一个人将研究分割成若干出版单位，就可以认为是依据LPU做出的出版行为（LaFollette 1992；Huth 1986）。例如，采用这种方式的研究者会从一个研究项目中发表9篇论文，而不依此法的人只有3篇产出。由于文献出版对简洁性和清晰性的要求，将研究成果划分为几个部分常常有其合理性，但我们需要判断，将一项研究划分为几个部分才是合适的。那些采用"腊肠科学"的人在分割研究成果时，其实是在挑战公认的发表规范。根据LPU方法发生的出版行为，比如重复出版，是不合伦理的，因为这种做法既不诚实又浪费资源（Shamoo and Resnik 2003）。

"腊肠科学"背后的经济动机和重复出版的动机类似："腊肠科学"在不要求额外付出的情况下，可增加科学家履历表上的成果数量，这会影响人事安排。不仅如此，私人公司采用LPU，目的是增加能支持其产品的论文数。

社会应如何应对出版行为中最后两个伦理问题？一些科学期刊、专业社团、大学已经迈出了第一步：采取一定的措施来禁止这种行为。接下来要做的是对完善辅助性政策予以支持，以及对科学家开展教育。这些问题我们将在本书接下来的篇幅中再作讨论。

4.9 同行评议和重复

根据传统观点,同行评议和重复促进着客观性、真理,还可消除错误。同行评议(同行是指针对特定议题具备专业知识或技能的人)能够提升出版文献的质量,避免科学研究者发表包含错误和偏见,或违背伦理规范的论文。同行评议还有助于确保文章是原创的、有意义的、逻辑严密的,在表述上是良好的。由于科学研究者知道自己的论文会被提交给同行进行评议,所以他们一般都会在递交前仔细审查自己的论文。对研究结果的重复有助于证实出版物的合法性。当一篇论文发表后,其他研究者可能会发起挑战、进行解析,或想要重复论文结果。如果结果是不可重复的,说明论文很有可能存在重大问题。最终,同行评议和重复这样一个体系会剔除错误的理论和假说,留下正确的内容。因此,科学是自我纠错的(Popper 1959)。

科学中的同行评议存在多种形式。第一种,很多科学期刊通过同行来评议递交上来的稿件,如原创性文章、文献综述等;第二种,很多资助机构招募同行来评议研究议案;第三种,不少研究型院系通过外单位同行来对终身教职或晋升候选人员进行评估;第四种,一些政府机构,如 FDA 和 EPA,利用同行评议小组来制定规制性决议。

尽管同行评议和重复在提升客观性和其他科学伦理规范方面起到了重要作用,但这样一种关于"科学如何运转"的传统观点还是过于简化了。同行评议体系本身还是存在很多问题的。第一,评审人员常常连简单的错误都发现不了,如计算或引用错误。第二,评审人员往往不能发现偏倚,包括实验设计和数据分析方面的偏倚。第三,在探明违背伦理的行为,如捏造、造假或剽窃方面,同行评议系统往往力不从心。第四,评审人员自己时常就是带有偏见的、不道德的或能力欠缺的。第五,即使错误被发现了,研究者通常不会给出勘误表。即使他们这么做了,科学家也常常会忽略勘误表。第六,对研究结果的重复并不像人们设想的那么频繁。科学家很少去重复那些不属于自己职责范围内的实验。事实上,期刊和资助机构更感兴趣的是新研究,而不是重复旧实验。研究者通常试图重复的是重要的研究结果,但他们可能忽略了其他一些结果。(针对这些问题的评论,见 Shamoo and Resnick 2003;LaFollette 1992;Fletcher and Fletcher 1997;Chubin and Hackett 1990)。

同行评议存在很多缺陷,但就像民主一样,它要优于其他可能的替代方案。想通过取消同行评议制度来提升科学遵守规范标准(如客观性)的能力,无疑是天方夜谭。历史上的第一批科学期刊就缺少同行评议,其上所发表的文章(实验报告、漫谈性的随笔、诗歌)质量参差不齐。这些期刊后来开创了同行评议制度,为的是能把控文章质量(Shamoo and Resnik 2003)。对质量控制的需求仍然存在。互联网的兴起使得科学中的质量控制更加重要,因为从网络上获取的信息,质量和可靠性可能存在显著差别。

关于期刊和资助机构中的同行评议是否存在经济利益问题,鲜有经验性的研究。然而,一些轶事证据显示,经济利益会给同行评议带来伦理问题(Dalton 2001)。就职于 FDA 的审核小组,其所涉及的经济利益,已经在第 1 章中有所提及,这清楚地表明经济利益是如何影响了同行评议的客观性。如果评审人员与文章、申请项目存在经济关系,那么这种关系就会影响建议书内容。评审者甚至可能都不会意识到这种经济关系对建议内容构成的影响:这种影响可能是潜意识的。由于相当一部分科学家的研究与经济利益有关,所以很可能当这些人作为同行评议的评审者时,某种经济关联就会涉入其中——一种常见的情况是,向某个特殊领域递交论文或项目申请书的人,同时被指派为该领域的论文和申请书的评审人。

编辑、评议小组负责人和其他一些人员,也就是在同行评议过程中做出编辑、管理方面决定的人,也会与研究结果存在经济关系。管控同行评议体系的人避开可能会影响其判断、决议、行为的经济或其他利益的压力,这点十分重要。为了说明这个问题,可以思考一下发生在1999年1月15日的事件。美国医学会(AMA)免去了乔治·伦德伯格(George Lundberg)《美国医学会杂志》(*JAMA*)编辑的职务,因为他发表了一篇调查大学生性行为和性观念的论文(Kassirer 1999)。该研究特别询问了受访者是否认为口交也算性行为(Sanders and Reinisch 1999)。美国医学会解聘乔治的理由是,他在《美国医学会杂志》中贸然植入了一个政治性的,而非科学或医学性质的议题(*JAMA* Editors 1999)。该文章使美国医学会卷入了一场政治争论的原因之一是:克林顿总统因为与白宫实习生莱温斯基的关系,接受了是否做伪证的调查,他坚称与莱温斯基没有发生过性关系。对于这种解聘理由,很多评论者批评美国医学会的做法侵犯了编辑的自由。他们认为,《美国医学会杂志》的编辑不应受制于该杂志拥有者——美国医学会(Kassirer 1999)。

尽管我们并不清楚经济上的考虑是否影响了美国医学会解聘乔治的决定,但显而易见的是,政治因素影响了其决议。美国医学会认可了这种影响。如果政治因素会对编辑的独立性构成威胁,那么经济利益(或者是政治和经济因素的结合)同样也会。我们很容易想象,美国医学会屈从于保守派游说团体、医药公司、保险公司的压力。像这样的问题可能出现在论文发表过程中,因为杂志拥有者具有的经济或政治利益与科学规范相抵触。像很多其他科学期刊一样,《美国医学会杂志》从属于专业性学会。其他期刊则可能属于私人出版公司、学术出版公司、私人公司、研究性机构或院校。一些期刊,如《科学》和《自然》,则不属于任何外部组织。

尽管编辑的独立性很重要,科学期刊的所有者在道德和法律意义上有权确定期刊的宗旨、出版范围,采取一定的编辑策略。比如,一份专注于犹太人历史的期刊有权拒绝宣称犹太人大屠杀是骗局的文章。然而,即使这类具有明确政治或经济目标的期刊,也应当出台能保障和规定编辑独立性的政策(R. Davis and Mullner 2002)。

社会应当如何应对同行评议中与经济利益相关的潜在问题？第一步是，出台相应政策，处理同行评议中的经济利益问题。NIH，NSF 以及其他大部分资助性机构都有与同行评议中经济利益相关的规定。大部分期刊都有政策，来管理作者所涉及的经济利益，但很少有期刊出台相关规定，来管理评审和编辑可能涉及的经济关系。包含了337个科学期刊的出版伦理委员会（the Committee on Publication Ethics 2005），出台了一系列伦理规范，以辨明作者、编辑、审稿人的经济利益。所有期刊都应当考虑采取这一规范。不仅如此，对科学共同体的成员就出版和同行评议中的经济利益问题以及该如何应对这些问题进行教育，也很重要。在之后的章节中，我们还会再谈到这个问题。

4.10 结　论

科研经费来源和研究结果之间存在着强关联，这一点并非偶然。研究的私人和公共赞助方对科研人员进行资助，以期他们能对自己关心的问题给出答案。这样的安排本身并没有什么错。在科学中，现实的、经济的、政治的、人道主义的、学术的因素总是会对问题的选择起到决定性作用（Resnik 1998a）。但当经济利益涉入实验设计、数据的分析和解读、出版、同行评议及科学的其他方面——这些本应当避开经济、政治或其他偏见——时，就会出问题。当问题发生了，经济利益将会影响科学研究过程——损害客观性、开放性、诚实等研究规范。虽然说为了防止经济利益触犯科学规范而完全避开金钱对研究过程的影响，这一点不大可能，但社会还是应该采取一定措施，如为期刊、资助机构、研究机构制定相关政策；对学生和科学家就潜在问题进行教育；对科学活动进行监管。本书之后的章节将更详细地探讨这些议题，最后一章将总结本书为科学家和社会提出的建议。

第 5 章 利益冲突：在什么情况下，
仅仅揭露是不够的？

> 金钱没有改变人，金钱仅仅是揭穿人。
>
> ——里科博尼夫人

第 2 章到第 4 章为我们理解经济利益如何影响科学规范奠定了理论基础。本书接下来的部分将探讨一些具体问题，包括经济利益、如何处理这类利益。本章将讨论研究中的利益冲突（COI）；后续的章节将探讨知识产权、出版、政府资助。第 1 章和第 4 章已经提到了几个案例——关于私人和机构所遭遇的利益冲突——但尚未对其进行定义和解释。本章首先要做一些说明工作。

5.1 定义利益冲突

第 1 章论及的几个案例，如杰西事件、马克宁事件、谢弗·曾事件，研究者涉及的经济利益可能对其研究行为构成了影响。可以考虑典型的利益冲突：研究者拥有一家公司的大量股份，而该公司又对其研究予以资助。这种情形在道义上是有问题的，因为研究者所涉及的利益会影响他的行为。正如我们在第 4 章中看到的,经济利益影响研究者行为的方式多种多样。研究者会将各种偏倚引入实验设计,捏造或伪造数据,在数据解读中使用不当的数据统计方法,压制数据或结果的发表,在招募受试对象时触犯伦理标准。所有这些失范的行为都起因于研究者判断决策方面出现的问题。经济利益会通过引发有偏见的、错误的、不可靠的判断而导致不端行为(M. Davis 1982;Thompson 1993)。[1]

研究者的失范行为可能来自有意识的选择和计划,也可能来自无意识的动机和意愿。近来针对利益冲突的社会科学研究表明,判断中的自利偏差(self-serving bias)①既可能是有意识的,也可能是无意识的(Dana and Loewenstein 2003)。如果一个研究者有意违反被广泛采纳的、与科研相关的伦理、法律、职业规范,那么他的行为就会被视为是不端的。[2] 虽然利益冲突就其本身而言并不算不端,却是导致不端行为的一个风险因素(U. S. Congress 1990)。如果一个研究者并不是故意触犯这些科研规范,那么他的行为会被视为失误或疏忽。犯错本身并不是不当的行为,因为谬误是科学发现验证的一部分。如果一位科学家犯了错,未能通过恰当的判断和推理来避免错误,这就是疏忽。疏忽或罪责性过失,在科研中都被视为是违背伦理的(Shamoo and Resnik 2003)。图 5.1 表明个人、经济、政治利益是如何得以触犯伦理、道德或职业规范的。

经济(或其他)利益→经过偏倚的判断→不端行为(疏忽或渎职)

图 5.1　经济(或其他)利益和不端行为

经济、个人、职业或政治利益等对学术判断构成威胁的因素同样也会破坏诚信。如果人们认为科学家的判断是对经济等利益偏倚之后做出的,便不会信任科学家。即使经济、个人、职业或政治利益并没有影

---

① 一种动机性偏差,指人们倾向于将自己的成功归于内部因素,将自己的失败归于外部因素。——译者注

响某一位科学家的判断,但还是会影响人们对这位科学家的信任,因为大家会认为科学家的判断是偏倚的。因此,利益冲突常常被归结为信任和信用问题(Resnik 1998c; De Angelis 2000)。如果人是完美的,利益冲突就不再是伦理道德问题,因为所有研究者会一直履行这些伦理和法律义务,我们也会永远信任这些人(Shamoo and Resnik 2003)。[3] 但人毕竟不是完美的,人会屈从于各种偏好、诱惑、偏见,人会因此犯错。信用是不断赢得的。意识到了这些问题,我们现在就可以定义研究者的利益冲突:

> 当且仅当一个**研究者**具有私人的、经济的、职业的或政治利益,而这些利益促使这位研究者在研究活动中对一般科学家会得出的判断做出偏倚时,我们就认为在该研究者处存在**利益冲突**。

对于这样的定义,有几点评论。第一,尽管许多管理利益冲突的政策只关注经济利益冲突,但其实利益也可以是私人的、职业的或政治的。例如,当一位科学家在审阅自己学生给某期刊的投稿时,科学家会和稿件产生私人和职业意义上的利益关联。又比如,一位投注极大热忱于环境运动的科学家,在评估其同行是否可以获取终身教职或晋升时,可能会涉入某种政治利益。第二,利益会影响科学家在研究行为中的判断。"研究行为"大致是指,依据普遍认可的规范进行科学研究。因此,具有利益冲突的科学家可能会做出违背科学规范的不良判断,研究者可能会触犯研究的认识论、伦理或法律标准(Resnik 1998c; Thompson 1993)。

第三,利益很有可能让科学家在判断时做出偏倚。以上定义并没有对"偏倚"或"似乎在偏倚"做出说明。这种语义上的差别值得我们注意。设想一下,假如某人因为某种利益在判断时做出了偏倚,我们就说在他身上发生了利益冲突。此种定义非常狭隘。根据这一定义,我们需要证明该研究者的判断确实受到了利益的影响,这样才能说他有某种利益冲突。但通常，我们很难证实研究者的经济等利益确确实实影响了他的研究行为（Krimsky 2003）。最可能的结果是，我们具有充足的证据，却只能证明只有少数研究者有利益冲突。不仅如此，此种狭隘的定义并不能解决"不信任"这个在理解利益冲突时十分重要的问题。就算我们知道利益会以消极的方式影响科学家的判断，也很难相信科学家。

我们说过，如果一个人似乎因利益而对判断做出偏倚，这就是利益冲突。美国医学院协会（AAMC）和美国大学协会（AAU）都使用这种定义。美国医学院协会将科学中的利益冲突定义为：因经济或其他个人原因，而对研究活动的开展和报告中的科学判断做出偏倚或者有偏倚迹象（AAMC，1990，491）。美国大学协会（2001）采纳了美国医学院协会的定义。有一本广泛使用的有关科学诚信的教科书，其中一章也从"迹象"的角度定义利益冲突："当一个人为自己、为自己的熟人谋取某种利益，或者是有谋取这些利益的嫌疑，他就处于利益冲突中。"（Bradley 2000，137）这个定义的问题在于太过宽泛。因为如果我们用"好像"来指"好像对某人来说"或者"好像对一般人来说"，有很多情形仿佛都可以看成对科学判断做出了偏倚。很重要的一点是，我们需要区分"真正的利益冲突"和"看起来像利益冲突"，而不要混淆两者。当我们说一个人处于利益冲突中时，它应当是有极大可能对科学判断做出偏倚。

弄清楚这些问题，我们就同样可以说明什么是科研人员"疑似的利益冲突"：

> 当且仅当研究人员具有个人的、经济的、职业的或政治利益，且这些利益在一般外部观察者看来，具有极大可能使这位研究者在研究活动中，对一般科学家会得出的判断做出偏倚时，**我们就认为在该研究者处存在疑似利益冲突。**

这种定义区分了"真正的利益冲突"和"看起来像利益冲突"。在有的人身上可能会出现疑似利益冲突,但没有发生真正的利益冲突,因为只有当一个人处于可能会对判断做出偏倚的情形下时,他才有可能具备发生利益冲突的嫌疑。同样,真正的利益冲突可能只表现为"可能对判断做出了偏倚",但也可能是的的确确对判断做出了偏倚。无法通过疑似的利益冲突来断定是否做出了偏倚。虽然真正的利益冲突要比疑似利益冲突更严重,科学家和研究机构还是应当制定出相关政策来应对疑似利益冲突,因为疑似利益冲突会削弱对科学家的信任。(接下来的篇幅会探讨这些政策。)

在将这些分析应用于具体案例时,解决一下与利益冲突之定义相关的其他问题十分重要。第一,当我们说"有很大可能"时,这意味着什么?50%的概率?20%的概率?10%的概率?还是只要大于零就算?在解读这种说法时,我们再一次遇到了定义过于狭隘还是过于宽泛的难题;如果"很大可能"意味着"至少90%的概率",那么定义太狭隘;如果是意味着"大于零的概率",那么定义太宽泛。在我看来,如果一位科学家的经济等利益让他对判断做出偏倚的概率大于5%,人们就会质疑其研究的客观性和诚实性。我承认5%这个数字有点武断,一些人可能会给出更大或更小的数值,但这个数字能满足我们的论证目的了。支持5%这个阈值的依据是:在统计学推导中,该数值符合通用的显著性水平。

第二,这样一种定义将**一般科学家**作为参照(基准)。在让自己的科学判断免于私人的、经济的、政治利益的侵袭方面,不同的科学家能力相异。100美元可能足以撼动某位科学家的立场,而其他一些人可能即使面对100万美元也不为所动。对于特定的科学家而言,我们很难确定,一笔经济(或其他)收益是否可能会让他做出偏倚。然而,确定某种经济利益是否会让他在一般科学家会得出的判断面前做出偏倚,这就容易得多了。在这种定义中,我们将一般科学家作为基准,当我们在本章稍后部分讨论处理利益冲突的具体对策时,这种做法将会十分有效。

第三,该种定义将一般的外部观察者作为参照。外部观察者是指和利益冲突没有直接关联,但能够理解这种冲突的人。这样的人既可能是科学家,也可能是外行。由于不同的人可能对利益冲突有不同的反应,所以用一般人而非特定类群的人作为定义的基准较为可行。例如,有人可能认为所有存在利益冲突的情形都会导致对判断的偏倚,还有人则认为所有存在利益冲突的情形都绝不会导致对判断的偏倚。如果只选择其中一方的观点作为定义疑似利益冲突的基础,要么会对潜在利益冲突的感知和确认过度敏感,要么会过于迟钝。

第 1 章讨论过的几个案例同样涉及了机构性的利益冲突。比如,在杰西事件中,宾夕法尼亚大学和基因疗法研究项目存在经济关联。在南希事件中,多伦多大学和多伦多总医院都和压制南希负面研究结果的奥贝泰克公司有着经济关系。在审视 FDA 时,我们注意到该组织的预算大部分来自其监管的产业。因此,当我们质问,大学、政府机构、专业社团是否可能陷入利益冲突时,就能说得通了。这些组织机构全都具备陷入利益冲突的种种特点——职责、利益、判断。

第一,机构就像个人一样,对学生、病人、职员、大型共同体成员有某种责任(Resnik and Shamoo 2002)。组织机构对教育、学术自由、病人安全、知识进步、社会都具有道德责任(AAU 2001)。这些组织还必须遵守一系列与研究相关的法律法规。第二,这些组织机构可能具有经济或政治利益,如持有股票、享有知识产权,或是与私人公司或资助机构存在合约关系。第三,尽管组织机构也许不是有意为之,但他们往往集体进行决议,并让做决策的代理人和雇佣者能代表自己的立场。机构本身不能进行判断、感知、推理,但他们具有一系列做决策的程序。一种具体的利益冲突会使决策过程的诚实性出现问题。比如,某大学可能决定与某个私人公司达成一项协议、通过一项协定、落实一项经济计划。又或者,某机构可能通过了伦理审查委员会的审查,批准一项人体试验。第四,监管者或其他供职于机构的官员同样可能具有某种利益,从而让他们对判断做出偏倚(AAU 2001;Moses and Martin

2001)。例如,具有利益冲突的副校长可能会给伦理审查委员会施压,让其许可某项研究计划。

以上述内容为基础,我们可以定义在科学研究中机构的利益冲突:

> 当且仅当一个研究机构具有的经济和政治利益,有很大可能使其在研究活动中对一般研究机构的决议做出偏倚时,**我们就认为该研究机构陷入了利益冲突。**

我们也可以定义研究机构的"疑似利益冲突":

> 当且仅当一个研究机构具有的经济和政治利益,在一般的外部观察者看来,有很大可能使其在科研活动中对一般研究机构的决议做出偏倚时,**我们就认为该研究机构疑似陷入了利益冲突。**

读者会发现,除了研究机构不具有私人的或职业利益这一点外,这两个有关研究机构的定义与有关研究者个体的定义几乎是一致的。组织机构中的利益冲突往往是经济的或政治方面的。一个研究机构可能有某种经济或政治目的,但它不会涉及任何私人的或职业性的目的。

我们已经定义了利益冲突,而与此相关的两个概念——责任冲突(conflict of commitment,COC)和义务冲突(conflict of duty,COD)也很重要。责任冲突是指,一个研究者承担的次要责任妨碍了他去承担首要责任。例如,如果一个研究者每周花费两天时间为私人公司提供咨询服务,这便是一种责任冲突,因为(1)这位研究者的首要责任应当是服务其所属的研究机构;(2)这位研究者对私人公司所承担的责任是次要的;(3)这种次要责任会阻碍该研究者履行他对所属大学承担的义务。尽管利益冲突和责任冲突都涉及冲突问题,但两者的差别在于,责任冲突从其本质上来看,并不会使研究者在下判断时做出偏倚。责任冲突引发的伦理问题,是研究者是否慎重对待时间和精力的分配(Shamoo and Resnik 2003;Bradley 2000)。然而,如果研究者在次要责任中涉及某种经济或职业利益,且这些利益可能促使他在下判断时做出偏倚,那么责任冲突就可能演变成利益冲突。

义务冲突是指,研究者的伦理和法律义务发生了冲突。比如,一位正在进行临床试验的研究者,当他在决定是否停止已经显现出负面效应甚至严重副作用的试验时,可能会面临义务冲突。一方面,研究者有义务将实情告知他的病人,使他们免于伤害,并在可能的范围内提供最好的治疗方案。另一方面,研究者对科学共同体、未来的患者以及社会有一种义务,所以他应当继续进行临床试验,确保试验持续足够时长,使试验获得具有统计学显著性的结果。如果研究者过早终止试验,他就是以有效和重要的试验结果为代价,保护了受试的患者(Schaffner 1986)。像利益冲突一样,义务冲突同样包含了冲突,但义务冲突从根本上,并不涉及研究者在判断中做出某种偏倚。义务冲突的主要伦理问题在于,如何最好地去平衡相互冲突的义务和责任(Shamoo and Resnik 2003)。然而,如果研究者的处在冲突中的义务涉及某种经济或职业利益,且这些利益可能促使他在下判断时做出偏倚,那么义务冲突就可能演变成利益冲突。

5.2 利益冲突和科学规范

利益冲突是如何威胁和破坏科学规范的?由于在研究活动中利益冲突会使研究者在科学判断时做出偏倚,所以它会直接影响科学家对科学规范的遵守。第一,正如我们已经多次提及的,利益冲突会破坏对客观性原则的遵守,因为存在利益冲突的科学家和研究机构不仅不会采取必要措施来避免偏倚,甚至可能将偏倚带入研究活动。尽管大部分评论者都关注利益冲突与偏倚的关系,但利益冲突损害的不仅仅是客观性。

第二,利益冲突会破坏科学中的诚实。通过影响科学判断,经济(或其他利益)可能会促使研究者捏造、伪造数据,或是剽窃。研究者可能不会透露与试验材料、方法、数据统计方法相关的信息。研究者或许会在申请书、科学出版物、科学陈述中夸大其词。尽管没有证据显示金钱会导致科学活动中的欺诈，但很多已经被确认的有关科研不端的案例都涉及重大的经济利益（Shamoo and Resnik 2003）。

第三，利益冲突会干扰科学中的谨慎。具有利益冲突的研究者不大可能以批判性的方式审视自己的工作。如果研究者能从自己的科研结果中获得经济利益，他或许十分热切地认为，自己的假设是正确的。这种自认为正确的强烈欲望可能会诱使研究者淡化负面结果，过分凸显正面结果，从而陷于某种自我欺骗中（Kuhn 1970）。第 1 章记录的冷聚变事件，就很好地说明了这一问题。在该案例中，巨大的经济利益促使庞斯和弗莱施曼在评估自己的研究时并没有做到严谨求实。

第四，利益冲突可能会对科学的开放性构成威胁。在科研中具有经济利益的科学家不大可能分享和出版数据和研究成果。研究者可能会推迟甚至不发表研究结果，为的是保护自己或私人公司的知识产权收益。正如在第 1 章中提到的，一些研究者延迟发表，并拒绝共享数据、工具、方法的合理要求。研究者也与公司签署协议，以授予公司延迟、审查、批准科学出版物的权利。公司可能会对研究者施压，让其推迟甚至不发表研究结果，目的是保护知识产权，或者是防止负面结果被公开（Angell 2004）。（第 6 章和第 7 章将更详细地讨论与知识产权和出版相关的伦理和政策困境。）

第五，利益冲突会影响科学中荣誉的分配，以及对知识产权的尊重。科学家不会赋予他的同事以适当的荣誉，为的是牟取自身的经济和职业利益。第 4 章记录的几个案例，就是研究者被指控盗取了学生或同事的观点。在这些案例中，金钱和职业目的在作祟。科学家同样可能接受某些名不副实的荣誉，目的是为自己争得经济或职业利益。很明显，在第 4 章论述的幽灵作者和名誉署名现象中，这两种利益正是症结之所在。

第六，利益冲突会影响科研活动中对人体受试者的尊重。如第 4

章论述的,具有经济利益的研究者,在临床试验中更可能违背招募标准、不规范执行知情同意流程,为的是把那些能给自己带来经济利益和职业利益的受试对象招募进来。比如,私人公司可能会给研究者提供一笔招募受试对象的"猎头费",或是给研究者一笔不菲的"补偿金",用于病人护理和试验监管(Krimsky 2003)。

同样可能的是,具有经济利益的科学家在他的研究活动中,会为了获得数据而违背保护受试动物的条例。例如,假设一位研究者正在动物身上测试一种抗癌新药。研究者使用转基因大鼠来培养肿瘤,他们将抗癌药注入鼠体,来观察药物是否影响肿瘤生长。在这个试验中,动物体内可能长出很大的肿瘤,不但会引起疼痛,还会影响移动、睡眠或进食。动物福利条例和指南要求研究者对动物实行安乐死,以避免不必要的伤害(National Research Council 1996)。然而,如果在动物没有存活足够久,以便得出试验所需数据的情况下,让动物安乐死,会使研究者失去有价值的数据。为了确保不失去数据,具有经济利益的研究者会在动物达到需要安乐死的程度时,仍使动物保持存活状态。

第七,利益冲突还会影响科学家的社会责任感。在第1章南希的案例中,南希在与奥贝泰克公司的对抗中表现出了极大的勇气。南希认为她有责任揭露奥贝泰克所生产药物包含的危险副作用。她这么做是以自身利益为代价的,并冒着个人风险。她几乎丢掉工作、名誉、事业。在贝蒂的案例中,她在试图发表博姿公司想要压制的结果时,展现出了无比坚毅的精神。贝蒂面临博姿发起的诉讼。有多少其他的研究者发现自己遭遇了类似的情况,但决定不反抗公司压制负面结果的行为? 一些研究者可能会因增加的经济利益而受益,所以觉得最"明智"的方式就是保持沉默。其他一些研究者可能置社会责任于不顾,为的只是自己的经济回报。

最后,如果研究者纵容经济利益涉入实验设计、数据的分析和解读,那么利益冲突会使科学家偏离科学认识论的种种规范,如精确性、可检验性、经验支持。这些与经济利益有关的认识论方面的问题也会影响研究的客观性。在第 1 章记录的几个案例中，经济利益会诱使科学家触犯认识论规范。比如，当谢弗·曾淡化负面结果时，他其实违背了"经验支持"的要求。庞斯和弗莱施曼违背的是可检验性和精确性的原则，因为他们没能小心谨慎地去控制和描述实验本身。最后，FDA 小组中具有经济利益的科学家在对疫苗进行评估时，由于将他们的意见建立在不充分的证据之上，所以违背了认识论规范。

5.3 处理个人利益冲突的方法

我们已经更深入理解了利益冲突，以及这些冲突会如何影响科学规范，现在就可以探讨一下怎么应对利益冲突了。我们从个人利益冲突说起，之后会谈到机构和组织的利益冲突。

处理对个体构成影响的利益冲突有三种基本方法：披露、禁止、冲突管理（AAU 2001；Shamoo and Resnik，2003）。披露包括通知研究相关方有关某个个人所涉及的经济或其他利益。相关方是指那些直接受利益冲突影响的人，如监管者、雇主、期刊、资助机构、科学会议的听众、学生、研究对象。禁止包括阻止、禁止或消除冲突。比如，当法官与所办案件存在私人或职业上的关系时，法官往往会退出该案件。当政府官员就任公职后，在投资时会采取全权信托。冲突管理比披露内涵更广，但在力度上要弱于禁止。冲突管理一般包括：制定和完善利益冲突监管和审查流程，以避免或缓解利益冲突可能引发的种种问题。

披露之所以有用，在于两个方面。第一，由于可以为利益相关方提供必要的信息来评估研究者的活动，披露能有效对抗研究中的偏倚。比如，如果一位科学家在某篇出版物中透露，他获得了医药公司的赞助来开展研究，同时他还为该公司提供咨询。这样一来，其他研究者就会考虑研究资金的来源，并评估研究本身。而得知这一信息的读者会更小心地看待研究，看它是否有潜在的偏倚。

第二,由于披露涉及诚信和开放性问题,所以它能建立信任(AAU 2001)。披露将相关信息都公开,人人都能了解。披露还可以作为预防策略,因为它可以避免一种令人忧虑的状况——自己具有的某种利益被别人揭发。如果这确实发生了,人们也许会认为那些没能披露经济等利益的人,可能隐藏了些什么。披露不充分,会引起怀疑和不信任。例如,在杰西的案例中,詹姆斯和宾夕法尼亚大学没有充分告知自身和研究项目之间的经济联系。杰西的父母以及其他一些人在发现两者涉及的经济利益后,产生怀疑。在约翰的案例中,约翰的主治医生也同样隐瞒了自己的经济利益,约翰因此在得知实情后,感觉自己被剥削利用了。

几乎每个人都会认同,披露是应对利益冲突和疑似利益冲突的重要方法。如果一位研究者的熟人享有某公司超过价值 10 000 美元的股份,而该公司出品的实物或服务又与研究者本人的研究内容相关,那么像 NIH 和 NSF 等资助机构就会要求该研究者对事实进行公开说明(Public Health Service 1995)。资助机构还会要求审查人员揭露利益冲突。大学制定利益冲突管理政策,为的是能达到 NIH 和 NSF 的要求。在这些高校政策中,绝大多数都要求某种形式的公开说明,尽管在具体应说明什么内容方面,有着比较明显的差别(McCrary S V et al. 2000; Cho et al. 2000)。很多科学期刊现在也要求作者和评论者以某种方式说明其经济和个人利益(ICMJE 2005)。FDA 也有公开说明利益冲突的政策(FDA 1999)。专业团体和机构亦有此要求(AAMC 1990; AAU 2001; American Chemical Society 2000; American Physical Society 2002; American Society for Biochemistry and Molecular Biology 1998)。

虽说在应对利益冲突方面,对披露之重要性的认知,各界是有共识的,但与披露相关的一些关键问题还有待明确。应该向谁披露? 披露什么(多少)? 乍一看,披露与利益冲突或疑似冲突相关的信息似乎是个不错的做法,无论这些信息是否与做出决议的机构相关。但如何定义这种关联？我们会认为，如果有关经济等利益的信息能对一个机构的决议构成影响，并使当事人在考虑披露后果时会改变决定，那么这样的信息就是相关的。如果机构有理由认为某研究者所涉及的利益，极有可能使他在科学判断面前做出偏倚，那么该信息将会影响机构的决议。这种（对相关性的）定义能够涵盖大多数与披露利益冲突有关的人，如编辑、资助机构、雇主、监管者、机构审查委员会等。[4]（大多数资助机构、期刊和大学都要求对显著的经济利益进行披露。根据此处的观点，显著的利益是指：该利益有 5% 以上的可能性导致特定研究人员在一般研究者会得出的判断面前做出偏倚。）

有人还会认为，从道德的角度来说，研究者有伦理义务向受试者说明经济（或其他）利益，因为这些信息会影响受试者关于是否参与临床试验的决定（Krimsky 2003；Morin et al. 2002）。披露行为可促进自主性。例如，杰西的家人认为，如果杰西事先知道人类基因疗法试验所涉及的特殊经济关联，他就会重新考虑是否加入这个让自己付出生命代价的试验。第 1 章讨论的约翰案例，为这一做法奠定了法律基础：在知情同意流程中向病人和研究对象揭示经济利益（Morin 1998）。有人会认为，从法律的角度来说，研究者有法律义务向受试者说明经济利益，因为一个有理性的人会想知道临床医生或研究者是否涉及了会影响他判断的经济利益。一个有理性的人可能会拒绝接受来自医生或临床试验研究者的建议，如果在他看来这个建议存在偏倚的话（Resnik 2004b）。

虽然向受试者解释利益冲突有着伦理和法律意义，一些人还是认为，研究者不一定非要这么做。理由是：第一，关于利益冲突的信息是不相关的，因为它不会对受试者决定是否加入研究性试验产生影响（T. Miller and Horowitz 2000）。但这个观点并没有什么说服力，因为大部分患者都想知道有关信息（Kim et al. 2004）。如果杰西事先知道詹姆斯和宾夕法尼亚大学涉及的经济利益，他可能就不会参与基因疗法的研究项目了。在过去，受试者可能不会关注这类信息，因为在医学实践和研究中家长制盛行,研究者没什么经济利益,受试者对金钱可能凌驾于试验之上的做法也没什么意识。但时代已经不同了,家长制不再掌控医学实践和研究,医学研究的开展也不再是仅仅为了医学进步,也许受试者更感兴趣的问题是:金钱会如何影响医学诊疗(Resnik 2004b)。

第二,一些人认为,对经济利益的解释可能会使受试者产生怀疑,并破坏信任。这种观点也站不住脚。如果受试者问及经济利益问题,那么披露就是合适的,但要是他们不问,就没必要说出来了。根据汤普森的说法:"披露行为甚至可能加剧利益冲突带来的间接后果,比如威胁到人们对科研事业的信任……披露行为增加的仅仅是人们的忧虑程度。"(Thompson 1993,575)

这同样也不是个有说服力的观点。尽管披露行为可能会使一些受试者产生不合理的怀疑、担忧、不信任,但大部分人都会感激并理解披露举措。现在,人们已经习惯于各种形式的披露行为,包括来自房地产经纪人、股票经纪人、慈善机构、会计师、生意人等的披露和揭示。我们正生活在一个公开性和透明性日益重要的社会中。在研究过程中进行相关信息的披露,大部分研究对象对此都不会感到吃惊或不安。事实上,当研究项目是由商业赞助时,研究人员会告知受试者,这一点已成为惯例。那么,解释其他形式的经济利益,就不是太遥远的事了。如果研究者能花费足够的时间,向受试者解释被披露信息,以及为什么要进行披露,就可以避免不信任的情绪。良好的交流沟通是在研究活动中维系信任的关键(Resnik 2004b)。

第三,还有人认为,受试者不会理解在知情同意流程中被披露的信息(T. Miller and Horowitz 2000)。受试者会觉得,这些信息和典型的知情同意书中有关损害赔偿条例中的法律术语很像。由于受试者不会理解与经济利益有关的信息,他们会忽略这些信息。所以,这些信息对他们而言没任何好处。

许多受试者都不理解被披露的与经济问题有关的信息,这一点也许不假。但这不是不披露这类信息的合理理由。很多患者不懂研究所蕴含的全部风险,也不理解研究报告中各式各样的流程,但研究者还是会披露相关信息。对于该问题合理的解决办法是,花费足够的时间向受试者解释这些信息,并允许他们提问。同样必要的是,向受试者提供额外的背景信息,这样他们就能理解为什么有些信息会被披露,为什么这些信息是具有相关性的。虽然做这些事会耗费更多的时间,但负责任的研究者愿意这么做,以确保知情同意成为研究者与受试者之间有意义的对话过程,而不仅仅是一个纸上的签名。

最近,FDA 和 NIH 的规章制度要求(针对人体受试者研究的)机构审查委员会(IRBs)在研究者处采集与经济利益相关的信息,并在评估研究方案时考量这些信息。近期的规章制度没有特别要求研究者对与受试者有关的经济利益进行公示。即使 IRBs 采集有关经济利益的信息,但大部分都不要求临床试验研究者在知情同意流程中向受试者披露经济利益。一些人认为,IRBs 应当就信息是否必须根据个案原则告知受试者做出决定(Morin et al. 2002;AAU 2001)。这个观点的优点在于,它在相当程度上许可了 IRBs 的自由决定权。如果一个 IRB 决定,不需要向受试者说明经济利益,那么披露行为就不作为批准一项研究的必要条件。然而,这个优点同样也是缺点,因为自主决定权会导致不能一以贯之和责任缺失。对 IRBs 来说,最好的办法是,要求研究者向受试者说明所有的经济利益,包括资金来源、任何超过 10 000 美元的经济利益(Resnik 2004b)。

尽管披露行为对处理利益冲突和疑似利益冲突来说是必要的方法,有时却仍显不够。在研究活动中,有些时候需要披露以外的行为方式,如禁止、冲突管理。一些利益冲突对科学和社会构成了严重威胁,绝大多数研究者都认为应当予以禁绝。例如,资助机构通常不允许审稿人审阅来自共事者、同一机构或曾经的学生的申请书,因为审稿过程中涉及的私人或经济利益会使审稿人在判断时做出偏倚。正如第 4 章提及的,《新英格兰医学杂志》禁止社论和评论文章的作者和被讨论的公司(或公司的竞争者)的产品存在显著的经济关联。部分作者认为，学术型研究者不应该为公司效力，也不应该持有研究赞助公司的股份(Krimsky 2003)。

我们应当如何确定某种利益冲突是该被禁绝，还是仅仅被管理或披露？根据 AAU 的观点，当保护公众或研究机构利益变得首要时，相应的活动就该被禁止(AAU 2001)。但，要如何保护公众利益呢？这个问题并不容易回答，因为应对利益冲突涉及对不同价值的权衡。尽管禁绝某项利益冲突可能会有利于社会，但同样也可能引发消极后果。比如，假如所有的期刊都禁止研究者所投稿有任何资金来源，这会提升客观性、强化信任，但也会阻止研究者发表研究结果。如果期刊真这么做了，许多已经发表的文章就根本不会问世。这样会制约科学进步，也会间接影响公众利益。更明智的做法是，允许这些文章发表，但有必要要求研究者说明自己的经济利益。在决定是否禁绝某种利益冲突时，我们应当权衡以下几方面。

1. **利益冲突的严重程度**。正如已经指出的，利益冲突的严重程度是它影响研究者判断的因素。有多大的可能，利益冲突会影响一般研究者做出的判断？总的来说，越是严重的利益冲突，涉险的经费可能越高，利益冲突所涉及的私人或职业关系越有可能被保密。

2. **管理或控制利益冲突的能力**。有时，运用多种机制来弥补利益冲突造成的影响是可能的，但有时这种弥补工作又十分不易。如果一个研究者发表一篇包含数据和结论的原创论文，这要比发表社论或评论性文章更能让同行评议者和读者发现和评估文中的偏倚。在许可性评审中发现偏倚同样也很不易，因为评阅人员可能不能在彼此的文章中发现和评价偏倚，并进行纠偏。

3. **禁绝利益冲突的后果**。有时，禁绝利益冲突会给科学和社会带来负面影响。比如可以设想这一情形：禁止科学家服务于咨询委员会，也禁止为赞助其生物医学研究的公司提供咨询。尽管这种禁止行为可能会提升客观性、促进信任，但也阻止了公司将重要的专业知识和技能应用于与研发相关的决策。该行为还会迫使研究者于在学术机构中研究和在私人公司里研究之间二选一。基于这些考虑，禁绝举措可能会损害科学和商业。或者设想：禁止大学接收任何来自私人产业的资助。这样一来，所有学术研究者将不得不受联邦、州级政府或私人慈善组织的资助。对科学来说，这同样喜忧参半。禁止大学从私人产业处获取资金将制约学术界和产业界的合作。这些合作由于允许双方共享信息和专业技能，会让两方都受益。（Bowie 1994）

基于以上内容，我将会简要讨论是否有必要在科研中禁止某种类型的利益冲突。

同行评议。在所有类型的同行评议中，包括许可性的同行评议和期刊同行评议，都应当禁止利益冲突。研究者不得在待审阅的申请书和论文中有显著的经济或其他方面利益。之前所提到的因素1和因素2，都支持了这一规定。在同行评议中，利益冲突可能十分显著，也很难管控。譬如，一篇典型的研究论文可能只由一两位编辑与两三位审稿人审阅。如果文章的发表会损害这些编辑和审稿人之一的利益，或者编辑或审稿人与投稿作者之间有矛盾，那么个人的偏见就会影响同行评议的结果。虽然禁止同行评议中的利益冲突会因为取消一些审稿人的审稿资格，而对科学带来负面影响，但这是我们在追求公正中立的同行评议时所必须付出的代价。

研究监管。IRBs对人体受试者研究的审查；实验动物管理与使用委员会（IACUCs）对动物研究的审查；对不端行为的审查；对利益冲突的审查；FDA对研究场所的审查；FDA和人类研究保护办公室（OHRP）对IRBs的审查；FDA对新药研究、生物制剂、医疗器械的审批……在这些监管活动中，也要禁止利益冲突。因素1和因素2同样支持这一规定。当研究者与研究监管存在经济或其他利益关联时，这些利益将会对他们的判断构成重大影响，对此很难进行管控。尽管在研究监管活动中禁止利益冲突会因为取消一些具备专业技能人士的从业资格，而对科学监管带来负面影响，但出于对公平和中立的研究监管的需求，禁止利益冲突还是有其合理性的。

涉及管理私人公司。正如之前几次提到的，现在很多研究者在资助其科研的公司中担任管理层要职，如总裁、副总裁、CEO、研究管理者。那些开办新公司的研究者，也会在公司中担任总裁。有人会认为，应当禁止这些类型的职业关系(Lo, Wolf, and Berkeley 2000; Gelijns and Their 2002)。研究者必须在为私人公司做研究和协助管理公司这两者之间二选一。我们可以根据以上提到的三个因素，来分析这个问题。利益冲突的严重性在这种现象中是十分显著的。在赞助研究的公司中担任管理要职，这会给这个人的决策带来很大影响，对利益冲突的管控力会很弱，因为几乎不可能有对公司管理决议的独立审查。最后，任命科学家担任管理职务，会给公司带来好处，但这种好处不值得去冒风险。公司可以不赞助承担管理职务的科学家的研究项目，但同时仍获益于科学家的专业技能。比如，公司可以咨询科学家，或者邀请其加入咨询委员会。科学家能够，甚至应该担任总裁、副总裁等要职，但当他们真这么做了，他们就不应该为公司进行科学研究，而是让其他人来做。

在一些特别的案例中，是允许科学家在研究赞助公司中承担管理职务的。比如这样的情形：研究者是进行某项研究或承担某种管理职务的最佳人选。这时，禁止利益冲突会制约科学研究，或者迫使研究者放弃管理职位。这些状况会给公司、科学和社会造成不利影响。所以在特殊情况下，最好不去禁止利益冲突，而是通过制定冲突管理计划，实现对利益冲突的监管。例如，让独立委员会对研究申请、记录、数据、结果和发表进行监管和审查。

私人公司的所有权。正如在本书中几次提到的，研究者往往在资助其研发的私人公司中持有股份。比如詹姆斯拥有吉诺沃公司30%的股份。研究者持有股份的问题与研究活动存在直接关联，因为研究者可能会受诱导而违背伦理规范，为的是增加股份收益。例如，研究者可能会发表存在偏倚的研究数据，或是进行操纵，将一些患者招募进临床试验。避免这种问题的最好办法是，禁止研究者持有赞助公司的股份(Krimsky 2003；Gelijns and Their 2002)。很多大学制定的法规仅仅禁止研究者持有大量赞助公司的股份，比如不超过10 000美元，或是低于10%的比例。很显然，对什么算"大额"的设定多少有点主观。根据前文的分析，"大额"应该是指超过5%的可能性会让研究者做出偏倚，使他的结论很可能偏离正常的学术判断。

如果有人通过上文的三个因素来分析该问题，似乎持有赞助公司的股份会对研究者的判断构成显著影响。不仅如此，弥补偏倚造成的后果也很困难。尽管同行评议体系可以避免研究者待发表研究成果中的那些偏倚可能带来的不良影响，但对那些不打算发表的却是无能为力。例如，某位研究者可能为了避免损害自身股份，而决意不发表负面的科学结论。在纠正研究者带着偏见解读数据和结果方面，同行评议同样也不是高效的。不仅如此，如果股份的持有对受试者的招募构成了负面影响，也很难进行矫正，因为诸如IRBs这样的研究审查机构，通常并不会例行遵守或审查知情同意流程。最后，允许研究者持有资助其研究的公司的股份，这不会给社会带来实质性的好处。

允许研究者持有股份的最强有力观点是，它能为新兴公司提供经济支持。很多公司在创始期很难募集资金，往往都会资金短缺。公司可以通过出售股份或借贷的方式募集资金(Hamilton 2000)。为新公司效力的研究者可持有公司股份或替代式现金，这样公司就有钱支付给其他雇员。帮助公司募集资金，这是允许研究者持有新兴公司股份的一个合法理由。然而，这个论点并不支持研究者持有与研究直接相关的股份。如果研究者获得的股份是其工作的回报，这是无可非议的，但研究者的工作不应当和公司产品存在关联。研究者获得酬劳应当仅仅是由于花费时间和精力开展公司的商业计划、提出研发方案、与潜在投资者谈判、做出个人决策等。如果研究者持有公司的大额股份，并打算开展与公司产品有关的研究，那么他应当在进行研究前卖掉自己的股份，或者让其他人进行研究。

有时，如果某位科学家是进行特定研究的不二人选，而且持有赞助公司大量股份，也会允许他开展研究。在这些比较罕见的情况中，最好不去禁绝利益冲突，而是尽量通过冲突管理计划对其进行监管，这一点上文已论述过。

其他和私人公司有关的经济关系。研究者还可能以雇员或付费咨询者的身份为公司效力。他们同样可以获得礼金或酬金。这些经济关联会对研究者的判断构成不利影响，并使他为了公司的利益而行事。尽管应该对这些类型的经济联系予以披露，但无须去禁止。第一，大部分经济关联可以通过同行评议或披露得到管控。第二，其他的经济关联可以经由限制咨询活动和酬金的法律法规来监管。第三，这些能为私人公司带来重大利好的经济关系，需要以科学和技术方面的专业技能为基础。在某些情形中，为那些与赞助公司存在经济关系的研究者制订利益冲突的监管计划，是适当的。但在大多数情况下，仅仅披露利益冲突就已足够。

知识产权。如早前提及的，很多研究者与其研究项目存在知识产权方面的利益关系，比如专利或版权。应当对这些利益予以披露，有时还需要进行监管，而不是禁绝。之所以这么做，有两个原因。第一，虽然知识产权涉及的利益会对科学判断构成显著影响，但一般情况下可以去控制这些影响。例如，专利局所起的作用就类似于同行评议，因为它要求发明者提供大量有关发明的信息，而且不会批准一种无用的专利。不仅如此，许多获得专利的发明也同样出现在其他经过同行评议的出版物中。尽管并没有一个核心机构来审查和授予版权，但那些使用具有版权产品的人，其实都是在对产品进行着一次次的独立核查。比如，如果某种已获版权的电脑程序根本不怎么好使，人们就不会去用。第二，阻止研究者获得知识产权，会影响科技进步，因为它会减弱人们进行研究或赞助的动机。（在第 6 章中我们将更深入地讨论知识产权。）

临床试验受试者的招募费用。本书之前已经论述过，在临床试验中，招募受试者的医生可获得多种形式的回报，包括按每个受试者 500 美元计算的猎头费、每个病人 5 000 美元的护理费、完成招募任务后的奖金（Morin et al. 2002）。在我看来，应该将这些报酬形式告知 IRBs 和受试者。除此之外，研究者不应当凭借受试者的招募而获取可观的经济回报。什么算可观的经济回报？这个问题同样很难明确回答。但作为讨论的基础，我们可以说，医生或其他卫生护理从业者获取的任何超过合理花费的金额，都算作可观的。比如，如果某公司按照每个病人 5 000 美元向医生支付病患护理费，而医生的实际花费是每个病人 3 000 美元（其本人和同事的总花费），那么对于合理花费来说，2 000 美元就是超出的金额，可以算作可观的经济回报。同样，如果医生只花费 1 小时招募受试者，护理病患的费用是每小时 200 美元，那么 500 美元每人的猎头费就是不合理的。[5]

我们讨论的这三个因素促生了一项政策：禁止医生在招募临床试验受试者的过程中牟取暴利。他们应当因为时间花费而获取合理报酬，但仅此而已。第一，涉及的金钱可能会让研究者在下判断时做出偏倚。正如我们早先提及的，很多医生认为可以通过临床研究获利（Angell 2004）。第二，很难对利益冲突进行监管，因为很难对发生在研究者和受试者之间的知情同意流程，以及对研究者的资金记录进行审查。IRBs 会审查知情同意环节的最终结果，但一般不监察过程本身。IRBs 会要求提供与经济有关的信息，但不审查资金记录。第三，阻止研究者从受试者的招募中获取大量金钱，并不会对科学和社会带来显著影响。对临床试验感兴趣的研究者仍然可以在没有巨大经济激励的情况下招募病人。只有那些对金钱比对研究更感兴趣的人才会因经济原因而停止招募受试者。

5.4 机构中利益冲突的应对方法

相较于研究人员所涉及的利益冲突，更新近的是对研究机构中利益冲突的关注。关于研究者利益冲突的文献已经很多，但有关研究机构利益冲突的文献就少多了。政府机构和专业组织几乎没怎么触及这个问题，也没什么机构出台政策或规章来应对机构性的利益冲突。这一部分将探讨处理这类利益冲突的一些可能方法。

对研究者和研究机构而言，披露是重要方法。正如之前讲过的，披露行为有助于克服偏见、建立信任。披露体现了诚实、开放性、透明的美德。相应地，显著的机构性利益冲突应当披露给相关方，如期刊、资助机构、临床试验中的受试者。不同的个人和机构均提出了一些策略来管理机构性的利益冲突（Resnik and Shamoo 2002；Moses and Martin 2001；AAU 2001），下面我们会进行讨论。

委员会。有些组织建议：大学应成立利益冲突管理委员会，以管理个体研究者和研究机构的利益冲突（AAU 2001）。委员会的职责是让个体和研究机构披露利益冲突，审查个人和机构利益冲突管理计划，出台利益冲突管理办法，并对与利益冲突相关的教育活动予以资助。在理想的情况下，利益冲突管理委员会的工作人员应该是来自不同学科的教职员，还应包括一些非教职背景的人员（AAU 2001）。委员会的运作应当类似于 IRB、IACUC 或其他研究监管组织。委员会应当与其他监管机构共享与利益冲突有关的信息，以团队联合的恰当形式来有效监管利益冲突。很多研究机构已经成立了利益冲突管理委员会（National Human Research Protections Advisory Committee 2001）。

虽然委员会能在处理个人和机构利益冲突中扮演重要角色，还是有人会认为委员会在监察和管理机构冲突方面并不是很有效。问题在于，委员会的组成成员受雇于研究机构，他们听命于研究机构的管理层

(Resnik and Shamoo 2002)。即便委员会囊括了一些学术圈外人，仍然不具备自主性，不能实施具有权威性的独立监管。如果委员会高层官员和私人公司就机构性利益冲突进行讨价还价，委员会是否有勇气和实权阻止这种交易，就会令人怀疑。委员会能做的只能是，就讨价还价的最终版管理计划的细节发表几句模棱两可的评论。只有当独立的机构或个人有权力、有勇气管理和禁止利益冲突，才能算真正意义上的利益监管。

解决这个问题，有几种方案。第一种，有人会通过增加学术圈外人比例，来提升委员会的独立性。如果圈外人足够多，人们可能会对机构性利益冲突中的潜在问题自由发表意见。第二种，通过授予委员会批准权（协议、专利、合同、投资申请等可能会引发利益冲突的文书），来赋予委员会一些真正的自主权。第三种，可以寻求研究机构以外的组织合作，如 AAU，AAMC，NIH，PRIM&R，以协助机构性利益冲突的监察和管理。外部性机构可以成立利益冲突管理委员会，以监管其成员所披露的利益冲突。这类委员会可以对利益冲突进行审查，并为大学的利益冲突管理委员会提供建议。

如果研究机构想要从实质上应对机构性利益冲突，那么可以认真对待以上三项建议。然而，我怀疑，在没有附加的规章和法律条款的情况下，这些建议是不是能发挥作用。在缺乏外界的法律、经济和政治压力时，大学和其他研究机构很少会在政策方面进行大变革。遗憾的是，除非是出现了像杰西这样轰动的悲剧，否则根本不会有什么改变。

防火墙。另一种处理机构性利益冲突的办法是，在机构内部建造防火墙，以避免科学决策在经济等利益面前做出妥协（Moses and Martin 2001；AAU 2001）。机构应当确保相关投资和许可决议不会影响对研究的审查。根据美国大学协会的规定，"核心目标是使有关经济活动和研究活动的决议相互分离，分别对两者进行监管"（AAU 2001，12）。很多研究机构的防火墙已经就位。比如，典型的大学不仅会设立 IRB 来监管人体试验研究，还会成立资助性项目管理办公室，与研究的赞助方就合同和赞助进行协调。此外还有技术转移办公室,帮助进行专利申请和许可证的协商。

防火墙在理论上是个好主意,但在实际中可能没那么有效。人们可能常常绕开或是直接穿越防火墙,因为研究机构中的关键人物彼此熟知,且深谙机构的内部机制(Resnik and Shamoo 2002)。在典型的大学里,主管科研的副校长与 IRB 主席、资助性项目管理办公室主管、技术转移办公室负责人都彼此认识。这些官员也熟知大多数研究者以及与大学有合同关系的私人公司主管,而这些研究者正是通过合同、资助、许可证为大学注入了大笔资金。在真实的世界中,大学科研体制里的很多重要人物清楚地知道哪些研究项目会为大学带来经济回报。所以很难避免这些官员影响彼此,也很难让防火墙对他们起到约束作用。

要造出可靠的防火墙,一个办法是设立独立于大学的研究机构。这样的机构在法律和经济上都是独立的主体,有其自身的规章制度和董事会,也代表大学持有知识产权和股份。通过让圈外组织掌管投资和知识产权,大学就可以将经济活动和研究活动分离开来。这相当于对投资进行了信托。很多大学已经设立了独立的研究机构来掌控投资和专利、资助研发、向新兴公司提供支持。

成立独立的研究机构还有可能作为应对机构性利益冲突的方法,不过这不是万灵药。首先,尽管独立研究机构在法律和经济上都与大学区分开来,但还是和大学存在关联。机构和大学是互利的关系。作为比较,可以设想,某位研究者将公司的所有股份和知识产权转移给了亲属,比如他的妻子或儿子。我们仍然可以认为,如果这位研究者进行的研究受公司资助,他还是身陷利益冲突,因为他所涉及的经济利益(通过他的家庭成员获得)仍然可能使他在科学判断面前做出偏倚。同样,如果独立研究机构与大学存在紧密关系,持有与研究相关的大学股份或知识产权,那么大学就仍然处于利益冲突中。其次,大学中科研和经济层的核心人物很可能在独立研究机构中身居管理职务,或者与管理人员关系密切。这些人可能有意或无意冲破、绕开不同机构共设的防火墙。因此，当大学创设独立研究机构后，还是会引发对机构性利益冲突的关注。

政策制定。尽管大多数研究机构都有相关的规章来处理个人性的利益冲突，但很少有机构出台应对机构性利益冲突的政策（AAU 2001）。之所以出现这样的反差，原因有几个。首先，在科学家、学者、政治家、大学领导者和公众中讨论机构性利益冲突问题是比较新近的现象。从20世纪80年代起，个人利益冲突问题就受到关注，但直到1999年，机构性利益冲突才引起人们注意，那个时候全国性媒体都聚焦于杰西事件。其次，联邦政府已经制定了管理个人利益冲突的规章，但尚未出台处理机构性利益冲突的管理办法。不幸的是，在缺乏政令的情况下，研究机构常常不愿在科研诚信方面承担起应有的责任。科研伦理的历史显示，研究机构都是在州级或联邦法律的要求之下，才在科研不端、人体研究、动物研究等方面出台相关政策的（Shamoo and Resnik 2003）。

很明显，制定管理机构性利益冲突的政策，能够在处理这类利益冲突时发挥关键作用。要想政策切实有效，需要的是研究机构管理者的支持。这些管理者应做出承诺，遵守并执行相关的政策法规，包括承诺完成教育计划、结构性改革，如创立（强化）利益冲突管理委员会和防火墙。

禁止。一些机构性的利益冲突可能会对机构做出的科学判断、决策、诚实性构成严重威胁，以至于失控，所以应当禁止这些利益冲突（AAU 2001；Krimsky 2003）。可以回忆一下之前讨论过的内容：在决定是否禁止某种利益冲突时，需要考虑的几个因素。有人认为，对某些类型的机构性利益冲突应当予以禁绝，因为(1) 这些利益冲突十分显著；(2) 这些利益冲突很难管理；(3) 这些利益冲突带来的弊远大于利。比如，在一些人看来，当研究性机构与将要进行的临床试验存在显著的利益关系，如持有股份、知识产权收益时，就不应开展试验。宾夕法尼亚大学不应当开展与其存在显著利益关联的基因疗法试验，理由包括：(1) 其中的利益冲突很显著；(2) 其中的利益冲突很难管理；(3) 其中的利益冲突造成的弊大于利。如果一家公司持有与人体试验相关的大量股票或知识产权收益,那么该公司应该招募其他研究机构来进行这项试验。如果确实因为其他研究所缺乏可胜任的研究者和合适的设施,无法开展这一试验,才可以考虑不对转移试验做严格要求。如果继续进行研究能得出的结果可能优于先前研究的结果,那么研究机构应当实时监管利益冲突。

有人可能会认为,如果一个研究机构中的大多数雇员都在资助研究的公司中承担领导职务,那么该机构就不应该再进行人体研究,因为这样的利益冲突很显著,且很难监管,禁止利益冲突的收益要超过不予禁止会带来的负面结果。在这种情况下,该机构应让其他科研机构承担研究工作。只有一种情况可作为例外:研究无法在别家进行。那么该机构应进行利益冲突的监管,以替代禁止举措。

还有一些人建议,应当禁止大学在研究过程中享有股份或知识产权收益(Press and Washburn 2000;Angell 2000)。这些人似乎是想扭转始自20世纪80年代的、以《拜杜法案》的通过为标志的技术转移和科学商业化趋势。虽然这个建议有助于避免研究中的机构性利益冲突,但也可能会导致个人利益冲突问题更加严重。在目前的体系下,为大学效力的发明者可以将自己的专利归于大学。如果不允许大学拥有专利,发明者会将专利归于私人公司,这种情况可能会给发明者带来更多压力,使其无法发表研究结果,也无法共享数据。在当前体制下,如果一位研究者想要创办一家新公司,大学会提供资金。如果不允许大学持有股份,发明者不得不从私人公司那里获取股份,这同样会给发明者造成压力,使其可能无法发表研究结果、将偏见引入试验等。尽管大学在科研中拥有知识产权或股份,会引发对研究诚实性的严重关切,但在很多时候,让大学拥有,而不是让私人公司拥有所有权,可能更可取。

彻底消除导致这些利益冲突的经济根源,唯一的方法是禁止个人和机构享有大量股份和知识产权收益。但这种做法会给科学、技术和产业发展带来负面结果,因为它消除了对创新、技术转移、进行研发投资的激励。

5.5 结 论

在本章中,我讨论了个人和研究机构的利益冲突,我也思考了三种应对这类冲突的方法:披露、管理和禁止。我赞成向相关方,包括监管者、雇主、期刊、专业读者、IRBs,甚至是研究对象充分披露包括经济在内的种种类型的利益。我还认为,在一些情况中有必要禁止某种类型的利益冲突。例如,当研究者和机构拥有显著的经济等各种利益时,就不应当再开展人体研究。如果研究者身陷利益纠葛,就不应再审查科研申请书或学术论文,也不应加入政府的咨询委员会。研究者同样不应在招募受试者或进行临床试验时收受大笔钱财。很大程度上,我同意美国大学协会有关利益冲突的政策:"不断去披露;在大部分情况下去管理冲突;当有必要保护公众和大学利益时,禁止相关科研活动。"(AAU,2001,ⅱ)本章还讨论了与知识产权相关的利益冲突,下一章将深入探讨知识产权。

第6章 知识产权：平衡公共和私人利益

> 谁拥有黄金，谁制定规则。
>
> ——古谚语

本书已经有好几处谈到了知识产权。第1章提及的几个案例，说的是在一些有问题的科研行为中，知识产权是重要诱因。第4章讨论的是知识产权会对科学规范产生影响，而第5章谈及的是知识产权如何导致了研究中的利益冲突。本章将更深入地探讨知识产权，以及知识产权和科技进步的关系。我将会论证，促进科学和技术知识进步的最好方式是，要平衡对信息的公众和私人控制。本章将首先介绍知识产权的几种基本类型。

6.1 什么是知识产权？

可以将知识产权视为掌控某些对象的权利集合。例如，某人拥有一栋房子，他就有权占有、使用、出售、出租、改变甚至损毁房子。这栋房子就是一个对象，这个人的产权就是他享有的种种对房屋的权利集合。一些权利赋予人们对有形对象的掌控权，如房屋、土地、汽车、牲口等。还有一些权利赋予人们对无形对象的掌控权,如诗歌、歌曲、计算机程序、股份、债券等。无形对象不占据特定时空,它们是一些抽象的概念,而非实物。法律体系承认两种基本的无形产权:金融,如股份和债券;知识产权,如有用的发明或原创性作品。所有的知识产权在本质上都是非排他性的:两个人可以在不影响对方的情况下,同时使用同一个知识产权条款对应的产品。例如,两人可以同时读一首诗,却无法同时使用一把牙刷。由于知识产权的非排他性,法律允许人们获取对知识产权的排他性控制权。一般承认四种类型的知识产权(IPRs):专利、著作权、商标、商业秘密(A. Miller and M. Davis 2000)。

6.2 专 利

专利是政府授予发明者的一种权利,以排除其他人制作、使用发明,或是将其发明商业化。发明者可以许可他人这么做,也可以将发明物授权给他方,如雇主。一份许可协议就是专利拥有者与想要使用、制作、商业化发明物之人之间的法律契约。技术密集型的产业,如生物技术、消费类电子产品,通常就彼此的发明物签署许可协议,这就是交叉许可协议(cross-license agreements, CLAs)。其中一些协议叫作穿透式许可协议(reach-through agreements, RTLAs),授权根据发明开发新产品。在美国,发明者还可以决定不对专利进行授权,不允许他人使用、制作,或者商业化。美国没有强制性的许可法规,但欧洲国家就有。如果发明者不制作、使用发明物,也不许可他人这么做,政府就会介入,并将发明物授权给另外的发明人。在美国等国家,专利期持续20年,以提交专利申请为起始(A. Miller and M. Davis 2000)。[1] 专利是不可更新的,当专利期结束,其他人无须经过许可就可以制作、使用发明物,或将其商业化。

当授予专利时,专利应用涉及的知识就为大众所知了。例如,美国政府在专门网站 www.ospto.gov 上公开专利的应用。所以，专利就是发明者和政府之间达成的交易：发明者公开有关发明物的信息，作为回报的是对发明物的独占权。公开发明物中的科技信息，有利于科学和社会。每年约有 100 万件发明物获得专利。专利是世界上最庞大的技术信息集合(Derwent Information 2001)。

申请一项专利可能涉及一位或好几位发明人。根据美国的法律，发明者可以为机械、工业产品、合成物质、程序，或者是对这些东西的改良(U.S. Patent Act 1995)，以及发明物的新用途申请专利(A. Miller and M. Davis 2000)。举个例子，某人可为一种灯泡、生产灯泡的程序、灯泡的新用途(比如用灯泡烤热狗)、对灯泡的改良(比如寿命更长的灯泡)申请专利。在专利申请过程中，发明人必须进行充分的信息披露，使得在相关领域接受过专业训练、有一定技能的人能够制作和使用该项发明。发明人无须提供发明物的模型或样品，文字描述便足够。申请专利时还需要提供一些背景信息，并对专利做出权利声明。声明内容为发明人希望获得专利保护的条款。比如，一项声明会这么写："用钨丝制成的白炽灯。"在申请过程中，专利局可能会对发明人的申请提出反驳，这时发明人就要提供额外的证据来证明专利申请的合法性。如果专利局没有批准该项专利，发明人可能会重新递交经过修改的申请书。

在决定是否批准一项专利时，美国专利商标局(USPTO)所依据的是以下几方面。

可授予专利的对象。要想申请专利，发明物必须满足"可授予专利的对象"这一条件。美国法院规定，自然规律、自然现象、野生物种、数学公式和抽象的概念不可以被拿来申请专利。多年来，美国法律体系不允许为除了植物品种以外的生命形式申请专利。在戴尔芒德诉查克拉巴蒂一案中(*Diamond v. Chakrabarty* 1980)，最高法院做出规定，查克拉巴蒂可以为经过基因工程改造的细菌申请专利，因为这种生命形式是他本人创造性的成果。查克拉巴蒂发明并使用 DNA 重组技术，使一种菌株能够将原油代谢掉。这种菌能帮助清理泄漏的石油。法院认为，查克拉巴蒂的菌株可以申请专利，因为他制造出了一种有用且在自然界中找不到类似特性的细菌。这是他的作品，而不是自然的。

1980年，美国专利商标局批准了柯恩和赫伯特·博耶的专利申请：一种克隆重组DNA的实验室方法（S. Cohen and Boyer 1980）。查克拉巴蒂的专利和柯恩-鲍耶专利在保护新兴生物技术知识产权方面，起到了重要作用。自1980年以来，美国政府就为DNA、RNA、蛋白质、激素、细胞系、微生物、基因检测、基因疗法技术、重组DNA技术、转基因植物、小鼠授予过专利。其他国家也效仿美国。科学家和公众对这种为生物体赋予专利的做法，从道德和科学角度提出了很多反对意见（Resnik 2001b，2003a，2003g，2004c）。

新颖性。发明物必须是新颖的、具有原创性的：不曾公开、使用、销售、申请专利过。为了确定一项发明是否具有新颖性，美国专利商标局会考察即存技术，以确定发明物是否已经存在于既存技术中。大多数待确认的发明物在递交专利申请之前，都处于严格保密状态，为的是避免信息泄露，从而影响专利。如果发明者未对其发明物申请尽职调查，那么他的竞争者获悉后，就可能申请专利（见下文）。不仅如此，发明者披露发明物内容，就可以算作公开。由于很难确定披露行为是否会给专利造成不良影响，大部分对申请专利感兴趣的科学家要一直等到提交专利申请后，才会发表或分享数据和结果（A. Miller and M. Davis 2000）。

非显著性。对于在相关领域接受过训练或具备一定技能的人而言，发明物是具有非显著性的。为了确定一项发明物是否具备非显著性，美国专利商标局会考察既存技术，从而确定：熟悉既存技术的人是否会认为，此发明物不过是既存发明物的一种显而易见的衍生物（A. Miller and M. Davis 2000）。

有用性。发明物必须有明确的、实际的，而不是假设性的、推测性的、一次性的、仅作为研究工具的用途。专利可不像狩猎许可证

(Brenner v. Manson 1966)。在美国,如果发明物仅有不合法的用处,美国专利商标局会驳回专利申请。在欧洲,如果一项发明物违背了公共道德,专利局也会驳回。

尽职调查。 在美国,第一位发明人通常会获准专利权,除非他没有就其发明物申请过尽职调查。从构想发明物到申请专利,有一年的宽限期。如果发明人在该期限内没有提出专利申请,将由另外的首位将其应用于实践并提出专利申请的发明人获得专利。在欧洲,第一个提交有效的专利申请的人,而不是第一个发明人,享有专利权。因此,在欧洲,发明一诞生,发明人就争先恐后地奔向专利局。

侵权。 一旦发明人获得专利权,其他个人或组织在未经许可的情况下制作、使用发明物或将发明物商业化,将面临专利侵权诉讼。如果一位发明人怀疑有人侵犯了他的专利权,便会向联邦法院提起诉讼。法官会签署暂时禁令,阻止被告的侵权行为。在这一法律程序中,原告出示侵权证据,而被告可能会用自己的证据反驳原告。

在这种情况下,法庭上的关键问题是,被告是否使用、制作、商业化一项发明物,并且该发明物实质等同于原告获专利的发明。当两种发明物以同样的方式发挥同样的功能,且得到的结果一致,就算作实质等同(A. Miller and M. Davis 2000)。法院在解释"实质等同"时是有余地的。如果做一个宽泛的解读,那么专利保护范围就比较大。如果给予严格定义,那么专利保护范围就比较小。如果一项专利的保护范围比较大,发明人对市场就有更大的掌控权。法院在受理专利侵权案件时,必须权衡这些问题。很多法院倾向于给予开创性发明物一个比较大的保护范围,为的是激励科学和技术创新。

大多数发明者、公司和大学都不愿意进行专利诉讼,因为既费钱又费时。比如,加州大学在和基因泰克公司(Genentech)长达9年的法律拉锯战中,花费了超过2 000万美元。加州大学要求40亿美元的损失费,但基因泰克只支付了2亿美元(Barinaga 1999)。为了避开诉讼,很多高科技公司,如电子、生物技术、信息技术类公司,都签署许可协议。

一些评论者认为,许可协议的问题在于,它会削弱生物技术行业的探索和创新动机(Heller and Eisenberg 1998)。在这些人看来,为上游技术申请专利会阻碍下游技术的发展,问题就出在许可协议的谈判和高额的交易费用,如法律服务费和许可费上。[2] 在一些情况下,专利持有人会通过拒绝提供许可协议,阻碍下游技术的发展(Guenin 1996),而那些支持许可协议的人,认为公司有强大的经济动机就协议进行谈判,对大多数公司来说交易费用不会对盈利构成威胁。在生物技术产业,封锁专利也很罕见,因为专利持有者有强大的经济动机就发明物达成许可协议(Resnik 2004c)。[3]

研究豁免。 研究豁免是一种重要但很少用到的,对专利诉讼的免除机制。虽然豁免不属于专利法令,但美国和欧洲法院都将豁免视为在面临诉讼时的防御机制(Karp 1991)。在美国,法院对豁免的解释非常狭窄。当且仅当对授权物的所谓"侵权"是为了研究目的,而非商业目的时,才可应用豁免权。多年来,很多大学都是基于这一前提而运作的:由于自己感兴趣的是研究,而不是实际应用,所以可以利用研究豁免。在最近的一个案例中,麦迪和杜克大学的法律纠纷(*Madey v. Duke University* 2002)触动了这一前提。在该案中,发明人麦迪因杜克大学在未经自己允许的情况下就使用了自己的激光技术,而提起诉讼。杜克大学则认为,使用该发明是受研究豁免保护的。但法院驳回了杜克大学的陈词,理由是杜克大学使用该技术不仅是为了纯粹的研究,还是为了商业应用。法院判决麦迪胜诉。这反映出当下科研的现实:商业和非商业研究之间的界线已经模糊(Resnik 2003d)。为了让科学研究者从研究豁免中获益,需要完善专利法,明确与强化豁免条款的内容和法律效力(Eisenberg 2003; Resnik 2004c)。

6.3 著作权

著作权是政府授予作者就原创性作品享有的权利,包括独享复制权、表演权、展示权、发行权、商业化权。在未经许可的情况下,作者有权阻止他人对原创作品进行演绎。著作权保护期包括作者在世时及去世后 70 年。如果一件原创作品是雇佣作品①,著作权保护期为自发表之日起 95 年或作品完成后 120 年。不同于专利,著作权是可更新的。如果不进行更新,作品就会进入公共领域。作者可能会将著作权转给其他个人或组织,或者许可他人使用原创作品(A. Miller and M. Davis 2000)。

原创作品是一种无形的、人类的表达。例如,一场演讲不享有著作权,但演讲的文字记录或录音就有著作权的问题。法院主要在字面上解释"作者"和"作品",因而诗歌、图书、歌曲、绘画、舞蹈样式、计算机程序都是享有著作权的(A. Miller and M. Davis 2000)。所谓"原创",不是指作品要很新奇或满足非显著性,但必须是作者自己的创作,并至少要体现出一点创新。比如,如果对画作的复制包含了一些显著的变动,那么作画者就可以为复制品申请专利。如果对事实性资料的汇编在事实的选择、组织或呈现方面富有新意,也可以为汇编申请专利(*Feist Publications v. Rural Telephone Service* 1991)。

挑战原创性作品著作权的个人和团体会面临民事甚至是刑事诉讼。著作权持有者就被告的侵权行为提起诉讼。为了证明侵权,著作权持有人必须能证明(a) 其本人是作者;(b) 作品具有原创性;(c) 作品是以固定形式存在于有形媒介中的;(d) 被告在未经许可的情况下复制、展示、表演、发行、演绎作品,或将作品商业化。如果被告出于商

---

① 指作品作者在受雇期间和受雇范围内所创作的作品。——译者注

业目的故意违反著作权法,他将面临刑事诉讼,会被罚款或是被判可长达十年的监禁。

对著作权的保护有一些限制。原创性作品所表达的事实或思想无法享有著作权保护。比如,有人可获得月球照片的著作权,却无法获得月球本身的著作权。也可获得对财会系统的描述的著作权,却无法获得财会系统本身的著作权(*Baker v. Seldon* 1879)。还有人可能无法获得有用的发明的著作权。例如,如果某种灯具包含有用的和无用的(或装饰性的)部件,有人可能获得的是其无用部件的著作权。如果一种有用的发明是受著作权保护的,就会允许当事人对原本只有20年受保护期的发明拥有70年甚至更长时间的掌控权(A. Miller and M. Davis 2000)。

对著作权进行保护的另一个重要限制是合理使用原则。该原则是一种对侵权诉讼的防御机制。根据此原则,一个人可以在不经著作权持有者同意的情况下,复制、表演、展示、发行、演绎他的原创性作品,只要对原作品的使用是合理的。为了确定使用是否合理,法院会考虑一系列因素,包括:

1. 使用的性质(商业还是非商业?如:出于私人还是学术目的?)
2. 作品的性质(商业还是非商业?)
3. 使用的数量(使用了多少?)
4. 被使用部分的重要性(是否属于原作品的重要部分?)
5. 使用带来的经济影响(是否会损害作品的经济价值?)

最后一个因素经济影响,常常是最重要的一个。例如,美国法院发现,给电视广播录像录音,供个人私下使用,就是合理使用。但如果将录音录像公开就不算,因为公共使用比私人使用会带来更大的经济影响。法院还发现,对原作的讽刺和评论也属于合理使用。限制著作权的基本原则是在这两者(申请著作权的作品与属于公共领域的作品)之间求取平衡。

6.4 商　标

一个商标就是一种象征、记号、名称、文字,或是商家用来将其商品与其他产品进行区分的形象。例如,"可口可乐"这个名称、麦当劳的金色拱门、汉堡王广告语"我选我味",都属于商标。商标持有人有权要求他人在不经许可时不得使用商标。为了获得对商标的保护,标识无须是全新或原创的,但必须做到具备显著性。如果一个商标能让消费者将特定商品与其他商品区分开来,就说该商标具有显著性。虽然商标在商业和产业中扮演重要角色,但并未对科学研究带来重大影响。因此,本书不会对商标进行深入讨论。然而,值得注意的是,当在与商标有关的案件中平衡公众和私人利益时,法院也会进退两难(A. Miller and M. Davis 2000)。

6.5 商业机密

在专利体系形成之前,工匠、技师、科学家通过商业机密来保护自己的发明。政府创设专利制度的主要目的是让发明者和工匠能公开实践秘诀,这样其他人也能学习。虽然商业机密不再是科学和技术领域的规范,但它仍在商业和产业中扮演重要角色。商业机密是指有经济价值的信息,是商业意图保护,从而保持自身竞争优势的内容(*Black's Law Dictionary* 1999)。商业机密可能是商业计划、客户和顾客名单、市场策略、政策、配方、方程式。商业界必须采取一定措施来维护商业机密,比如不披露受保护信息、要求雇员签署保密协议。在未经允许时,泄露公司商业机密的人会面临民事或刑事诉讼,也可能被罚款、判处监禁，或是既被罚款又坐牢。但使用合法方式，通过逆向工程（reverse engineering）或独立研究来披露商业机密，是可以的。比如，假如一家公司想知道世界上最受保护的商业机密之一——可口可乐的配方，可以自己进行研究，以复制出这种产品。对商业机密的保护期并没有限制，只要商家能一直守得住秘密，保护期可以无限久。然而，商业机密就像军事机密一样，常常守不住，很难进行保护（Foster and Shook 1993）。

6.6　知识产权和科技进步

有几种理解知识产权的方式。自由主义者视包括知识产权在内的财产权，如生命权、自由权一样，是一种基本权利。17世纪英国哲学家约翰·洛克有关财产权的观点极大影响了当代政治学。根据洛克的思想，可以通过以物易物或是劳动等方式来获得财产权。例如，某人可以用竹子制作出长笛，这样他就有了长笛的所有权。按照洛克的观点，写书的人就有这本书的所有权，因为作者付出了劳动（Resnik 2003c）。

虽然洛克对知识产权的解释在哲学上具有重要意义，也很有意思，但还是存在一些缺陷（Resnik 2003c）。首先，知识产权并没有说明劳动量的问题。某人可能在制作一项发明物的过程中投注了很多精力，但如果这种发明物的制作方法被泄露，或是显而易见的，那么这个人就没法申请专利。还有人可能在撰写电子邮件时没付出什么特殊努力，但他还是拥有这封电子邮件的版权。洛克的财产权理论并不能作为合理分配著作权或发明权的依据。比如，假设一位高级管理者每周只花5个小时来监管一个研究项目，而另两位技师和两名研究生每周各花费40小时在该项目上。如果管理者为这一项目做出了重大的智力贡献，他将会作为项目论文的作者，而技师如果没有重大的智力贡献，则不会出现在作者名单上（Shamoo and Resnik 2003）。最终，仅仅通过是否付出劳动来确定能否获得知识产权,并不合理。例如,一个人不能仅仅是划定一块土地的边界,就获得这块原本无主土地的所有权。

理解知识产权的一种与自由主义者略有不同的方式,基于的是19世纪德国哲学家黑格尔的著作。他认为,应当通过保护财产权来促进对自我的表达,这对于个人发展及实现自主和自由都是必要的。根据这种观点,一个人之所以对自己的著作拥有所有权,是因为他在著作中进行了自我表达。黑格尔的观点的一个问题在于,社会常常将不包含"自我表达"的著作认定为可以申请知识产权。比如,著作权法保护用计算机制作的音乐、艺术和动画。贸易机密法保护商业机密。还有一个问题是,原创性作品和发明物有可能是来自多人的合作,而不仅仅是某一个人的自我表达。这就好比不同的人共同制作一部动画。

到目前为止,理解知识产权的一种最有影响力的方式是实用主义立场。根据这种立场,政府所授予的知识产权应当最大限度平衡它所引发的正面和负面社会效应,如科学、技术、产业、艺术进步(Resnik 2003c)。美国宪法第1条第8款第8条(1787)给出了实用主义性质的表述:"国会将有权……让作者和发明者对于自己的成果拥有独占权,以促进科学和实用型技术的进步。"这段话将这两者关联了起来:授予作者和发明人的权利,以及科学和实用型技术。

经济学家已经对知识产权和科技进步之间的联系进行了研究。尽管一些研究得出的结论是,知识产权推动了知识增长,但很难证明知识产权和知识增长之间存在因果关系,因为几乎不可能开展受控试验来检验这一假设。最好的情况就是对知识产权给科学、技术和产业产生的影响进行回顾性分析(Merges and Nelson 1990;Svatos 1996;Hall and Ziedonis 2001)。

在我最近的《拥有基因组》(*Owning the Genome*)一书中,我给出了一些证据,以证明在遗传学中知识产权对该学科发展起到的推动作用(Resnik 2004c)。自从20世纪80年代以来,遗传学专利申请和出版文献的数量均显著增长。根据科学引用指数(Science Citation Index),从

1990 年到 2001 年，遗传学的出版物从每年 43 098 篇增长至每年 114 354 篇。在这段时间内，美国专利商标局每年批准的 DNA 专利从 265 项增长至 2 143 项（见表 6.1）。因此，专利数与出版物数量之间呈现显著的正相关（$r=0.895$）。虽然这个统计性关联并不能证明专利推动了遗传学的进步，还存在某种混杂因素造就了专利数与出版文献数之间的关联，如研发投资，但正是这种关联可以作为实质性证据，支持这样的假设：专利并未阻碍遗传学的发展。

表 6.1　遗传学出版物和 DNA 专利数量，1994—2001＊

年份	出版物	专利
1994	78 771	554
1995	87 451	603
1996	92 382	1 006
1997	98 516	1 496
1998	105 321	2 078
1999	108 650	2 066
2000	111 540	1 896
2001	118 605	2 143

＊数据来源：Resnik（2004c）。

为了理解知识产权如何引发科技进步，我们需要考虑科学家和研究赞助方的经济动机。知识产权可以通过为发明者和私人公司带来激励，从而促进科学和技术的发展。知识产权允许科学家和发明人从发明和发现中获得回报。理想主义者会认为，科学家和发明者所受的激励应该是造福人类、提升人类知识水平这样的理想，实际上，大部分科研人员和发明者都抱有这种愿望。但实事求是地说，大部分科学家和发明者同样在很大程度上也受经济动机的激励。没有知识产权提供的这种激励，这些人可能不会参与研发活动，也不会以商业秘密的方式保护自己的发明和发现。

当然，如果科学家和发明者从公司处获得研究资助，公司也会要求他们申请知识产权保护。私人公司之所以想获得知识产权，是想为自己的研发投资谋求回报。一般，研发一种新药、进行临床试验、新药上市要花费 5 亿到 8 亿美元。由于这个过程要 10~13 年，公司只有 7~10 年的时间在药品专利期内收回研发成本。一旦专利到期，其他公司可以在不触犯专利权法的情况下生产仿制药，这时原厂家就失去了对该药的市场控制。不仅如此，只有 33% 的新药能实现盈利，医药公司时不时会因为药物副作用或责任考虑而下架新药（Resnik 2004a）。鉴于资助生物医药研发所涉及的巨大风险，医药和生物技术公司想要通过知识产权来保障自己的投资。尽管其他行业可能没这么大的风险，但人们还是愿意通过知识产权来实现研发投资的盈利。公司砸了几百万甚至数十亿美元用于研发，而不指望有利益回报，这在经济上是说不通的。

虽然知识产权从长远来看能促进科学和技术的发展，但在短时间内也可能起到阻碍作用。正如我在本书中多次提到的，开放性是科学研究的重要原则之一。然而，知识产权收益会阻碍科学信息的自由和开放式交流。比如，在撰写专利申请之前，谨慎的发明者不会透露对病人不利的信息，而资助研究的公司会要求发明者签署保密协议。虽然这些信息最终都会经由专利申请书或出版而被公开，但在短期内科学家无法获得这些信息。不仅如此，对保护知识产权的强调会对注重开放性的学术文化产生负面影响，并使人们只愿意去分享没什么商业价值的东西，如方法和工具（Krimsky 2003）。

我们可以考虑一下许可一项专利后可能出现的负面影响。如果一家私人公司在某领域对一种重要产品或程序具有排他性的控制权，那么该公司会通过拒绝他人使用或商业化这一产品或程序，或者通过收取高额的许可费，制约这一领域的科技进步。例如，遗传学家、临床医生和病人都抱怨过巨数基因公司（Myriad Genetics）针对 $BRCA_1$ 和 $BRCA_2$ 基因（与遗传性乳腺癌相关）的检测收取许可费（Resnik

2003a)。最后，正如前面提到的，许可证谈判的困难，以及交易费和许可费，对下游研究来说都是沉重的负担(Heller and Eisenberg 1998)。因此，对信息的私人掌控会对科学和技术的发展带来不良影响，损害科学精神(Demaine and Fellmeth 2002，2003)。

一些人建议，应对许可证问题的一个办法是为生物技术构建一个专利池。专利池是处理专利和许可证问题的独立组织。不同的公司可以把他们的发明放在专利池中。由于那些想要获得许可权的人可以和专利池管理者进行谈判，而不是和一群各式各样的专利持有人直接面对面，所以专利池可以显著减少和许可证相关的交易费(Resnik 2003g；Grassler and Capria 2003)。然而，如果公司认为不进入专利池会得到更多的收益，那么专利池制度就不会太成功。比如，那些拥有大量专利或是重大专利的公司，就不会理会专利池。

6.7 平衡公众利益和私人利益

由于知识产权对知识增长既有利也有弊，对科学和社会来说，应对这个问题的最好方式是在信息的控制上，要平衡公众利益和私人利益。虽然在短期内私人性质的组织可掌控部分信息，但长久来看大量信息还是应当自由开放给公众。政府机构、法院、立法者所面临的政策问题将主要聚焦于信息的控制方面，即如何在公众和私人之间求取平衡(Resnik 2004c)。下面是一些司法系统可以进行平衡和调控的方面。

专利：对象问题。 确定什么是可以申请专利的对象，为政策制定者提供一个宝贵的机会，来平衡与专利相关的私人利益和公众利益。正如上文提及的，美国司法系统不允许为那些不适合申请专利的对象授予专利权，如自然规律、自然现象、数学公式。一种想要申请专利的发明，必须是人类智识，而不是自然的产物。比如，美国专利商标局为存在于生物体内的、被分离出来或提纯的化学物质授予专利权，如蛋白质、DNA、激素,但不会给这些物质的天然状态授予专利(Doll 1998)。在自然状态下的 DNA 和在实验室条件下经过分离提纯的 DNA 有什么差别?根据美国专利商标局的规定,差别就在于,制作分离提纯的 DNA 需要人类智识,但在自然状态下的 DNA 就不涉及人类智识(Resnik 2004c)。在分离和提纯水的过程中,同样需要人类智识,但水不可以申请专利。也许提纯水和纯化 DNA 的差别就在于,后者需要更多的人类智识。但多少人类智识才算"足够"呢?将自然物转化为人类智识的产物,需要的是什么?一些人认为,转变必须是重大的(Demaine and Hellmeth 2002,2003)。但什么才算"重大转变"?

专利法中一些棘手的案例,如计算机程序,面临的是相似的问题。美国最高法院认为,包含在计算机程序中的数学算法和公式不可以申请专利,但程序可以(*Diamond v. Diehr* 1981)。即使程序的子部分不可以,但作为整体的计算机程序可以,这是因为程序是人类发明的,能够执行有用的功能,比如将橡胶进行硫化、制造汽车。然而,将一系列等式和算法引入程序,需要多少人类智识?某些情况下,法院必须明确界定算法/方程这类抽象概念与有实际应用的计算机程序之间的界线。

除非有人能提出被普遍认可的形而上学理论,用以区分自然和人工物、抽象观念与实际应用,不然确定一个产品或程序是否属于可申请专利的对象,就会变成一个实际选择的问题。要判定能否申请专利,应当明确的是,如果一种对象获得了专利,它是否能符合专利系统的目标与目的(Demaine and Hellmeth 2002)。如,将一个对象认定为是有专利资格的,这会对科学和技术带来怎样的影响?我们还应当考虑,将一个对象认定为是有专利资格的,是否会对道德价值产生影响,这些道德价值包括对人类尊严、人类权利、自然和社会公正的尊重。[4] 在回答这些问题时,专利部门、法院和立法者应当权衡公众利益和私人利益。

专利:范围。确定专利范围同样为政策制定者提供机会,来平衡公众和私人利益。如果专利范围过宽,专利持有人对市场的控制就过强,他会阻止其竞争者进入市场,这会制约科技创新、导致市场萎靡。如果专利范围过窄,专利持有人对市场不具有足够的掌控力,这样就不能给发明和投资提供充足动力(Jaffe and Lerner 2004)。

研究豁免。研究豁免是另一个法律可以平衡公众和私人利益的领域。正如之前论述过的,鉴于对麦迪案的裁决,豁免机制也有所动摇。学术型研究者不再在专利诉讼中享受完全免责,只有当其研究工作是非商业性的,才可以获得豁免机制的庇护。麦迪案引出的法律问题,使知识产权的天平向私人利益倾斜。为了重获平衡,政府应当考虑修订专利权法,以强化和澄清研究豁免这一条款(Eisenberg 2003;Resnik 2004c)。如果学术型或非学术型研究者的工作是出于非商业目的,而且不会对已获专利的发明构成显著的经济影响,应豁免针对他们的专利诉讼。

著作权:对象问题。法律系统同样可以在确定某一对象是否可获得著作权时平衡公众和私人利益。在美国,与著作权对象问题相关的最重要案例之一是菲斯特出版公司和乡村电话服务公司(*Feist Publications Inc. v. Rural Telephone Service Company* 1991)之间的纠纷。在此案中,美国最高法院做出裁决,乡村电话服务公司对自己出品的电话号码簿不具有著作权,因它并没有依照著作权法案满足编撰行为的法定要求。法院认为,电话号码簿不享有著作权,因为在制作号码簿时对数据的选择和组织不含丝毫创造性。在菲斯特案之后,对数据库的版权保护变得具有不确定性。由于数据库在科学研究中起到重要作用,所以很有必要平衡与数据库相关的公众和私人利益。一方面,将大量信息在公共领域中公开十分重要;另一方面,为创建数据库的个体发明人提供充分的经济激励也很重要。欧盟已经制定出相关法律,为非创造性的数据库提供 15 年的保护期。创造性数据库受著作权法的保护。有人会认为,在美国平衡公众和私人利益的最好方式就是效仿欧盟的数据库模式,包括公平使用豁免机制(Resnik 2003f)。

著作权:公平使用。公平使用是另一个法律可以平衡公众和私人利益的领域。如果公平使用的范围过于狭窄,那么私人利益将占上风。

如果公平使用的范围过宽,那么公共利益将占上风。公平使用的范围应足够宽,在不损害原创性作品经济价值的前提下,应该容许无须经过许可的使用。但也不应过宽,以至于削弱了作者和商家的经济激励。在美国,立法者、政府机构、法院都已经采取措施,准许与教育或研究相关的非商业性活动都能被纳入公平使用原则。司法体系中这些不同主体应该不断对公平使用这一条款进行说明澄清,以回应通信和信息技术领域中的各种变化。

实施。 值得注意的是,知识产权法的实施在司法系统平衡公众和私人利益时扮演了重要角色。如果不能有效实施,私人组织可能提出更没根据、更过分的知识产权要求。这点在专利领域尤为真实,美国专利商标局曾授予过一些后来被法庭判定为无效的专利。有的公司试图为同一产品申请两次专利,为没有明确和实际用途的发明申请专利,或是申请范围宽泛的专利。由于公司可能会在专利体制中出现一些不当或投机行为,政府应当确保严格执法,不至于不合理地放弃知识产权(Jaffe and Lerner 2004)。

6.8 结 论

知识产权为研究者和私人公司提供激励,所以能促进科技进步,但同样可能因为损害开放精神而制约科技发展。对于知识产权这两种可能效应,都有比较极端的人表示赞同。对知识产权予以一种公有主义理解的,一般会倾向于彻底消灭知识产权(Martin 1995)。从自由主义立场理解知识产权的人,赞成对知识产权进行强化和拓展。而审慎的人认为,最佳答案位于这两种立场之间。社会制定出的与知识产权相关的政策,应该能平衡公众和私人利益。

在第 1 章中,我提到了克日姆斯基的主张,即"知识的私人化已经取代了共同体价值"(Krimsky,2003,7)。现在来看,这个说法的确有些夸大。贯穿于科学史的是这样的事实,即研究者在接受共同体价值的同时,并不会拒斥非共同体价值。正如我们在第 4 章中看到的,保密(积累科学知识的愿望)和开放(分享科学知识的愿望),总是共存于科学中。尽管科学在最近 20 年里变得越来越私人化,但法律体系一直在平衡着与知识产权相关的各方利益,而且今后还会这么做。关键问题在于,知识产权法规和政策,要能最大限度平衡公众利益和私人利益。鉴于技术领域(如计算机和互联网)发生的变化会影响这种平衡,政府监管、立法、司法部门应当不断对政策、法律、司法解释进行修订和完善,以应对信息创造、传播、控制方式的种种变化。

第7章 发表:开放性和责任

言语胜于刀剑。

——爱德华·布尔沃-利顿男爵

我们已经讨论了科学研究中的经济利益会如何引发很多有关发表和著作权的伦理问题,如压制发表、重复发表、幽灵作者、名誉作者。本章将会再次考察这些问题,并提出一些应对措施。

7.1 出版偏见

在第1章中,我们提到了几个案例,在其中私人公司试图阻拦负面研究结果的发表。博姿医药公司阻止贝蒂公开左甲状腺素钠并不优于同类产品这一结论。奥贝泰克公司则试图阻止南希发表有关去铁酮危害效应的研究。两个案例中的研究者都供职于研究机构,两人都和公司签署过保密协议。[1] 我们还在第1章中提过,当很多研究者从私人公司那里获得研究合同或研究资助时,都会签署这样的协议。

在第1章和第4章中,我们同样讲到了研究经费来源和研究结果之间的强关联。已经发表的研究结论总是对赞助方产品持肯定立场。

对这种偏向的一个解释是,公司常常不愿意发表负面结论。他们没有法律责任公开其进行的研究。如果一家公司想要 FDA 批准某种新药、生物制剂、医疗器械,必须向 FDA 提交所有的数据,FDA 将审查这些来自公司和可能有其他来源的数据。然而,FDA 将数据视为商业机密,所以不要求公司公开数据。正因为此,出现了一种只发表正面结果,而压制负面结果的趋势。研究记录会向对新药持肯定立场这一方倾斜。想要获得新药信息的研究者或临床医师无法接触到这些未被发表的负面发现。第 1 章讲的使用抗抑郁药来治疗儿童抑郁症,其中的潜在风险正表明了这一点。由于数据并未公布,医学团体无法获得关于青少年自杀率的重要信息。

尽管资助研究的私人公司进行阻挠、采取法律行动,贝蒂和南希还是试图发表负面结论。第 1 章已经讲到,很多研究者由于各种原因(如,签署了保密协议)延迟发表。因而不少其他研究者出于对干扰的恐惧和法律责任,不愿发表负面结果。但这个问题还需要深入研究。

科学期刊也起到某种作用。存在一些强有力证据,可证明在已发表的文献中,正面结论在数量上占显著优势(Simes 1986;Easterbrook et al. 1991;Callaham et al. 1998)。对这种偏向的一个简单解释是,编辑和审稿者可能更愿意让正面结果发表。不过,有些证据否定了这种假设。一项研究发现,在所有投稿中,包含正面和负面结论的文献数量并无明显统计差异(Olson et al. 2002)。根据该项研究主持者的观点,最好的解释是,论文作者不愿意把包含负面结论的文章投给期刊。另外一个合理解释是,通过具有较高程度的统计学显著性来证明负面结论的真实性(概率值为 0.05 或更小)比证明其正面结论更难,而期刊倾向于发表具有低概率值的结论(Resnik 2000b)。

研究者通常也会发表负面结论,但他们会寻找一些知名度较低、影响力较小的期刊。只发表正面结论的趋势会对那些评估已发表文献的研究性调查(如元分析、文献评论)造成重要影响。对研究的调查记录几乎只是做记录,如果记录存在对正面结论的偏向,那么研究的调查记录同样也是存在偏向的。很显然,只发表正面结论的风气会损害两类重要的科学规范:客观性和开放性。科学共同体该如何应对呢?

处理这个问题的一个可能方法是,采取一些措施让负面结果能发表,使科学家能够获取这些结果。第1章中讨论的临床试验注册制度就是这类办法之一(Simes 1986;Rennie 1999)。临床试验注册制度的目的,是让研究者和临床医师都能获取源于临床试验的所有发表和未发表数据,这样他们就能分析和解读数据,更好地理解药物、生物制剂、医疗器械的益处、风险和负面效应。临床试验注册的一个例子是澳大利亚临床试验注册中心(Australian Clinical Trails Registry,ACTR)。该制度的目标是"提供有关临床试验的一般说明,确认计划中及进行中的临床试验,在披露试验结果之前将议定书细节进行注册,为元分析和文献评论时的试验选择提供方法,确保试验符合伦理规范,从长远角度促进临床护理和临床实践"(ACTR 2005)。注册制度的另一个例子是国际标准随机对照试验号注册库(International Standard Randomized Controlled Trial Number,ISRCTN)。ISRCTN 的说法是:

> 若没有这些创造性工具(注册制度),临床医师、研究者、病人和公众对于正在进行和未被披露的试验将茫然无知,或者分不清不同试验。这样就会错过合作机会,减少重复试验的努力也会白费。发表中的偏向和未申报的夸大试验报告会带来关于"什么是最可能造福患者的护理方法"的误导性结论。患者甚至屈从于临床试验,而这些临床试验试图获得的证据其实已经存在了。对随机对照试验(RCTs)不予披露,愈发被视为一种在科学和伦理意义上失当的行为。要求通过注册制度来减少存在偏向的、申报不充分的试验,这样的呼声越来越高。(ISRCTN 2003)

虽然国会考虑立法,以强制执行临床注册,但在美国等国家,法律并不要求临床试验研究者对试验进行注册,或是发表负面结果(Couzin

2004)。很多在美国进行的临床试验都要在 ClinicalTrials.gov 这个美国国立卫生研究院和美国国立医学图书馆（National Library of Medicine）共同资助的数据库中注册（ClinicalTrials.gov 2006）。该数据库已经录入了 27 000 项由美国国立卫生研究院与私人公司所资助的研究。

鉴于发表在科学和临床上的重要性，很多公司对自主注册表现出积极的反应，但强制性的临床试验注册仍不失为明智之举。正如在第 1 章中提到的，国际医学杂志编辑委员会现在要求研究者对临床试验进行注册，这将作为在委员会旗下期刊发表研究结果的前提条件。但美国等国政府是否会采取法律措施来强制注册，还需观望。

尽管在涉及人体受试者的研究中，急需汇集未发表结果的数据库，但其他学科同样可以从这些数据库中受益。比如，美国国立生物技术信息中心（NCBI）资助了一系列公共数据库，如存储 DNA 序列信息的基因银行（NCBI 2003）。很多遗传学、分子生物学、基因组学、生物技术领域的科学家都在这些数据库中存储和使用信息。

不少资助机构和期刊要求科学家向公共数据库输入的信息是可获取的（Rowen et al. 2001）。然而，私人公司可能不会同意这一规定。正如我们在第 1 章中看到的，塞莱拉基因组公司想让数据仅仅通过自己的数据库被获取。值得注意的是，物理学家、化学家、地质学家和天文学家同样开发了公共数据库，向研究者开放。

尽管存储未发表数据的数据库能够促进数据的获取，并克服发表中的偏向，但这些数据库同样会引发危险。让研究者获取未发表的数据，这种做法的一个问题是，数据绕开了确保科研质量的同行评议。已经发表的数据都是通过了同行评议的，但未发表数据就没有这一过程。第 1 章中的冷聚变案例，正说明了未经同行评议的发表所存在的问题。媒体对一些研究的报道表达的正是这种关切。媒体常常对科学会议上出现的摘要性质的但未发表过的报告做出深入报道（Schwartz et al. 2002）。NIH 富有争议的在线生物医学提案同样绕开了同行评议

(Relman 1999)。在该提案的一个版本中，研究者需要经过监管委员会挑选的两位评委同意后，才能将其数据和结果录入 NIH 网站。虽然数据和结果会经过同行评议，但有人可能会质疑评审和编辑是否具备足够资格承担起监管委员的职责。一般来说，经过同行评议的论文是经过编辑或评审审阅的，这些人供职于科学期刊或科学团体，要么是关注特定领域，要么是在特定领域具备专业知识。绕开同行评议的另一个问题是，由于元分析可能建立在不可靠数据基础之上，所以涵盖未发表研究的元分析可能不会像只包含已发表研究的元分析那么可靠。计算机科学中的"无用输入，无用输出"讲的就是这个道理。

科学共同体应当如何应对绕开同行评议这一现象？第一个提议是，应该设立有关数据库的监管委员会，审查所有提交到数据库的文献。除非是通过了某种形式的同行评议，否则这些文献不得录入数据库，这也是在线生物医学研究文献服务器的初衷之所在。但这个想法也有问题，即编辑和评审可能不能胜任文献的审阅工作。第二个提议是，有些数据和结果并没有完全发表在纸质或电子版的期刊中，就应该鼓励科学期刊为这些数据与结果设立电子资料库。提交给电子数据库的文献，会由供职于期刊的编辑或评审根据常规方法和程序进行审阅。在电子数据库中发表的数据和结果可以像在常规期刊上那样，被完整地引用、摘录。从根本上来看，这项提议为另一类发表形式提供了可能。编辑会决定，哪些文献放在期刊上更好，哪些虽然可发表但在电子数据库发表更好。这将丰富研究可获取的数据和结果，并有助于在不绕开同行评议的情况下，克服出版偏倚这个问题。

另一个解决偏倚正面结果问题的潜在方法是，大学对自己与资助研究的私人公司所签订的协议种类进行仔细审查（Bok 2003；Krimsky 2003）。这些协议可以平衡商业和学术利益。一方面，私人公司不应压制在研究机构中开展的试验；另一方面，公司应当至少有权在发表之前审阅数据和结果，为的是确保结果的精确性，保障自身的知识产权利益。所以，应当允许公司在合理的期限内延迟发表。什么程度的延迟算是"合理的"？任何一个数值都会显得有些武断，但除非某些特殊情况，凡是延迟超过 6 个月，就显得不大合理了。大学就不应该签署这样的协议：允许公司压制发表，或是因不当理由延迟发表。

这个提议的一个不足是，如果研究机构在研究协议中设置了严格限制，以至于一些公司感到负担或受约束，那么这些公司可能会决定通过合同研究组织（CROs）来开展临床试验。正如第 1 章提到的，CROs 占据的临床试验市场份额日益增长。研究机构的负责人会对协议中的严格限制很谨慎，因为他们担心自己的项目会被 CROs 抢走。尽管大部分科研人员都想发表自己的成果，支持科学的开放性原则，但从事私人研究、为临床试验招募受试病人的医生，可能不会对研究资助方压制或延迟发表数据/结果的举动而深感担忧。

这种涉及利益的两难局面，集中体现出生物医学研究的伦理困境：如果研究者想遵循最高的伦理标准，他们可能无法从临床试验中获利；如果研究者想要抓住临床试验中的经济机会，可能就不得不违背伦理标准。理想情况下，在临床试验的开展过程中，伦理标准应该是在经济利益之上的。然而，在实际中，我们可以看出，大学和医院管理者是如何颠倒了这两者的主次关系。

7.2　重复发表

在第 4 章中简要提到的重复发表现象，已经存在了几十年。当科学家在不同的期刊上发表几乎相同的内容时，就算重复发表。25 年前，胡斯（Huth 1986）对有重复发表行为的人予以了谴责。在过去的 20 年中，各种学者和专家都将这种行为视为具有欺骗性、是资源浪费性的（National Academy of Sciences 1992；LaFollette 1992；ICMJE 2005）。以 1 000 篇论文为基准，根据不同统计方法，存在重复发表的从 0.017 篇到 306 篇不等（Huth 2000）。这样的变化范围很可能是由于对"重复发表"的定义差异,以及汇总数据时的差别。最近对著名医学期刊重复发表的考察显示,这种现象甚至出现在顶级期刊中,对科学伦理而言,意义重大(Gregory, Morrissey, and Drazen 2003)。

尽管并没有经验性的研究可以确认重复发表涉及了经济利益,但我们还是可以假设经济利益在一定程度上是诱因。首先,论文作者在增加发表数量时,受经济因素的驱动,因为发表关系职业和晋升。简单来说,就是研究者可能会通过重复发表保住饭碗、获得晋升(Shamoo and Resnik 2003)。其次,研究的资助者会鼓励这种重复发表的行为,以获取更多的肯定结论,夸大已发表的记录(Angell 2004)。比如,如果一家医药公司要求有6份已经发表的研究来支持自己的产品,这要比只有2份研究更让人印象深刻。一项针对研究记录(这些记录包含重复性研究结论)的元分析表明:这种做法有利于得出肯定结论。

重复发表会以几种方式损害科学伦理。第一,这是不诚实的、具有欺骗性的。第二,通过授予研究者名不副实的荣誉,导致了不公平的名誉分配。第三,可能会通过做出某种比真实情形显得更受经验支持的假设,威胁研究的客观性。第四,重复发表浪费资源。在同一期刊发表两篇相同的文章,给期刊和同行评议造成了负担。因此,重复发表对科研伦理来说是个严重问题。科学共同体应如何应对这个问题呢?

第一,很多期刊已经针对此问题出台了政策。不采取禁止重复发表这一政策的期刊应当效仿国际医学杂志编辑委员会(2005)的做法,即对于重复发表采取高压立场。第二,大学和专业机构同样应该采取禁止重复发表的政策。第三,尽管政策很重要,一些强制性规定也是必要的。现在已经可以通过计算机程序来对文章进行比对,以确定相似度。自20世纪90年代中期起,大学教授就已经用计算机程序来发现剽窃问题了。我们也可以将这些方法用于审查研究记录。期刊能在文章被提交时及文章发表之前,对其进行快速审阅。计算机程序还可被用来搜索可获取的数据库,检查重复发表情况。如果程序显示存在重复发表的嫌疑,编辑会审阅重复的两份稿件,并在必要时与作者联系。

如果编辑发现某作者有重复意图，可以采取惩戒性措施，如通知作者所在机构或者其他期刊的编辑。

7.3 腊肠科学

和重复发表相关的一个问题是，在没有合理依据的情况下，将一个科学研究项目切分成一打或更多篇出版物，而不是两或三篇较完整的出版物来发表。（这个问题在第 4 章中也简要提及过。）有时，研究者有合理理由将自己的研究项目切分成不同的出版物，这取决于项目的复杂性、体量、数据和方法的多样性。有时，作者进行切分是合理的。这种根据最小可发表单位（LPU）进行发表，或称为"腊肠科学"的做法，是由胡斯（Huth 1986）首先提出的。拉福莱特（LaFollette 1992）也记录下了这种问题。科学界会出现腊肠科学的原因其实很简单：增加每个项目的出版物数量，就能增加总的出版物数，从而有助于职业晋升。公司也会出现腊肠科学，为的是增加针对特定产品的支持性文献的数量。因此，在促生腊肠科学方面，金钱扮演了某种角色。腊肠科学像重复发表一样，浪费资源、扭曲出版记录、导致不当的荣誉分配。

为了最大限度遏制腊肠科学，期刊、研究机构和专业组织应当制定并实行相关政策，制止将研究项目切分成更小型出版物的做法。这些政策应说明，在什么情况下，将切分后的部分发表在不同期刊上是合理的。不仅如此，研究者应对学生、下属研究员、实习生就该问题进行教育。

7.4 电子出版物

为了促进科学中数据、方法、观点、结果的快速共享，很多研究者对不同形式的电子出版物进行了试验，包括在个人网页上、在纸质或电子媒介上、在电子期刊上发表出版物。电子出版物为科学带来很多好处的同时也存在一些弊端(McLellan 2000)。好处在于，电子出版物可大幅削减出版成本，提升出版速度和数量(Butler 1999)。网页和电子期刊不像纸质期刊那样，有着空间限制。更新网页或电子期刊内容，也比出版纸质期刊更省时、省钱。弊端在于，某些类型的电子出版物，如在个人网页、博客、在线生物医学研究文献服务器上发表的文献，可能避开了传统的同行评议。电子期刊没有纸质期刊那样的声望，尽管这个状况会很快发生变化。

虽然电子期刊越来越常见，大部分期刊现在都出版电子和纸质版文献，电子期刊仍面临发展阻力。其中一些问题，如之前谈到的同行评议，只要期刊能采取一定措施，建立利益冲突的处理机制，并确保有资历的审稿人能进行充分的审阅，就能得到解决。另一个问题，向电子期刊付费，就比较难解决了。传统科学期刊的资金来源包括订阅者、科学组织的会员资格费、资助机构(如美国国家癌症研究所和美国国家环境卫生科学研究所)。过去 20 年中，在科学期刊的管理、编审、出版方面，成本显著提高。电子出版物越来越普及的一个原因是，科学家都在想方设法节约出版费。虽然电子期刊一般要比纸质期刊省钱，但也不算便宜。科学家不得不通过订阅费等形式，为电子版文献付费。

能显著促进科学中开放性和共享行为的一个方式是，让电子文献能免费获取。开放获取出版正是出于这一目的。世界上的任何一位科学家都可以从开放获取期刊中免费下载文献。出版费可以预先向提交文献的科学家、资助研究的组织，或同时向两者收取(Malakoff 2003)。NIH 和惠康基金会(Wellcome Trust，一家英国研究基金会)，都对开放获取出版的想法表示支持(Wadman 2004；Clery 2004)。

即便开放获取出版可以推动科学中的信息流通，但也可能引发与电子期刊相关的经济问题。一家开放获取出版期刊《PLoS 生物》(*PLoS Biology*)，其出版方是美国科学公共图书馆(PLoS)，计划向每篇已发表论文的作者收取1 500美元。如果其他期刊想要加入开放获取系统，收费可能更高。比如，《科学》杂志估计会向每篇已经发表论文的作者收取10 000美元的费用（Malakoff 2003）。即使1 500美元的额外费用，也会对一些有发表意图的作者构成显著的经济阻碍，对他人也至少是在经济方面带来了影响。尽管免费和开放获取科学数据、结果、论文，听上去是个好主意，但有个问题是毫无疑问的：总要有人为成果的出版和共享付费，要么是出版方、作者，要么是读者或用户。这不是因为贪婪而想在科学成果共享中捞一笔，而仅仅是单纯的出版经济学。没有免费的出版。

即使初衷良好，要求受资助的研究者只在开放获取期刊上发表文章，也会造成不良后果。在大多数领域，发表文章是至关重要的事。研究者想要让自己的成果达至一定的受众处，影响其他科学家。设想一下，如果一篇文章最适合发表在某一期刊上，该期刊不是开放获取性的，但研究者被要求只能将文章发表在开放获取期刊上。若这种情况真发生了，研究者可能会被迫以次优途径发表文章。如果这种现象持续发生，研究者可能会决定从不强制开放获取出版的机构那里获取资助。

也许一个可行的折中方式是，期刊对不同类型的开放获取进行检测，资助性机构对不同类型的开放获取政策进行检验。所有期刊都已经允许以开放获取的途径阅览摘要。它们也可以试验不同的开放获取方式。一个期刊可能只在开放获取期刊中刊载部分内容，而非全部。比如《纽约时报》（*New York Times*）在文章新出炉的几天内会将它们设置为可开放获取，之后就会以归档文章的名义收费。科学期刊会对类似于这样的，或者是其他策略进行检验，如自由获取归档而非新出炉文章。同样地，资助性机构可能会要求部分（而非全部）出版物在开放获取系统中是可阅览的。

7.5 出版之后的数据获取

开放性这一伦理规范在出版活动中起到重要作用,它要求研究者在文献出版之后允许科学家获取支持研究结论的数据。由于期刊的版面限制,当研究者发表论文时,他们常常不会把重复结果所需的所有数据都写进去,也不会涵盖公式或标准的操作程序。同样,研究中使用的材料(如试剂、细胞株、实验设备)也不大可能公开。为了提升结果的可重复性,促进科学评价、科学合作,让没有参与发表的研究者获取所有得出结论的数据和材料就十分重要了。很多期刊和资助性机构都制定了数据共享的相关政策。NIH要求机构内部和外部研究者在文章发表之后,与其他研究者共享数据和材料(NIH 2002)。很多期刊要求研究者将DNA序列信息存进可获取的数据库,如基因银行。《科学》和《自然》杂志做出要求:研究者应当允许他人通过网络获得与发表相关的数据,这种公开行为将作为论文发表的前提条件。

即使很多科学家和科研机构都支持发表之后的数据共享,但还是有人反对。正如我们在第1章中看到的,塞莱拉基因组公司想要对获取DNA序列数据施加限制,而这些数据是该公司发表人类基因组研究论文的基础。尽管公司允许研究者出于学术目的获取数据,但还是想保护自己的投资,防止有些人从数据库中榨取商业利益。担心有人会利用得来不易的数据,并非产业界独有的现象。学术型研究者也会对开放所有数据感到不安,因为他们想根据这些数据进行后续成果的发表。一方面,有人会认为,研究者有权对自己得到的数据进行分析,在他们使用这些数据完成自己的发表任务之前,应当允许他们保密。实际上,有些研究者会延迟发表,一直等到准备发表好几篇文章时,才把第一篇文章发出来,为的就是不让别人抢去机会。但另一方面,有人会认为,一旦研究者得出并发表了数据,就不该再藏着掖着。在某种意义上，所有的科学都是以已有数据和信息为基础的。有数千个公共数据库，任何人在任何时候都可对其中的数据进行分析。尽管研究者被允许在发表前使用自己的数据，但在发表后他们就放弃了掌控权，因为其他研究者需要获得这些数据来进行重复性试验，以批判性的方式重审试验等。得出数据的研究者可以第一个对数据进行分析，但一旦他发表了数据，其他研究者应当有权分析这些数据，并根据数据发表相关文献。

或许最好的策略存在于这两种极端意见之间（Rowen et al. 2001）。共享数据库的问题在很多年前不算大问题，因为那时的研究状况和现在不同。20年前，研究主要还是受假说而非数据驱动。科学家会为了检验特定的假说或理论而搜集数据，之后再将数据发表在评议假说或理论的文章中。现在，科学家开发出大型数据库，以检验多种不同的假说或理论，于是出现了几十甚至上百篇文献。如果一个数据库有可能生成100篇文章，那么给出最原始数据的人只发了1篇文章，而其他没有为数据产出做贡献的人，却发表了99篇，这就显得不公平了。公平的做法是，允许研究者在其他人使用之前，利用数据库在一定期限内发表数量有限的论文。期刊、资助性组织、机构应当来落实这种应对方案。

和数据共享相关的还有经济和现实等问题。共享数据耗费的是时间、金钱、人力资源。有些研究者可能不会去共享，因为他们缺乏足够的资源，或者在他们看来共享是一种会干扰研究的麻烦事（Campbell et al. 2002）。为了处理这些问题，研究机构和资助性机构应当为研究者提供数据共享所需的资源。每个机构都应存储自己的数据，但不应该在向其他机构转移数据时付费。而索取数据的机构也应负担一些数据转移成本，如运送费、复印费。

研究材料，如试剂、细胞株、器官组织、转基因动物的共享，会引发一系列问题，因为材料可能存在所有权限制，这样的话共享就更难了。例如，一位科学家可能获得专利持有人的许可，而对某种已获专利的细胞株进行研究。有了许可,研究者可以发表和共享从细胞株中获取的数据,不过还是会禁止研究者在未经许可的情况下将细胞株转移给其他人。在分享研究材料时,研究者会面临一系列的实际困难,这些材料类型包括:危险的,如病原体、放射性同位素;易受损的,如细胞株或某些类型的试剂;庞大的,如化石和人工制品等。除此以外,存储和转移试验材料的成本和困难可能会使研究者不愿去分享。尽管开放性这一伦理规范还是适用于研究材料的分享的,但现实和所有权的限制会对分享构成阻碍。在一些情况下,研究者不妨让私人公司出面服务,以处理分享试验材料的组织安排工作。私人公司会为研究者存储、维护试验材料,研究者可以在特定时候要求公司提供共享材料,当材料向公众开放后,可以收取一定费用。

7.6 错误的署名权

第 4 章考察了有关署名的一些问题,也提到了可能助长这种不道德行为的经济利益。人们可能因为利益缘故,而让有"实"之人无"名",也让无"实"之人有"名"。一项调查显示,有关署名的纠纷日益增多(Wilcox 1998)。第 4 章也讲到了期刊在应对这一问题时所采取的措施。本章将讨论处理科学中署名问题的其他提议。

在 20 世纪 90 年代中期,有些作者建议,期刊应制定政策,更明确地界定作者的角色,因为政策有助于促进署名的可靠性、责任和诚信(Pennock 1996;Resnik 1997;Rennie, Yank, and Emanuel 1997)。自 2000 年以来,一些期刊,包括《科学》《自然》《美国医学会杂志》都进行了试点,要求作者描述自己对论文做出的贡献。作者的贡献包括多种责任,如数据的获取、试验的设计、数据的分析和解读、论文稿的撰写和修改、技术和管理上的支持。根据《美国医学会杂志》的政策:

> 每位作者都应当充分参与研究工作,对不同部分的文章

内容担负起公共责任。一位或一位以上作者,从文章诞生之初一直到发表,都应当保证文章的诚实性。署名权这样的荣誉只能以这些方面为基础:(1) 在文章的构想和设计、数据的获取、数据的分析和解读方面做出了充分贡献;(2) 在文章的草拟和修改阶段,做出了智识贡献;(3) 认可发表前的终稿。这三个条件必须同时满足。作者会被要求确认他们在论文中所注明的各自贡献。附件应包含的有关署名权的陈述有:(1) 署名权对应的责任、标准和贡献;(2) 对有关经济利益内容的披露;(3) 著作权转移或是否担任公职。所有作者都要阅读这三项并签名。(JAMA 2003)

其他期刊应效仿《美国医学会杂志》的做法,因为这种做法可提升署名过程中的可靠性、责任和诚信。

尽管科学期刊能够促使出版行为符合伦理,但研究机构在这方面的作用也很重要。研究机构应当考虑采取一定的政策,杜绝不当的署名行为。不符合伦理的署名会被视为对诚实规范的触犯(Shamoo and Resnik 2003)。一篇论文如果以违背伦理的方式排除或加入某一作者,就属于错误的署名行为。虽然这种欺骗方式所造成的后果,与科学中的捏造和造假带来的负面影响不同,但仍需要严肃对待。如果一个人对论文做出了重大贡献而不被承认,那么排除这个人应得的署名荣誉会被视为剽窃。研究机构应当明确指出,错误的署名行为违背了伦理准则。机构制定的政策应禁止剽窃、幽灵作者、名誉作者。尽管一些机构出台了有关署名权的条例,但大部分机构还是没有这方面规定(Wilcox 1998)。有关机构条例的一个很好的例子来自哈佛大学医学院:

    1. 每一个被列为作者的人都应当是为文章和著作做出了重大的、直接的、智识上的贡献。以研究报告为例,报告作者应当是在构思、设计、数据的分析和解读方面有贡献的人。

荣誉作者或幽灵作者是不被承认的。获取资金,或提供技术性服务、病人、材料,这些方面虽然对研究工作来说必不可少,但就获得署名权而言是不够的。

2. 每一个为著作或论文做出重大贡献的人都是作者。每一个做出其他方面重大贡献的人都应被承认。

3. 当研究小组(成员都高度专业化)完成研究任务后,个人的贡献和责任应限于工作的特定方面。

4. 所有作者都应当通过审读文稿和审定终稿,参与文章的撰写。

5. 一位作者应当为作为整体的文章负起主要责任,即使他并不是对每一部分的内容都很了解。

6. 这位主要作者要确保所有作者都满足署名权的基本要求,还应该给出一份详尽的书面陈述,表明他们对文章的贡献,这样的陈述必须获得所有作者的认可。该记录应当归资助机构所有。(Harvard University Medical School 1999)

美国国立卫生研究院对其内部项目"研究行为"的指南中,包含了一个有用的策略:

> 署名权是决定科学成果中名誉分配的主要机制,所以是评估一位科学家对新知识贡献的主要基准。因此,署名权潜在蕴含着巨大回报,当然也有责任。对每一个个人来说,想要获得署名权,首先是要对研究的构思、设计、开展、解释等方面有重大贡献,还要有意愿担负起研究项目的责任。不能满足这些要求,但是为研究提供鼓励和建议,或是提供场地、经济支持、试剂、理论解释、病人所需材料的人,应当被列入致谢部分,而不应作为作者。由于学科之间的诸多差异,并没有一个通用标准来定义署名权。但我们希望每个研究小组、实验室或机构都可以在研究之前和过程中,自主讨论和解决有关署

名权的问题。不仅如此，每一位作者都应该充分检查会被放到公共平台上或要投稿的文章，同时还应支持研究的一般性结论。(NIH 1992)

7.7 结 论

经济动机和经济利益会影响科学出版。当前科学出版所涉及的伦理问题，如偏见、重复发表、腊肠科学、数据和材料的获取、不当的署名，金钱是重要的诱因。为了解决这些问题，科学期刊、研究机构、专业组织、资助机构应当就科学发表制定出相关的政策和指南。国际医学杂志编辑委员会和出版伦理委员会，两者作为科学期刊的领导者，应当继续对发表行为进行监察，提高发表的伦理标准。期刊也应该遵守这两个机构制定的标准。资助机构，如 NIH 和 NSF，要不断支持科学文献出版过程中与伦理、诚实性问题相关的研究、教育和政策完善。大学、学院、政府和私人实验室应对教育和培训项目进行资助，普及科学发表的伦理要求。

第8章 对研发的政府资助:作为公共物品的科学

最好的政府就是管得最少的政府。

——亨利·大卫·梭罗《论公民的不服从》

8.1 导　言

第5章、第6章与第7章讨论的焦点是与产业资助研究相关的伦理问题,以及研究者和研究机构的经济利益。有人可能会据此得出结论:目前科学研究中与伦理有关的问题和种种关切都肇始于私人资金和经济利益。如果能消除科学中的私人资金和私人利益,科学就会在伦理的意义上变得纯粹。

根本不是这么回事。政府为了公众利益而资助研究,也可能会出现伦理问题。对研究的公共资助会引发一系列不同的伦理问题,而不是消除这些问题。不仅如此,无论是在政府资助还是私人资助的研究中,是为了逐利还是为了探求真理,是在私人实验室还是在学术机构中,很多会出现在科学中的伦理问题,如不端行为、重复发表、不当的署名、压榨学生、钻同行评议的空子、侵犯/损害研究对象的权益/福利,都可能发生。

最近的一些著作和文章，如安吉儿（Angell 2004）、普雷斯与沃什本（Press and Washburn 2000）、博克（Bok 2003）、古茨纳（Goozner 2004）、克日姆斯基（Krimsky 2003），都重点关注了因私人产业与科学联姻而引发的伦理问题。很明显，有很多原因让我们关注这样的联姻关系，本书也已进行了讨论。然而，如果只对私人科学进行批评性的审视，既不明智，也不公平。本章将试图重新平衡对科学的伦理考量，并识别政府资助科学可能会带来哪些问题。像之前的章节一样，本章也会探讨，金钱是如何引发和加剧了多种伦理问题。

8.2 美国政府如何资助研究

本章将对美国政府如何资助研究进行论述和解释。尽管其他工业化国家有着不尽相同的政府结构和治理规程，但下面要讨论的一些基本问题和矛盾也同样适用于这些工业化国家。

正如第1章提到的，美国政府对科研的支持在二战期间显著增长。政府支持科研的一个极具影响力的理论依据是由杜鲁门总统的科学顾问万尼瓦尔·布什（Vannevar Bush）——一位物理学家——给出的，这位布什和小布什总统及老布什总统有着远亲关系。在《科学：无止境的探索》(*Science: The Endless Frontier* 1945)中，布什认为政府要为基础研究提供强力支持，因为基础研究为其他类型的知识和应用型学科，如医学、工程学、农业，提供了一般性的知识基础。布什提出的另一个观点是，政府对基础研究进行投资，可以培养出受过科学训练的劳动力，这些劳动力在将科学应用于技术发展和解决现实问题时，能够发挥重要作用。布什意识到，向应用型研究投资也很重要，但是在他看来，政府不需要对应用型研究有过多投资，因为私人公司感兴趣的是有商业潜力和实际应用价值的研究，而非基础研究。用经济学的说法就是：基础科学是公共物品（Shamoo and Resnik 2003）。最后，布什还认为，科学家应该自主做决定。在决定要做什么研究、怎么做、要不要发表、要不要接受资助等问题上,是科学家,而不是政府说了算。根据这种观点,促进科学进步的最好方式是,将科学家从过度的政府监管和官僚体制中解放出来,让同行评议程序对科学投资决策和研究活动进行监督。

布什的观点为科学政策带来了深远影响。在当下有关科学资助的争论中,他提出的很多原则都是争议的焦点。布什提出的"科学的线性模型",继续影响着有关科学的政府决策。[1] 在不同的时期,政治家会关注不同类型的科学应用。比如,在冷战期间,科学在战略和军事上的应用在有关科学资助的争论中是核心议题。冷战结束后,政治家则更关注资助科学在促进经济增长、全球经济的发展和竞争方面的重要性(Guston 2000)。

虽然大部分科学政策分析师、科学家和学者都接受这样的观点,即政府应大力投资基础研究,但历史上以及现在,仍然有一种强有力的立场,认为政府投资的重点应该是应用型研究,尤其是生物医学。一个原因在于,政府将经费投入生物医学领域,为的是促进公众的健康,满足私人公司无法满足的安全需求。产业界投资研发的主要动因就是获利。如果在一个领域中不大可能赚钱,公司就不会投资。例如,在医学中有一系列罕见病,诊疗市场比较小,如果对其投资,很难有可观的回报。像卡纳万病①、自毁容貌症②、腺苷脱氨酶缺乏症,都属于罕见病范畴。在美国,每年患病人数不足 20 万人。尽管 1983 年,美国国会通过的《罕见病药物法案》(ODA),为私人公司提供了经济激励去研发罕见病药物,但这些激励还不足以让公司为研发投资(Iribarne 2003)。其他一些疾病虽然比较常见,但因为消费需求不大,也没太多利润。比如,发展中国家的很多疾病,像疟疾、黄热病、肺结核,尽管不符合 ODA

---

① 一种影响婴儿的神经系统的罕见病,症状是脑海绵变性。——译者注
② 一种隐性遗传的先天性嘌呤代谢缺陷病,患者智力低下,有强迫性自毁行为。——译者注

对罕见病的定义,其实也可看作罕见病了。² 如果私人公司不对罕见病的研究进行资助,政府应该接手(Resnik 2004a)。

环境科学是另一个私人公司在其中找不到投资动力的应用领域。如果公司的产品或行为可能伤害到人类健康、濒危物种或是环境,它们不仅挣不到利润,还很可能赔钱。虽然美国等很多国家的法律规定,私人公司要对他们的产品将如何影响人类健康、濒危物种、环境进行研究,但大部分公司做的工作也仅限于法律强制的范围。比如,如果一家杀虫剂公司的产品有可能被美国环境保护署(EPA)批准上市,那么它就有动力去搞研究。但如果让这家公司研究杀虫剂的长期影响,它就不会愿意了。在美国,如 EPA 和 FDA 这样的政府机构,都去资助公司不打算资助的那些环境研究。

正如本书之前讨论过的,政府为关于药品、医疗器械、生物制剂的安全性和效用性的研究予以资助,是基于多种理由的(Goozner 2004;Angell 2004)。由于私人公司在提交一项产品的批准申请时,肯定已经资助了相关研究,也已经向 FDA 提交了研究数据,所以有人会问:这种情况下政府再对同样的研究项目投钱,是不是既浪费又多余? 为什么要在私人公司已经研究过的药物上,再投入公共资金继续研究? 受政府资助的研究并不浪费,因为私人性的研究有可能是存在偏倚的。在本书中,我已经几次提到,在研究资金来源和研究结果之间,存在着强关联。我们同样也讨论过,私人公司会使出一些伎俩,如压制研究结果、数据保密、数据的错误解读、夸大临床显著性等,来歪曲试验结果。独立的、受政府资助的研究有助于纠正潜在的偏差,为研究者和医生提供有关副作用、长期风险、相对费用等方面的信息,同时提供与医疗产品评级相关的其他信息。

政府资助临床研究的一个杰出范例是"预防心脏病的降压降脂治疗方法试验",即 ALLHAT。这项耗资 8 000 万美元的研究受 NIH 资助,由辉瑞制药公司提供支持。该研究比较了四类药物,以确定哪一种在降血压方面最有效。接受研究的药品包括:默克公司销售的血管紧张素转换酶(ACE)抑制剂,辉瑞制药公司销售的钙通道阻滞剂,辉瑞制药公司销售的α-肾上腺素能受体阻滞剂,一般的抗利尿药(又称"水丸")。研究结果出乎辉瑞制药公司和很多研究者的意料,经过对多名病人的试验,传统的抗利尿药不仅在降压方面效果和另外三种药相当,而且在预防心脏病和中风方面,表现更佳。这项研究还显示,如果让病人服用抗利尿药来降压,由于该药比其他新药、专利药更便宜,每年可省下数十亿美元(Angell 2004)。显然,研究结论对销售新药的公司不利。事实上,如果私人公司而不是 NIH 对药品研究进行资助,那么公司很可能压制、歪曲,甚至颠倒结果。

8.3 同行评议

大部分受政府资助的研究都是经过同行评议的。资助研究的政府机构,如 NIH、NSF、DOE,都有同行评议委员会或小组,就研究提案的资助问题给出建议。多年来,科学家和公众都高度重视同行评议。根据通常的看法,同行评议使科学成为客观的、理性的、自我纠正的、进步的事业(Kitcher 1993)。过去 20 年间开展的经验性研究,让同行评议具有客观性、可靠性、公平性的神话破灭了。有相当多的证据显示,同行评议有可能是带偏差的、不可靠的、不公平的(Shamoo and Resnik 2003; Chubin and Hackett 1990)。评阅人和编辑有时会做出不负责任的评论和判断,抓不住明显的错误。同行评议也许不会对研究质量造成太大影响。尽管存在这些问题,绝大多数科学家和学者还是认为,同行评议要远远优于其他任何一种能想到的科研评价机制。正如我们下面将要谈到的,试图绕开同行评议体系,会导致研究结果比同行评议得出的结果存在更多的偏差。也许同行评议并不完美,却仍然是一种可用的机制。与其说因为种种问题就放弃同行评议,不如说,我们应当通过这些问题来促使同行评议体系发生积极变化。

为了理解在对研究申请进行同行评议时，是如何引发了伦理问题，有必要先考察大多数政府资助机构的同行评议过程。在这一部分中，我们不会讨论不同资助机构的所有类型的同行评议，而只讨论 NIH 的资助决策的问题。NIH 通过其名为"研究部门"的同行评议小组，为 NIH 咨询委员会提供建议。尽管咨询委员会常常遵循研究部门的建议，但是否批准一项研究提案的大权仍掌握在委员会手中。NIH 研究部门一般包括 18 到 20 名特定领域的专家。NIH 往往会邀请那些已经受到研究资助的人加入研究部门（Shamoo and Resnik 2003）。通常情况下，NIH 会为每一个研究项目指派一位主评审和一到两名副评审。主评审的职责是对提案进行总结，将内容告知研究部门的其他成员。他还会对提案提出批评意见，会根据总的打分情况给出建议。研究部门的其他成员也会审阅提案，并进行评议和打分。虽然每位成员有平等的打分权，但主评审和副评审对投票发挥着重要影响。评审在审阅提案时，一般会考虑以下几方面（Shamoo and Resnik 2003）：

1. 提案在科学上的重要性
2. 提案内容涉及的方法论
3. 主要研究者和其他科学家的资格
4. 为提案提供支持的数据和前期研究
5. 提案的制度支持和可获取的资源
6. 提案的预算
7. 提案是否遵守联邦法律法规
8. 提案的社会影响

通过自己选举的代表，美国市民在一定程度上会影响 NIH 的决策。NIH 和其他政府部门一样，是要为公众负责的（Resnik 2001a）。NIH 是一个政府部门。总统对 NIH 有权威的监管权力。总统可签署行政令，控制或限制 NIH 的行为，包括涉及经费决定的决议。正如第 1 章提到的，2001 年小布什总统决定，NIH 能资助的干细胞研究只能适用于人工授精遗弃胚胎发展而来的细胞系（Bruni 2001）。小布什总统批准每年拨款 2 500 万美元用于该项研究。在小布什之前，克林顿总统也授权，用 NIH 的经费对来源于非人类胚胎的细胞系进行研究。

由于是由国会来决定是否批准 NIH 的预算，所以国会具有监督 NIH 的权威。国会也会通过相关法律，来管理受 NIH 资助的研究项目。比如，1997 年，国会通过了一项法律，禁止使用 NIH 的经费，去培育胚胎或胎儿以用于科学研究（Green 2001）。国会还立法，对人体试验进行监管，这是联邦科研法规的基础（Resnik 2004d）。

值得注意的是，每个州可以就研发经费进行自主决议。尽管州没有政府财力那么雄厚，但还是常常投资研发活动，为的是促进商业和产业发展。正如第 1 章提到的，2004 年，加州通过了一项提案，每年花费 30 亿美元用于胚胎干细胞的研究，研究期为 10 年。提案拥护者认为，这么做能推进没受到政府资助的研究，还能通过吸引生物技术公司的入驻促进加州经济发展（D. Murphy 2004）。在北卡罗来纳，州级立法机关自从 1981 年起每年花费几百万美元支持北卡罗来纳生物技术中心，该中心是一家私人的非营利性机构，资助新兴的生物技术公司，资助生物技术研究和教育（North Carolina Biotechnology Center 2004）。自从 20 世纪 80 年代以来，很多其他州也对生物技术研发活动和项目进行了类似的投资，目的是促进产业发展，如信息技术行业和制药业。

通过直接联系 NIH，美国市民有几种途径来影响 NIH 的决策。第一，病人游说组织常常游说国会和 NIH，要求优先资助某个项目。比如，自 20 世纪 80 年代后期以来，艾滋病毒携带者/艾滋病患者的保护人士就成功争取到了有关艾滋病诊断、病因学、病理学、预防、治疗的研究经费。美国政府现在用于艾滋病研究的费用要高于其他任何一种疾病。在 20 世纪 80 年代，女性健康组织同样成功说服国会和 NIH，对妇女健康及妇女参与临床试验开展更多研究（Dresser 2001）。第二，NIH 不同部门的负责人及 NIH 主管，会从病人游说组织、相关公民、专业团体、商界领导者、其他政府机构那里征求意见。第三，NIH 设立了公众代表委员会(COPR)，委员都是非专业人士。他们会向 NIH 主管建言，提出哪些研究项目需要优先资助。第四，NIH 也会将一些非专业人士招募进研究部门(Resnik 2001a)。

即便政治家和公众显著影响着 NIH 对特定项目的优先资助，但这些人不会影响同行评议。为了能做出公平、有效、客观的决策，公众将决策权授予 NIH 及其管理者和评审人员。针对研究提案的同行评议，重点是要有一个基于科学而非政治标准的决策体系(Resnik 2001a)。美国国会针对 198 个相关研究项目的一项调查显示，NIH 在批准治疗通过性传播和注射传播的艾滋病的药物时，不可能避免政治力量对同行评议的操纵。即使资助机构试图根据科学标准来进行决策，但 NIH 等机构建立的同行评议机制，总是会为社会因素干扰提案的评议留下可乘之机(Shamoo and Resnik 2003)。然而，在制订一项资助计划时，社会影响是作为一个考量因素，还是作为一个主导因素，这会导致非常不同的结果。资助机构不应该将研究提案沦为社会或政治力量的试金石。

虽然科学家、政治家、非专业人士都通过政府影响着科研资助决策，但联邦机构使用的同行评议机制，要求能在科学决议和公共监督之间取得平衡。公众的过度影响或是影响不足，都会引发伦理问题。第 2 章已经表明，科学家要承担社会责任，这样的职责使科学家有义务开展与社会现实有关的研究。如果科学家没有受到公众的充分影响，科学家就可能不会去关注重要的社会问题，如艾滋病或妇女健康。为了担负起社会责任，科学家应在提供资助的优先顺序、研究问题的选择等方面听取公众的建议。然而，有权有势、组织有序的游说集团也可能过多干预科研资助决策。华盛顿大学法律教授、总统生物伦理顾问委员会成员丽贝卡·德雷瑟(Rebecca Dresser)用富有修辞色彩的方式问道：

> 围绕资助和决策的种种游说，会不会使控制生物医学研究决策的种种考虑，越来越接近控制高速公路建设、影响乳制

品行业决议的那些考虑？研究会不会从就一般性的公共健康需求展开研究，转变成只关注富裕和权势阶层的健康问题？如果在制定研究决议中起主要作用的是游说，那些用来保护弱势人群权益的程序是不是也要开始启动？（2001，7）

我们应该留意丽贝卡的关切：利益集团对政府科研经费分配所施加的政治影响。权势阶层的过多干预会引发不公平的结果。为了避免这个问题，科学家有必要接受公众的适当影响，但同样需要给予那些没有能力为自己申述的人，如儿童、有精神疾病的人、贫困人群以特殊关怀（Resnik 2001a）。如果公众超出了其自身的权限范围，进而干涉同行评议，也会引发伦理问题。假如社会和政治因素凌驾于科学考量之上，会损害同行评议。

公众有权监督政府对科研的投资，对于这一点几乎不会有过多的质疑。公众应当可以决定，一般情况下，如何、在哪里、为什么花钱。然而，在微观层级干涉资助性机构中同行评议这一做法，会给受政府资助的项目带来严重后果。正如第 1 章提到的，宗教保守人士试图阻止 NIH 批准与"增加艾滋病毒传染概率的性行为"相关的研究。阻止公众对同行评议的微观干涉，有三个原因：首先，干涉行为会制约科学进步。对性行为的研究总是有争议的。在阿尔弗雷德·金赛没能获得公共资助后，他借助其本人设立的私人慈善基金开展了有关人类性行为的开创性研究。如果金赛没能获得私人资金，人类性行为研究就会被耽误很多年。其次，从微观层面对同行评议的干涉，会损害研究的客观性，因为阻止向某项研究拨款的决定，其实就是将一个科学决定变成一个公众可以讨论的决定。如果这种情况确实发生了，那么促进科学客观性和科学进步的要素，如经验性支持、精确性、原创性，都会变得无关紧要（Leshner 2003）。

第三，公众从微观层面对同行评议进行干涉，会损害科学的开放性。担心政治力量侵袭科研工作的科学家们，可能因为害怕骚扰或恐吓，更不会愿意与研究圈子以外的人分享数据、观点、结果。研究者也许会认为,最好不要把自己的研究内容告知公众,不愿去冒险激怒政治利益集团,否则会危及自己的研究资助。1999年,国会通过了《信息自由法案》(Freedom of Information Act)的修正案,修正案做出要求:接受公共经费的研究者要为公众提供获得研究数据的途径。这项法律要求只涵盖已经发表的数据,而不涉及医学研究中的初始数据或保密数据(Kaiser 1999)。即便如此,很多研究者都担心,大公司或是利益集团会利用修正案骚扰或恐吓他们。比如,动物权益组织获取动物试验的数据,目的是威胁或骚扰研究者、研究者所属机构、NIH。产业界团体可能为了向研究发起攻击,而去有意获取污染物对人类和环境影响的数据(MacIlwain 1999)。

8.4 专项资金

正如第1章提到的,美国政府同样会以专项资金的方式大力资助特殊的研究项目。尽管科学家可能会造成一定影响,但有关经费的决议往往是政治交易而不是同行评议的产物。很多获专项资金的项目,不仅绕开了同行评议,还逃避国会审查,因为这些项目总是在最后一刻被列入综合支出法案(omnibus spending bills)(Greenberg 2001)。科学中的"政治拨款"在政治意义上类似于国会每年发放的其他类型"政治拨款"。政治拨款的政治目的是将联邦资金分配到国内特定地域。国会议员卷入政治拨款的政治漩涡,为的是能给自己家乡的选民带去好处。对政客而言,这笔钱是用来建大桥还是建实验室,都没什么差别,因为无论哪种选择都能创造就业机会、刺激当地经济。

科学中的政治拨款,就像公众干预同行评议一样,会损害科学的客观性,因为这类关于什么是"好"的科学的决议,往往是由不懂科学的人做出的。政治家可能会决定去批准一个未经过同行评议的项目。一个这样的例子是1992年补充和替代医学办公室的成立。公众要求给补充和替代医学(CAM)更多经费,国会照办了。国会要求 NIH 设立补充和替代医学办公室,NIH 现在每年向该办公室划拨 2 000 万美元。很多科学家表示反对,认为设立这类办公室是在浪费资源。由于数百万美国人接受补充和替代医学疗法,所以应该从合法的科学的和社会的理由的角度去研究这些疗法的安全性和效用(Institute of Medicine 2005)。即便如此,如果当年设立办公室的提案提交给常规的同行评议,NIH 就不大可能留出一整间办公室给补充和替代医学这个部门了。

另一个政治拨款的例子是,美国国会商讨科研经费时,在最后一刻决定向欧洲艾滋病疫苗研究划拨 1 000 万美元(J. Cohen 2003)。国会中的共和党议员想要把这笔钱作为专项资金,主要基于这三方面考虑:一是用来加强意大利和美国在艾滋病研究上的合作;二是对意大利在伊拉克战争中支持美国表示感谢;三是满足一位时任美国驻意大利大使的共和党的捐献人的要求。民主党反对这笔通过正常渠道绝不可能获得批准的款项。包括艾滋病研究者罗伯特·加洛在内的很多科学家,都质疑这一疫苗研究背后的"科学"理由。罗伯特在得知这 1 000 万美元的拨款后表示震惊,并认为这笔钱如果花在美国政府资助的艾滋病疫苗研发项目上,结果会更好。"对于我们的感受,你是怎么认为的?"罗伯特问道,"我们得不到经费支持,他们却过来要政治手段捞到钱。"(J. Cohen 2003,1640)

虽说通过同行评议来决定资助对政治拨款来说是更合理的,但有时给一些特殊项目划拨专项资金也是有充分理由的。第一,有的科学项目可能规模很大、很费钱,或是跨学科的,这样一来同行评议就显得力有未逮。一些举世瞩目的科研项目,如人类基因组计划、航天飞机计划、哈勃望远镜,同行评议机制都难以应对。第二,如果一个科研项目涉及国家安全,那么将这个项目在同行评议或国会讨论中曝光,是不明智的。比如,曼哈顿工程享受的就是专项资金。如果对该项目进行公共讨论,就等于向德国和日本暴露了美国原子弹武器项目的进展。很多有关军事或具有战略意义的科研项目,如美国战略防御计划,都不会走常规的同行评议。事实上,美国政府针对国家安全和国防研究,会有一笔不会被列入政府支出清单的秘密预算。尽管对于这些"黑色预算"并没有官方数据,但有人估算过,每年大约有 300 亿美元(Patton 1995)。[3]

虽然在分配政府研究经费时,绕开常规的同行评议有时有其合理之处,但并不意味着可以在不接受任何科学影响或科学建议的情况下,就进行有关经费配给的决策。在接受专项资金时,仍然需要考虑科学影响和科学建议。理想情况下,打算以专项资金形式资助科学项目的立法委员,应当向独立的科学小组提交项目书。小组成员将进行审议,并将该项目与其他项目进行比较,得出一个优先性排序。尽管立法委员可以自主决定是否接受小组意见,但至少能从小组给出的专业科学意见中获益。

8.5 对联邦经费的过分追求

立法委员并不是唯一想要获得联邦经费的人。大学管理者、研究者同样对研究协议和研究基金趋之若鹜。实际上,每个学术机构都渴望从与政府签署的协议和基金中获得大量资助(Bok 2003)。在二战后,当美国政府开始增加对学术研究的经费投入,大学就随之越来越依靠政府的资金。根据《大学的用途》(*The Uses of University*)作者、加州大学首任校长克拉克·克尔(Clark Kerr)的说法:"美国大学受联邦研究基金政策影响的程度,不亚于土地政策。"(2001,37)[4]

大部分高等院校的管理层和理事,在进行决策和长期规划时,都使用卡内基高等教育机构分类系统。该系统包含了很多种分类,如一流研究型大学、二流研究型大学、一流授予博士学位的大学、二流授予博士学位的大学、一流授予硕士学位的学院/大学、二流授予硕士学位的学院/大学。系统内的分级所依据的一个关键因素就是各个院校能从联邦政府那拿到的经费数额。一流研究型大学能获得 4 000 万美元甚至更多的联邦财政支持,二流研究型大学可获得从 1 550 万美元到 4 000 万美元不等的支持,处于其他类别中的院校获得的经费就比较少了。1994 年,属于一流研究型大学的有 37 所院校,属于二流研究型大学的有 89 所(Carnegie Foundation 2000)。那些没有被列入卡内基系统中顶级院校的院校校长、副校长、学院院长和其他管理层人员,都渴望获得更多的联邦经费,让自己学校的排名能更靠前。院校理事们的心思是一样的。

干预教学、建议、指导。 对政府基金的过分追求,就像追逐私人资金一样,会给学术带来负面后果。第一个问题是,过分关注如何争夺政府经费,会损害教学、建议和指导(Bok 2003)。大学对科学家有关聘任、晋升、终身职位的决议,都是基于出版数量和所获得的研究经费。为了在学术界获得成功,研究者不得不花费大量时间,用来设计研究、管理研究团队或实验室、撰写研究申请书、撰写论文或演讲稿、管理基金协议或合约。研究者还会花很多时间与同事沟通联系,承担管理任务,比如担任委员会成员。这样一来,留给指导和管理学生的时间就很少了。在很多大学,是由研究生来教授导论性和一些中级课程。除非到了大三、大四,本科生几乎接触不到有名望的教授。如果教授花费大部分时间在受资助的科研项目或其他职责上,他的研究生就无法接受充分的学术训练和督导。有大量的证据显示,指导、建议、监督上的匮乏,是导致科研不端和其他伦理问题的风险因素(National Academy of Sciences 1997)。

触犯伦理规范。 过分追求合约和基金的第二个问题是,对联邦经费的倚赖会诱使一些研究者触犯伦理规范,如触犯禁止数据造假的规定,目的是套取经费、继续享受资助、得出一些实际结果。比如,佛蒙特大学医学院研究员埃里克·波尔曼(Eric Poehlman),承认曾经在 15 份联邦基金申请书中伪造数据(Kintisch 2005)。埃里克将面临 5 年监禁及 25 万美元的处罚，终身不得获得联邦经费。高级和初级研究员、研究生和技师都面临着学术压力。尽管大部分学者都承受着科学中的发表压力，但为机构争取到经费同样是一种压力。如果一位顶尖科学家没有获得资金，他就无法开展研究，因为绝大多数大学都要求研究者获得外源经费。

对于那些被招聘来拉政府赞助的研究者来说，争取到经费是一种巨大的压力，他们不得不去争取一个又一个基金和研究合约（Barinaga 2000）。"软钱"职位①不是终身性的，支撑这种职位的，是外源合约和基金提供的经费，而不是大学的经费。身处该职位的研究者没有什么饭碗保障：没有业绩的人会被解聘（Cardelli 1994）。这些人包括博士后、教授、研究型科学家。某些研究者的薪酬完全出自这种"软钱"。其他研究员的薪酬有少部分出自这种"软钱"。例如，埃默里大学公共卫生学院就要求教职员薪酬的 70% 来源于他们所获合约和基金（Academic Exchange 1999）。由于身居"软钱"岗位的研究者薪酬低、没有职业奖励，大学可以利用"软钱"岗位来减少雇佣支出。大学会设立"软钱"岗位来招揽合约和基金中的资金，当合约和基金期期满后，就撤除岗位。在 1999—2000 学年，加州大学的教职岗位中，有 46% 是"软钱"岗位，密歇根大学社会研究系的比例为 97%（Barinaga 2000）。

经济上的不端。大学过分追求合约和基金所引发的第三个问题就是经济上的不端。这些不端行为包括侵吞公款、诈骗、资金管理不当（Shamoo and Resnik 2003）。比如，一份 20 万美元的基金或合约会列出各项预算，如工资支出、材料和设备费、差旅费、通信费等。如果研究者或大学官员打算用基金或合约中的钱去支付未被列出的对象，或者让一项中的钱花在另一项上，都属于经费管理不当。这种现象有两类例子：一类是支付给博士后的工资，来源于他本人根本没有投入劳动的预算类别；另一类是用设备费来改造办公室。其他例子还包括，谎报一

---

① 指专门争取政府资助的职位。——译者注

个人在项目上投入的时间和劳动;试图从政府经费中套取个人利益;重复支出(为同一工作支付两次酬劳)。

对间接费用的争夺。过分追求合约和基金的第四个问题是,引发了通过学术途径对经费的激烈争夺。一些最可能导致不和的经费争夺,都和管理费(间接费用)的安排部署有关。绝大多数基金和合约都包含直接和间接费用的预算。大学会与资助机构就不同的间接费用比例,也就是设施和管理费率进行协商(Marshall 1999b)。比如,如果大学申请10万美元的直接经费,而之前协商好的间接费用比例为35%,那么基金文书上的总经费就是13.5万美元。因此,间接费用在联邦政府的研发投入中,所占比例还是很大的。同样,间接费用也是研究机构经济收益的重要来源。

大学管理者将间接费用视为研究机构收入的一部分。大部分大学将间接费用划拨到综合性基金中①,这样就可以把这笔钱用来支持机构内部的科研,或是拿来应付急需,如支付教职员薪酬、新的管理岗位、图书馆资源、新建项目等。事实上,大学管理者和理事之所以热衷于政府的基金和合约,重要的一点就是因为他们知道可以用这些钱来支持研究机构。然而,研究者和院系领导同样也想抓住这些"贿赂基金"来花到他们想花的地方,如差旅费、书籍费、订阅费、学生酬劳等。因而,研究者、院系领导和管理者常常争夺间接费用。

学术明星。过分追求合约和基金的第五个问题是,为了能争取到联邦经费,拉来学术明星。第1章已经提到几个案例,大学为了争夺学术明星,承诺会给出高额薪酬、建造新的学术中心等优厚待遇。尽管为研究者提供高额酬金本身没什么错,但为了抢人的价格战会导致不负责任的支出、知识产权纠纷、酬劳上的不公平。这些都会损害研究机构的经济稳定和工作士气。争夺学术明星和体育队伍争夺职业运动员、大学争夺体育教练没什么本质区别。尽管大部分人都习惯于体育界中

---

① 不指定用途的基金。——译者注

的竞争和贪婪，但鉴于学术界有着追求真理和知识的传统，学术界中的这种争夺看起来有点不合时宜。

为了避免这些问题，大学管理者、理事、研究者必须寻找一种方式，对争夺联邦经费的行为进行管控。争夺机构外资金和政府资源无疑是学术界的重要目标，却不是最重要的一个。教育学生、生产新知识、为社会做贡献，这些都是科研机构的最重要的目标。无论是来自公共还是私人的资金，都应当被视为实现目标的手段，而不是目的本身。绝大多数读者都会认同这种关于学术中孰应先孰应后的表述。然而，把这个道理放在高等院校的实际操作中，就不是这么回事了。将这个问题深入下去，就超出了本书范围，但我们可以讨论一下应对方法。

为了获得奖赏或避免惩罚，人们会修正自己的行为，这是人类的天性。如果要遏制学术界对政府经费不加控制的追逐，那么管理者、研究者与其他人员所得到的奖励，就不应该再根据他们为机构争取到的经费来决定。大学不应当以一个人获得的经费，作为其业绩的主要评价标准。而是应当在决定聘用或晋升时，更多地去关注非经济的标准，如出版物的质量、教学、建议、社团服务。同样的，大学不应当以一个管理者争取到的经费，来评价他的工作表现。而是应该给非经济标准以更多权重，如领导和管理能力、是否公平公正、是否平易近人、是否可靠等。

不少大学官员很可能已经开始尝试去遵照这些建议，很少有人会承认他们在进行人事或管理决议时，主要参照的是经济标准。很明显，在控制对政府经费的过分追求方面，一些大学要比其他大学做得更好。然而，很难否认的是，在过去几十年，对政府经费的争夺已经有点失控，我们有必要采取措施了。

8.6　一个反对意见以及对该意见的回复

在一些人看来,追逐政府经费所引发的问题不会出现在私人经费的争夺中。不仅如此,私人资助研究所带来的问题,如占有股份、科学家担任公司领导职务,同样也不会出现在受公共经费资助的项目中。因此,本章的论证并不是要表明,对政府合约和基金的追求是唯一一种会损害科学研究的方式。其实,私人公司对科学的影响要恶劣得多。

不需要否认这一点。这里的核心问题并不是政府资助比私人资助会造成更多不良后果,而是要表明,政府的资助同样会引发科研伦理问题。在科研中,最重要的问题是,科学家如何获取和使用金钱,而不是金钱的来源。[5] 很大可能是,当开展受产业资助的项目时,科学家是高度诚实的,而在进行受政府资助的研究时,可能就不那么诚实了。即使私人性比公共性的科研有可能会引发更多的伦理问题,公共性研究涉及的金钱仍然会引发伦理问题。认识到这一点,对于关于科学和金钱之关系的讨论是很重要的。其他很多作者对科学的私人化表达了严重关切,本书对这样的担忧进行了回应。但如果忘记公共性质科学也会引发资金获取、分配、管理、支出方面的伦理问题,就大错特错了。

第 9 章　结论：珍视事实和科研诚信

> 钱从未使人幸福，将来也不会。钱的本性并不能产生幸福。一个人钱越多，他就想得到更多。钱制造空虚，而不是填补空虚。
>
> ——本杰明·富兰克林

本书探讨了金钱和科学规范之间的关系。对于这样一个复杂和重要的论题，本书的观点不会作为定论，但还是希望能为今后的讨论提供启发。本书的第一部分，即第 1～4 章，讨论的是金钱和科学规范间关系的理论基础。第 1 章提供了一些有关经济影响和科研中利益问题的背景信息，我们论述了科学研究的经费来源、研究资助方与科学家的利益和期望、当前违背科学规范的行为方式。第 1 章还列举了近年来的一些案例，表明了金钱对科学的影响，以及金钱如何让公司压制这样的事实：给儿童开抑郁药是危险的。第 2 章建构了供我们思考科学规范的框架。我们认为，科学有自身的规范（或价值），包括认识论规范、伦理规范。认识论规范——如经验充分性、简洁性、一般性、客观性、精确性——指导着科学试验、科学解释、理论建构。伦理规范——如诚实、严谨、开放性、自由、社会责任、对同事的尊重、对研究对象的尊重——引导着科学活动。

第 3 章更详尽地分析了科学最重要的一种规范——客观性。我们认为,科学家有责任在研究中尽可能做到客观,因为像美国一样的多元民主社会,需要依靠独立于政治、社会、文化、经济价值的信念和方法。科学能够为公共政策讨论中的对立方提供中立的、公正的有关自然世界的陈述或"事实"。在过去 40 年的学术史中,社会学、心理学、科学哲学都表明:政治、社会、文化、道德和经济因素常常影响着科学判断和科学决策。科学中的客观性是理想,而非现实。即便科学家缺乏这种理想,仍然应当尽力做到客观。第 4 章探讨了金钱会影响科学规范,如诚实、客观性、开放性的几种方式。我们考察了在问题选择、试验设计、数据分析和解读、试验对象的招募、发表、数据共享过程中,经济利益所造成的影响。

本书的第二部分,也就是第 5 章到第 8 章,考察的是金钱影响科学所带来的一些实际问题。这些章节同时从政策角度给出了应对措施。第 5 章还讨论了研究中个人和机构的利益冲突。这一章区分了两种类型的利益冲突:责任冲突和义务冲突。还探讨了处理利益冲突的办法,如披露、禁止、冲突管理。第 6 章讨论的是美国等工业化国家建立的知识产权制度。这一章认为,知识产权对促进研发中的创新和投资是很重要的,社会在管控知识产权时,必须谨慎地权衡私人和公众利益。这一章还认为,政府机构和法院应该采取措施,防止私人公司滥用知识产权体系。第 7 章探讨了科学出版中,经济利益所导致的伦理问题,如偏倚、不当的署名、重复出版、腊肠科学及数据获取方面的种种问题。第 8 章论述的是美国政府系统对科学研究的资助。这一章描述了同行评议的角色以及对研究经费的公共监管,并认为对研究的公共资助应当最大限度平衡对其造成影响的公共和科学意见。这一章同样对这样一种意见——否认政府资助是对争议性研究进行监督的方式——提出了警示。这一章还反对科研中对专项资金的滥用。

现在读者应该了解了本书的主旨:金钱会以负面的方式影响科学对认识论规范和伦理规范的遵守。"金钱会损害科学规范"这一主题,可能对一些人来说有点荒谬，而对另一些人来说则是极其明显的。认为这种说法荒唐的人，是陷入了一种错误的观念中：科学家客观公正，从不让贪婪和野心影响对真理的追求。认为这种说法是显而易见的那些人把科学家视作和芸芸众生一样的普通人，会屈从于偏见和诱惑。但真实的情形介于这两种观点之间。科学家是有着强烈动机去获取真知、理解自然的那类人。尽管科学家竭力做到客观，但还是时常会失败。金钱会妨碍，却无法阻挡对真理的探求。只要人类存在，就会有人对知识、真理、理解孜孜以求。这些我们称为科学家的人，无论遇到怎样的曲折、阻碍、诱惑，将一如既往地在探赜索隐的道路上前行。

不少研究科学和金钱关系的学者和批评家，很擅长指出问题，却不擅长给出对策。"看看私人产业是如何侵蚀科学的……看看学术机构是怎么越来越像商业机构的……看看有多少科学家身陷利益冲突……看看有多少科学家创办自己的公司……看看知识产权是如何影响信息共享的……看看有多少公司在压制出版。"这些话说起来是多么轻巧。

是的，确实存在问题。实际上，问题有很多。但我们要怎么应对这些问题呢？社会可能给出两种极端的回应方式：根除科学中的私人钱财（公有主义的观点）、采取某种自由主义的对策。在我看来，最佳答案仍是处在这两者之间。

根除私人钱财并不现实，因为私人资金占据了全球一半以上的研发经费。政府不具有足够的财力以这样的力度支持研发。不仅如此，有人会认为，私人公司有一种道德和法律义务来资助研发，因为公司开发新产品、新服务，并将其市场化。如果公司有经商、为商业活动做广告的权利，那么它们也同样有开展与商业相关的研究、发表研究结果的权利。根除学术界中的私人钱财同样是一点都不现实的，因为目前大学从私人部门获取大量的研发资金，并且大学—产业界合作能创造巨大的效益。而且，正如我们看到的，政府对研究的资助并没有消除经济利益和经济压力所引发的伦理问题，而仅仅是带来了一系列新问题。

站在自由主义立场的另一端同样不明智。因为在本书中我们也看到了,经济利益和经济压力可能会破坏科学规范。对金钱的过分热衷会损害科研中的诚信、影响对事实的探求。

最好的方法是尝试对科研和经济利益的关系进行监管,并成立支持研发的社会和经济机构,弘扬科学的价值,如客观性、诚实、开放性。大学、私人公司、资助机构、期刊、专业团体应当制定出规则和指南,来缓解金钱对科学的负面影响。一些内容已在本书之前部分提及,包括:

- 披露和管理个人、机构的利益冲突,防止这些利益冲突危害科学或公众。
- 在知识产权法律法规中平衡公共和私人利益;禁止滥用知识产权体系。
- 制定法规,以阐释和强化知识产权法中的研究豁免条款。
- 针对署名和发表,出台机构性规章,强化署名中的责任,杜绝浪费性或重复性发表。
- 制定登录数据库的政策,奖励支持数据库建设的研究者,将数据库向公众开放。
- 为未发表的数据设立公共数据库。
- 强制要求所有临床试验进行登记,并公开全部临床试验数据。
- 对不同的资助科学发表的途径进行试验,如开放获取科学。
- 仔细审阅保密协议,防止无理由地延迟发表、压制发表、恫吓研究者。
- 确保与科研相关的政府合同或政府基金都经过同行评议审查。
- 减少科研专项资金,确保从科学角度对专项资金进行监察。
- 在独立进行科学决议和公众监督科研经费之间取得

平衡;避免公众对科研合同和科研基金的微观干涉。

• 使用部分政府经费对私人产业开发的生物医学产品进行研究,以对产业资助的研究起到制衡作用;支持对两种疗法进行比较的临床试验。

• 对学界从政府合同和政府基金中渔利的现象进行监管;要突出科研人员和管理人员成绩评价的非经济指标。

最后,同样重要的是:

• 在与研究相关的各类场所中,如在大学、学院、政府和私人实验室、合同研究组织中(National Academy of Sciences 1997,2002),为面向科学家和学生的有关研究伦理的教育、培训、指导提供支持。这些活动可以在学术课程、在线培训模块、研讨会、非正式讨论、角色塑造过程中进行。

当然,还有很多工作要做。科学家,以及学界、产业界、政府中的领导者,需要制定并完善处理科学和金钱关系的政策和指南。学术性机构和政府部门应当为有关科研伦理的政策制定、教育和培训活动提供经济支持。研究驱动型产业,如制药业、生物技术、电子行业的领导者,应当公开就科研伦理做出明确承诺,并支持与伦理相关的教育、培训、指导活动。研究科学这项建制的人,如历史学家、社会学家、人类学家、经济学家、心理学家、哲学家,需要开展更多的针对科学和金钱关系的经验性和理论性研究。最后,所有关注如何促进科研的当事方,应当更充分地理解公众是如何看待科学和金钱关系的,以及如何才能维系公众对科学的信任。大家都懂这句谚语:"对金钱的贪恋是万恶之源。"科学家必须让公众相信,他们对真理和诚实的爱,胜过金钱。

注　释

第 2 章

1. 很多读者将"科学规范"这一表述和罗伯特·默顿（Robert Merton）的开创性工作联系到一块儿(1938，1973)。默顿根据自己数年来对科学家科研工作的访谈，提出了科学规范。依照默顿的观点，有四种规范：(1) 无私利性；(2) 普遍性；(3) 公有性；(4) 有组织的怀疑。无私利性是指，科学家的兴趣只能是对真理的兴趣。科学家不应该开展会给自己带来个人经济利益，或涉及意识形态内容的研究。普遍性是指，科学论断的合法性不依赖于科学家的国籍、种族、性别或文化，因为科学真理并不是对应于特定文化、种族、性别或社会的。公有性是指，科学研究的成果不属于个人，而是所有人共同享有。有组织的怀疑是指，一个人应当批判性地考察所有的科学信念和科学假定，包括他自己的。尽管社会学家、历史学家、科学哲学家得益于默顿及他的洞见，但我还是选择了自己对科学规范的论述方式，这种方式一定程度上是基于默顿的观点的。在我看来，我在本章中所辩护的科学规范包含了默顿大部分的基本理念，同时也进行了拓展。我提出的规范比默顿的规范更加复杂和细致。比如，我认为有组织的怀疑实际上是由不同的规范构成的，包括诚实、开放性、谨慎、连贯性、可检验性、严密性。我还论述了一些默顿未曾提及的规范，如社会责任、对研究对象的尊重。此外，就科学规范问题，我与默顿有过沟通交流。默顿曾阅读过我在这一主题上的著作，并赞许我提出的论点，即"要将伦理学与科学体制社会学、社会学认识论整合起来"(Merton

2000)。

2. 挑战这一受普遍认可观点的更深入讨论，见 Resnik(1992a)。

第3章

1. 科学同样存在于非民主社会中，科学在这类社会中也可以发挥某种重要作用。然而，在一些社会中，科学会成为国家的工具。可以思考一下，在斯大林统治下的苏联或是希特勒统治下的德国，科学是否是中立的。在这些社会中，科学都会在政府的政策制定中扮演重要角色，但无助于去帮助解决争议性问题，因为这些问题不会公开供公众讨论。

2. 本书认为，真理的符合论是指，一种表述或一种信念，只有当它准确地表征了现实时，才算是真实的。真实的表征与事实相匹配。因此，"罗利位于北卡罗来纳"这一表述，当且仅当"罗利"和"北卡罗来纳"都指的是地球上的某个地方并且罗利在北卡罗来纳时，才是真实的。更多的讨论，请见 Goldman（1986）和 Resnick(1992b)。

3. "科学"和"科学家"的关系很简单：科学是一种社会活动，或是科学家进行的一种实践。科学家会通过自身的行为和信念影响科学。比如，物理学共同体接受爱因斯坦的光电效应理论，是因为作为个体的物理学家接受了爱因斯坦的解释。

4. 关于观察/理论的区分，以及对科学实在论的赞同和反对意见，请见 Klee（1997），Rosenberg（2000），Curd and Cover（1998），Churchland and Hooker（1985）。

5. 关于康德对现象和物自体的区分，有两种不同的解读方式："两个世界"和"两个向度"。根据前者，现象和物自体分属于两种不同的存在领域。比如，一个人就包含了现象（身体）和物自体（灵魂）。本章明确接受这种观点。根据后者，现象和物自体是感知同一个世界的两种向度。这样，可以把人视为身体或灵魂。见 Alison(2004)。

第4章

1. 杀虫剂人类效应试验的批评者认为，一些杀虫剂公司故意低估研究的重要性，这样他们就不用去寻找在人体受试者身上表现出统计学显著性的负面效应。见 Lockwood(2004)。

第 5 章

1. 这里的"判断"是个包罗万象的术语,它指一个人在得出关于某物的观点时,所必需的多种不同的认知机制,如知觉、交流、推理、慎思。

2. "不端"这个术语的含义要比联邦的定义更宽泛,后者的"不端"是指捏造、造假、剽窃。一些组织机构的行为已经严重偏离规范做法,超出了研究人体的法规对"不端"的定义范围。见 Resnick(2003b)。

3. 这当然是已经假定了人们知道什么是自己的伦理义务。一个人可能具有不同的伦理义务,而这些义务发生了冲突。但这不同于伦理义务与个人(或其他)利益的冲突。

4. 针对人体受试者研究的机构审查委员会(IRBs),也被称为研究伦理委员会(RECs),成立于 20 世纪 60 年代。当时 NIH 设立了同行评议小组,从科学和伦理角度对机构内部研究项目涉及的人体试验进行评审。1974 年,美国国会通过了《国家研究法案》(National Research Act),授权 NIH、FDA 等联邦机构,制定有关生物医学和行为研究中涉及人体试验的法律法规。这些法规将 IRBs 体系作为监管人体试验的程序。联邦机构或私人资助的新药、新生物制剂、新医疗器械研究,凡是想要获得 FDA 批准的,都必须得到一家 IRB 的许可。IRBs 根据联邦法规对研究进行评估,具体考察的方面有:知情同意、收益和风险、安全性、私密性和保密性、保护脆弱的受试者、良好的试验设计。如果某一 IRB 认为一项研究申请不符合法律要求,就不会批准,直到研究者做出改变并符合法规为止。IRBs 还负责审查已经获批的研究,并为研究者提供教育和指导,对研究进行监管。美国相关法律规定,组成 IRBs 的成员要有不同的背景和专业,包括机构人员和非机构人员、科学专业人士和非科学专业人士。在开展人体研究方面,很多其他国家都有和美国相似的法律,这些法律同样要求一家 IRB 对研究进行评审。国际性的伦理指南,如《纽伦堡法典》(Nuremberg Code)、《世界医学协会赫尔辛基宣言》(the World Medical Association's Helsinki Declaration)、国际医学科学组织理事会的指南,都对人体试验的开展做出了规定(Brody 1998;Emanuel et al. 2004)。

5. 除了临床试验中过高的病人招募费这样一个伦理问题,研究者还面临在招募和欺诈行为中的费用支出这类法律难题。在美国,一系列联邦和州级法律禁止医生在招募过程中拿回扣(Studdert，Mello，and Brennan 2004)。

第 6 章

1. 本书聚焦的是美国专利法，这些法规与其他工业化国家，如欧盟国家的专利法类似。

2. 上游/下游的区分只是对于特定的科学或技术领域而言的。如果一种技术能被用来产生或发展其他技术，那么就称这种技术是相对于下游技术的上游技术。比如，晶体管相对于集成电路来说是上游技术，但集成电路相对于计算机芯片来说就是上游技术。

3. 当科学家为私人公司或政府机构做实验，又或者在其他机构与科学家合作时，他们一般都会签署与知识产权和有形财产相关的协议，也就是机密信息披露协议(CDAs)和材料转让协议(MTAs)。机密信息披露协议是保密专利和相关信息的协定。机密信息披露协议相关方包括了大学或私人公司、顾客或雇员，如科学家、研究生、技术人员。签署协议的当事方受到法律约束：不得透露保密信息、应努力做好保密工作。由于发表是信息披露的一种方式，签署机密信息披露协议的大学一般会限制协议期限，使科学家能够发表研究成果。例如，为某公司研究新药的科学家，同意将自己的工作保密六个月。合作研发协议(CRADA)则是政府机构与私人公司或大学签署的协议，可以将政府合约或基金支持下的技术发明进行完善或将其商业化。技术转让协议涉及的是研究材料，如化学品、试剂、病毒、组织、转基因大鼠、电子设备在不同机构或组织之间的转移。该协议会明确什么是这些材料的合法用途，并禁止一方在未经许可的情况下向其他方转移材料。材料的转移可能免费，也可能收取一定费用。材料接受方一般会支付运输费。

4. 在本书中，我只关注了知识产权和科技进步所涉及的价值之间的关系，如开放性。对更加广义的道德关切，我未做讨论。Resnik(2004a, b)；Andrews and Nelkin(2000)；and Magnus, Caplan, and McGee(2002)展开了进一步的讨论。

第 7 章

1. 见第 6 章注释 3。

第 8 章

1. 有人会认为，模型是对研发过程的过度简化。第一，基础研究和实际应用之间的时差有时会很长。例如，在我看来，从黑洞理论或弦理论中得出实际应用，可能要再等上几十年甚至几个世纪。第二，有时实际应用或技术创新会引发基础研究领域的进步，而不是相反。比如，显微技术的进步带来了细胞理论。没有高质量的显微镜，就不可能观察到细胞。第三，正如我几次提到的，基础研究和应用型研究之间并非泾渭分明，尤其是在生物技术、基因组、计算机及信息科学领域。

2. 根据某些估算，90%的全球生物医学研发经费都花在了 10%的疾病上（Francisco 2002）。

3. 黑色预算存在很多政治和道德问题，如缺乏责任性、在政府内部助长了保密作风。这些方面本书没有进行讨论。见 Foeratel(1993)。

4. "土地基金"指的是州政府向州立大学捐赠土地。大学会使用这些土地，或者通过出售、出租土地募集资金。比如，怀俄明大学就是用土地基金建立起来的一所大学，该大学成立于 1890 年，当时怀俄明州政府赠送了其怀俄明州拉勒米镇的几千英亩及周边一些土地。

5. 这里的假设是，研发经费的来源是正当的，不涉及洗钱或诈骗这类情况。无须理会这样一种反对意见，即政府窃取了研发经费，或是私人公司敲诈这些资金。

参考文献

AAMC (Association of American Medical Colleges). 1990. Guidelines for dealing with conflicts of commitment and conflicts of interest in research. *Academic Medicine* 65: 491.

AAU (Association of American Universities). 2001. Report on individual and institutional financial conflict of interest. http://www.aau.edu/research/COI.01.pdf (accessed May 9, 2006).

Academic Exchange. 1999. Resources, risk, and reward. September 1999. http://www.emory.edu/ACAD_EXCHANGE/1999/sept99/resources.html (accessed December 11, 2003).

ACTR (Australian Clinical Trials Registry). 2005. Frequently Asked Questions. http://www.actr.org.au/faq.aspx#1 (accessed May 9, 2006).

Allison, H. 2004. *Kant's transcendental idealism*, revised edition. New Haven, CT: Yale University Press.

Als-Nielsen, B., W. Chen, C. Gluud, and L. Kjaergard. 2003. Association of funding and conclusions in randomized drug trials. *Journal of the American Medical Association* 290: 921-28.

American Chemical Society. 1995. *Will science publishing perish? The paradox of contemporary science journals*. Washington, DC: American Chemical Society.

———. 2000. Ethical guidelines to publication of chemical research. https://paragon.acs.org/paragon/ShowDocServlet?contentId = paragon/menu_content/newtothissite/eg_ethic2000.pdf (accessed May 9, 2006).

American Heritage Dictionary. 2001. http://dictionary.com (accessed May 9, 2006).

American Physical Society. 2002. Guidelines for professional conduct. http://www.aps.org/statements/02_2.cfm. (accessed May 9, 2006).

American Society for Biochemistry and Molecular Biology. 1998. Code of ethics. http://www.asbmb.org/ASBMB/site.nsf/web/035D570E3A8E81FA85256C7C00535A61?opendocument (accessed May 9, 2006).

Andrews, L., and D. Nelkin. 2000. *Body bazaar.* New York: Crown Publishers.

Angell, M. 2000. Is academic medicine for sale? *The New England Journal of Medicine* 342: 1516–18.

———. 2004. *The truth about drug companies.* New York: Random House.

Association of American Medical Colleges. *See* AAMC.

Association of American Universities. *See* AAU.

Associated Press. 2005. Chronology of events surrounding Vioxx. *New York Times* (November 3, 2005): A1.

Ayer, A. 1952. *Language, truth, and logic.* New York: Dover.

Babbage, C. 1830. *Reflections on the decline of science in England.* New York: Augustus Kelley, 1970.

Bacon, F. 1626/1996. *The new Atlantis.* http://oregonstate.edu/instruct/phl302/texts/bacon/atlantis.html (accessed May 9, 2006).

Baker v. Seldon. 101 U.S. 99 (1879).

Bailar, J. 1997. The promise and problems of meta-analysis. *New England Journal of Medicine* 337: 559–61.

Barinaga, M. 1999. No winners in patent shootout. *Science* 284: 1752–53.

———. 2000. Soft money's hard realities. *Science* 289: 2024–28.

Benatar, S. 2000. Avoiding exploitation in clinical research. *Cambridge*

Quarterly of Healthcare Ethics 9: 562-65.

Berkeley, G. 1710. *Principles of human knowledge*. New York: Oxford University Press, 1996.

Biotechnology Industry Organization (BIO). 2003. History of BIO. http://www.bio.org/aboutbio/history.asp (accessed May 9, 2006).

Blackburn, E. 2004. Bioethics and the political distortion of biomedical science. *New England Journal of Medicine* 350: 1379-80.

Black's Law Dictionary. 1999. 7th ed. St. Paul, MN: West Publishing.

Bloor, D. 1991. *Knowledge and social imagery*. 2nd ed. Chicago: University of Chicago Press.

Blumenstyk, G. 2003. Colleges report $827 million in 2001 royalties. *Chronicle of Higher Education* 49, no. 39 (May 22, 2003): A28.

Blumenthal, D., E. Campbell, M. Anderson, N. Causino, and K. Louis. 1997. Withholding research results in academic life science: Evidence from a national survey of faculty. *Journal of the American Medical Association* 277: 1224-28.

Blumenthal, D., E. Campbell, N. Causino, and K. Louis. 1996. Participation of life science faculty in research relationships with industry. *New England Journal of Medicine* 335: 1734-39.

Blumenthal, D., M. Gluck, K. Louis, and D. Wise. 1986. Industrial support of university research in biotechnology. *Science* 231: 242-46.

Bodenheimer, T. 2000. Uneasy alliance: Clinical investigators and the pharmaceutical industry. *The New England Journal of Medicine* 342: 1539-44.

Bok, D. 2003. *Universities in the marketplace*. Princeton, NJ: Princeton University Press.

Bombardier, C., L. Laine, A. Reicin, D. Shapiro, R. Burgos-Vargas, B. Davis, R. Day, M. Ferraz, C. Hawkey, M. Hochberg, T. Kvien, T. Schnitzer, and the VIGOR Study Group. 2000. Comparison of upper gastrointestinal toxicity of rofecoxib and naproxen in patients with rheumatoid arthritis. VIGOR study group. *New England Journal of Medicine* 343: 1520-28.

Bonner, L. 2003. Star draws light, new lab to ECU. *News and Observer* (September 22, 2003): A1, A10.

Booth, W. 1988. Conflict of interest eyed at Harvard. *Science* 242: 1497–99.

Bowie, N. 1994. *University-business partnerships: An assessment*. Lanham, MD: Rowman and Littlefield.

Boyd, R. 1984. The current status of scientific realism. In *Scientific Realism*, ed. J. Leplin, 41–83. Berkeley: University of California Press.

Bradley, G. 2000. Managing conflicting interests. In *Scientific Integrity*, ed. F. Macrina, 131–56. 2nd ed. Washington, DC: American Society for Microbiology Press.

Brenner v. Manson. 383 U. S. 519 (1966).

Bresalier, R., R. Sandler, H. Quan, J. Bolognese, B. Oxenius, K. Horgan, C. Lines, R. Riddell, D. Morton, A. Lanas, M. Konstam, J. Baron, and the Adenomatous Polyp Prevention on Vioxx (APPROVe) Trial Investigators. 2005. Cardiovascular events associated with rofecoxib in a colorectal adenoma chemoprevention trial. *New England Journal of Medicine* 352: 1092–1111.

Broad, W., and N. Wade. 1993. *Betrayers of the truth*. New York: Simon and Schuster.

Brody, B. 1998. *The ethics of biomedical research: An international perspective*. New York: Oxford University Press.

Brown, J. 2000. Privatizing the university—The new tragedy of the commons. *Science* 290: 1701–2.

Bruni, F. 2001. Decision helps define the president's image. *New York Times* (August 10, 2001): A1.

Bureau of Economic Analysis. 2006. Gross domestic product. http://www.bea.gov/bea/dn/home/gdp.htm (accessed May 9, 2006).

Bush, V. 1945. *Science: The endless frontier*. Washington, DC: National Science Foundation, 1990.

Butler, D. 1999. The writing is on the web for science journals in print. *Nature* 397: 195–200.

Callahan, M., R. Wears, E. Weber, C. Barton, and G. Young. 1998. Positive-outcome bias and other limitations in the outcome research abstracts submitted to a scientific meeting. *Journal of the American Medical Association* 280: 254-57.

Campbell, E., B. Clarridge, M. Gokhale, L. Birenbaum, S. Hilgartner, N. Holtzman, and D. Blumenthal. 2002. Data withholding in academic genetics: Evidence from a national survey. *Journal of the American Medical Association* 287: 473-80.

Cardelli, J. 1994. Confronting the issues and concerns facing non-faculty (softmoney) astronomers. http://www.astronomy.villanova.edu/faculty/ara/ara_art.htm (accessed May 9, 2006).

Carey, B. 2004. Long after Kinsey, only the brave study sex. *New York Times* (November 9, 2004): A1.

Carnap, R. 1950. Empiricism, semantics, and ontology. *Revue Internationale de Philosophie* 4: 20-40.

Carnegie Foundation. 2000. The 2000 Carnegie classification: Background and description. http://www.carnegiefoundation.org/classifications/index.asp?key=785 (accessed May 12, 2006).

Celera. 2003. Our history. http://www.celera.com/celera/history (accessed May 12, 2006).

Cho, M., and L. Bero. 1996. Quality of drug studies published in symposium proceedings. *Annals of Internal Medicine* 124: 485-89.

Cho, M., R. Shohara, A. Schissel, and D. Rennie. 2000. Policies on faculty conflicts of interest at U.S. universities. *Journal of the American Medical Association* 284: 2203-08.

Chubin, D., and E. Hackett. 1990. *Peerless science*. Albany, NY: SUNY Press.

Churchland, P., and C. Hooker. 1985. *Images of science: Essays on realism and empiricism*. Chicago: University of Chicago Press.

Clery, D. 2004. Mixed week for open access in the U.K. *Science* 306: 1115.

ClinicalTrials. gov. 2006. About ClinicalTrials. gov. http://clinicaltrials. gov/ (accessed May 9, 2006).

Cohen, J. 1994. U. S.-French patent dispute heads for showdown. *Science* 265: 23-25.

——. 2003. Earmark draws criticism, creates confusion. *Science* 302: 1639-40.

Cohen, S., and H. Boyer. 1980. Process for producing biologically functional molecular chimeras. U. S. Patent 4: 237, 224.

Collins, F., and V. McKusick. 2001. Implications of the human genome project for medical science. *Journal of the American Medical Association* 285: 540-44.

Collins, F., M. Morgan, and A. Patrinos. 2003. The human genome project: Lessons from large-scale biology. *Science* 300: 286-90.

Committee on Publication Ethics. 2005. A code of conduct for editors of biomedical journals. http://www. publicationethics. org. uk/guidelines/code (accessed November 15, 2005).

Congressional Budget Office. 2003. The long-term implications of current defense plans: Summary update for fiscal year 2004. http://www. cbo. gov/ showdoc. cfm? index? 4449&sequence=0#pt3 (accessed May 12, 2006).

Couzin, J. 2004. Legislators propose a registry to track clinical trials from start to finish. *Science* 305: 1695.

Curd, M., and J. Cover, eds. 1998. *Philosophy of science*. NewYork: W. W. Norton.

Daley, G. 2004. Missed opportunities in embryonic stem-cell research. *New England Journal of Medicine* 351: 627-28.

Dalton, R. 2001. Peers under pressure. *Nature* 413: 102-4.

Dana, J., and G. Loewenstein. 2003. A social science perspective on gifts to physicians from industry. *Journal of the American Medical Association* 290: 252-55.

Davidson, R. 1986. Source of funding and outcome of clinical trials. *Journal of General Internal Medicine* 1: 155-58.

Davis, M. 1982. Conflict of interest. *Business and professional ethics journal* 1

(4): 17-27.

Davis, R., and M. Mullner. 2002. Editorial independence at medical journals owned by professional associations: A survey of editors. *Science and Engineering Ethics* 8: 513-28.

Daubert v. Merrell Dow Pharmaceuticals. 509 U. S. 579 (1993).

De Angelis, C. 2000. Conflict of interest and the public trust. *Journal of the American Medical Association* 284: 2237-38.

De Angelis, C., J. Drazen, F. Frizelle, C. Haug, J. Hoey, R. Horton, S. Kotzin, C. Laine, A. Marusic, A. Overbeke, T. Schroeder, H. Sox, and M. Van Der Weyden. 2004. Clinical trial registration: A statement from the international committee of medical journal editors. *New England Journal of Medicine* 351: 1250-51.

Demaine, L., and A. Fellmeth. 2002. Reinventing the double helix: A novel and nonobvious reconceptualization of the biotechnology patent. *Stanford Law Review* 55: 303-462.

——. 2003. Natural substances and patentable inventions. *Science* 300: 1375-1376.

Derwent Information. 2001. Frequently asked questions. http://www.derwent.com/ (accessed May 12, 2006).

Dewey, J. 1910. *The influence of Darwin on philosophy and other essays in contemporary thought.* New York: Henry Holt and Company.

Diamond v. Diehr. 450 U. S. 175 (1981).

Diamond v. Chakrabarty. 447 U. S. 303 (1980).

Dickersin, K., and D. Rennie. 2003. Registering clinical trials. *Journal of the American Medical Association* 290: 516-23.

Doll, J. 1998. The patenting of DNA. *Science* 280: 689-90.

Drazen, J., and G. Curfman. 2002. Financial associations of authors. *New England Journal of Medicine* 346: 1901-2.

Dresser, R. 2001. *When science offers salvation: Patient advocacy and research ethics.* New York: Oxford University Press.

Ducor, P. 2000. Coauthorship and coinventorship. *Science* 289: 873-74.

Dupré, J. 1993. *The disorder of things: Metaphysical foundations of the disunity of science*. Cambridge: Cambridge University Press.

Easterbrook, P., J. Berlin, R. Gopalan, and D. Matthews. 1991. Publication bias in clinical research. *Lancet* 337: 867-72.

Eisenberg, R. 2003. Patent swords and shields. *Science* 299: 1018-19.

Emanuel, E., and F. Miller. 2001. The ethics of placebo-controlled trials—A middle ground. *New England Journal of Medicine* 345: 915-19.

Emanuel, E., R. Crouch, J. Arras, J. Moreno, and C. Grady, eds. 2004. *Ethical and regulatory aspects of clinical research*. Baltimore, MD: Johns Hopkins University Press.

Environmental Protection Agency (EPA). 1994. Setting the record straight: Secondhand smoke is a preventable health risk. http://www.epa.gov/smokefree/pubs/strsfs.html (accessed November 9, 2005).

FDA (Food and Drug Administration). 1999. Financial disclosure by clinical investigators. 21 Code of Federal Regulations 54.1-54.6.

———. 2002. FY 2002 PDUFA financial report. http://www.fda.gov/oc/pdufa/finreport2002/financial-fy2002.html (accessed November 17, 2003).

Feist Publications Inc. v. Rural Telephone Service. 499 U.S. 340(1991).

Fine, A. 1996. *The shaky game: Einstein, realism, and quantum mechanics*. Chicago: University of Chicago Press.

Flanagin, A., L. Carey, P. Fontanarosa, S. Phillips, B. Pace, G. Lundberg, D. Rennie. 1998. Prevalence of articles with honorary and ghost authors in peer-reviewed medical journals. *Journal of the American Medical Association* 280: 222-24.

Fletcher, R., and S. Fletcher. 1997. Evidence for the effectiveness of peer review. *Science and Engineering Ethics* 3: 35-50.

Foerstel, H. 1993. *Secret science: Federal control of American science and technology*. New York: Praeger Publishers.

Food and Drug Administration. See FDA.

Foster, F., and R. Shook. 1993. *Patents, copyrights, and trademarks*. 2nd ed.

New York: John Wiley and Sons.

Francisco, A. 2002. Drug development for neglected diseases. *The Lancet* 360: 1102.

Friedberg, M., B. Saffran, T. Stinson, W. Nelson, and C. Bennett. 1999. Evaluation of conflict of interest in new drugs used in oncology. *Journal of the American Medical Association* 282: 1453–57.

Gelijns, A., and S. Their. 2002. Medical innovation and institutional interdependence: Rethinking university-industry connections. *Journal of the American Medical Association* 287: 72–77.

Gibbs, W. 1996. The price of silence: Does profit-minded secrecy retard scientific progress? *Scientific American* 275 (5): 15–16.

Gibbard, A. 1990. *Wise choices, apt feelings*. Cambridge, MA: Harvard University Press.

Giere, R. 1988. *Explaining science*. Chicago: University of Chicago Press.

———. 2004. *Understanding scientific reasoning*. 4th ed. Belmont, CA: Wadsworth.

Goldhammer, A. 2001. Current issues in clinical research and the development of new pharmaceuticals. *Accountability in Research* 8: 283–92.

Goldman, A. 1986. *Epistemology and cognition*. Cambridge, CA: Harvard University Press.

———. 1999. *Knowledge in social world*. Oxford: Oxford University Press.

Goozner, M. 2004. *The $800 million pill*. Berkeley: University of California Press.

Grassler, F., and M. Capria. 2003. Patent pooling: Uncorking a technology transfer bottleneck and creating value in the biomedical research field. *Journal of Commercial Biotechnology* 9 (2): 111–19.

Green, R. 2001. *The human embryo research debates: Bioethics in the vortex of controversy*. New York: Oxford University Press.

Greenberg, D. 2001. *Science, money, and politics*. Chicago: University of Chicago Press.

Gregory, C., S. Morrissey, and J. Drazen. 2003. Notice of duplicate publication. *New England Journal of Medicine* 348: 2254.

Guenin, L. 1996. Norms for patents concerning human and other life forms. *Theoretical Medicine* 17: 279-314.

Guston, D. 2000. *Between politics and science*. Cambridge: Cambridge University Press.

Gutmann, A., and D. Thompson. 1996. *Democracy and disagreement*. Cambridge, MA: Harvard University Press.

Haack, S. 2003. *Defending science within reason*. New York: Prometheus Books.

Hacking, I. 2001. *The social construction of what?* Cambridge, MA: Harvard University Press.

Hall, H., and R. Ziedonis. 2001. The patent paradox revisited: An empirical study of patenting in the U. S. semiconductor industry. *Rand Journal of Economics* 32: 101-28.

Hamilton, R. 2000. *The law of corporations*. 5th ed. St. Paul, MN: West Publishing.

Harding, S. 1986. *The science question in feminism*. Ithaca, NY: Cornell University Press.

Harris, G. 2004. New York state official sues drug maker over test data. *New York Times* (June 3, 2004): A1.

Harvard University Medical School. 1999. Authorship guidelines. http://www.hms.harvard.edu/integrity/authorship.html (accessed May 12, 2006).

Haskins, C. 1957. *The rise of universities*. Ithica, NY: Cornell University Press.

Heller, M., and R. Eisenberg. 1998. Can patents deter innovation? The anticommons in biomedical research. *Science* 280: 698-701.

Hilts, P. 1997. Researcher profited after study by investing in cold treatment. *The New York Times* (February 1, 1997): A6.

Holden, C., and G. Vogel. 2002. "Show us the cells," U. S. researchers say.

Science 297: 923-25.

Honderich, T. ed. 1995. *The Oxford companion to philosophy*. New York: Oxford University Press.

Hull, D. 1988. *Science as a process*. Chicago: University of Chicago Press.

Human Genome Project (HGP). 2003a. History of the Human Genome Project. http://www.ornl.gov/TechResources/Human_Genome/project/hgp.html (accessed May 12, 2006).

——. 2003b. Ethical, legal, and social issues. http://www.ornl.gov/TechResources/Human_Genome/elsi/elsi.html (accessed May 12, 2006).

Hume, D. 1748. *An enquiry concerning human understanding*. Indianapolis: Hackett, 1993.

Huth, E. 1986. Irresponsible authorship and wasteful publication. *Annals of Internal Medicine* 104: 257-59.

——. 2000. Repetitive and divided publication. In *Ethical issues in biomedical publication*, ed. A. Jones and F. McLellan, 112-36. Baltimore, MD: Johns Hopkins University Press.

ICMJE (International Committee of Medical Journal Editors). 2005. Uniform requirements for manuscripts submitted to biomedical journals. http://www.icmje.org/index.html (accessed May 12, 2006).

Institute of Medicine. 2005. *Complementary and alternative medicine in the United States*. Washington, DC: National Academy Press.

International Committee of Medical Journal Editors. *See* ICMJE.

International Standard Randomized Controlled Trial Number. *See* ISRCTN.

Iribarne, A. 2003. Orphan diseases and adoptive initiatives. *Journal of the American Medical Association* 290: 116.

ISRCTN (International Standard Randomized Controlled Trial Number). 2003. Why register trials? http://controlled-trials.com/isrctn/why_register.asp (accessed May 12, 2006).

Jaffe, A. 1996. Patterns and trends of research and development expenditures in the United States. *Proceedings of the National Academy of Sciences*. 93:

12658-63.

Jaffe, A., and J. Lerner. 2004. *Innovation and its discontents*. Princeton, NJ: Princeton University Press.

JAMA (*Journal of the American Medical Association*). 2003. Authorship requirements. http://jama.ama-assn.org/ifora_current.dtl (accessed May 12, 2006).

JAMA Editors. 1999. *JAMA* and editorial independence. *Journal of the American Medical Association* 281, 460.

James, W. 1898. *The will to believe*. New York: Dover, 1956.

Jones, A. 2000. Changing traditions of authorship. In *Ethical issues in biomedical publication*, ed. A. Jones and F. McLellan, 3-29. Baltimore, MD: Johns Hopkins University Press.

Journal of the American Medical Association. See JAMA

Kaiser, J. 1999. Plan for divulging raw data eases fears. *Science* 283: 914-15.

———. 2003. NIH roiled by inquiries over grants hit list. *Science* 302: 758.

———. 2004a. Senators probe alleged financial conflicts at NIH. *Science* 303: 603-604.

———. 2004b. Conflict of interest: Report suggests NIH weigh consulting ban. *Science* 305: 1090.

———. 2004c. House votes to kill grants, limit travel to meetings. *Science* 305: 1688.

Kant, I. 1753. *Grounding for the metaphysics of morals*. Trans. J. Ellington. Indianapolis: Hackett, 1981.

———. 1787. *Critique of pure reason*. Trans. N. Smith. New York: Macmillan, 1985.

Karp, J. 1991. Experimental use as patent infringement: The impropriety of broad exemption. *Yale Law Journal* 100: 2169-88.

Kassirer, J. 1999. Editorial independence. *The New England Journal of Medicine* 340: 1671-72.

———. 2004. Why should we swallow what these studies say? *The Washington Post* (August 1, 2004): B3.

Kealey, T. 1997. *The economic laws of scientific research*. New York: Macmillan.

Kerr, C. 2001. *The uses of the university*, 5th ed. Cambridge, MA: Harvard University Press.

Kim, S., R. Millard, P. Nisbet, C. Cox, and E. Caine. 2004. Potential research participants' views regarding researcher and institutional financial conflicts of interest. *Journal of Medical Ethics* 30: 73–79.

Kintisch, E. 2005. Researcher faces prison for fraud in NIH grant applications and papers. *Science* 307: 1851.

Kitcher, P. 1993. *The advancement of science*. New York: Oxford University Press.

——. 2001. *Science, truth, and democracy*. New York: Oxford University Press.

Klee, R. 1997. *Introduction to the philosophy of science*. New York: Oxford University Press.

Knorr-Cetina, K. 1981. *The manufacture of knowledge*. Oxford: Pergamon Press.

Krimsky, S. 2003. *Science in the private interest*. Lanham, MD: Rowman and Littlefield.

Krimsky, S., L. Rothenberg, P. Stott, and G. Kyle. 1996. Financial interests of authors in scientific journals: A pilot study of 14 publications. *Science and Engineering Ethics* 2: 395–420.

Kuhn, T. 1970. *The structure of scientific revolutions*. 2nd ed. Chicago: University of Chicago Press. (1st ed. 1962.)

——. 1977. *The essential tension*. Chicago: University of Chicago Press.

LaFollette, M. 1992. *Stealing into print*. Berkeley: University of California Press.

Laudan, L. 1984. *Science and values*. Berkeley: University of California Press.

Latour, B., and S. Woolgar. 1986. *The social construction of facts*. Princeton, NJ: Princeton University Press.

Lawler, A. 2004. Harvard enters stem cell fray. *Science* 303: 1453.

Leshner, A. 2003. Don't let ideology trump science. *Science* 302: 1479.

Lexchin, J., L. Bero, B. Djulbegovic, and O. Clark. 2003. Pharmaceutical industry sponsorship and research outcome and quality: Systematic review. *British Medical Journal* 326: 1167–70.

Lidz, C., and P. Appelbaum. 2002. The therapeutic misconception: Problems and solutions. *Medical Care* 40 (9 Suppl): V55–63.

Lo, B., L. Wolf, and A. Berkeley. 2000. Conflict of interest policies for investigators in clinical trials. *New England Journal of Medicine* 343: 1616–20.

Locke, J. 1690. *An essay concerning human understanding*. New York: Prometheus Books, 1994.

Lockwood, A. 2004. Human testing of pesticides: Ethical and scientific considerations. *American Journal of Public Health* 94: 1908–16.

Longino, H. 1990. *Science as social knowledge*. Princeton, NJ: University of Princeton Press.

Lycan, W. 1988. *Judgment and justification*. Cambridge: Cambridge University Press.

MacIlwain, C. 1999. Scientists fight for right to withhold data. *Nature* 397: 459.

Madey v. Duke University. 307 F. 3d 1351 (2002).

Magnus, D., A. Caplan, and G. McGee, eds. 2002. *Who Owns Life?* Amherst, NY: Prometheus Books.

Malakoff, D. 2003. Opening the books on open access. *Science* 302: 550–54.

———. 2004. 2005 budget makes flat a virtue. *Science* 303: 748–50.

Marshall, E. 1999a. Two former grad students sue over alleged misuses of ideas. *Science* 284: 562–63.

———. 1999b. Universities balk at OMB funding rules. *Science* 278: 1007.

———. 2001a. Sharing the glory, not the credit. *Science* 291: 1189–93.

———. 2001b. Testing time for missile defense. *Science* 293: 1750–52.

———. 2001c. Gene therapy in trial. *Science* 288: 951–54.

———. 2001d. Appeals court clears way for academic suits. *Science* 293: 411–12.

Martin, B. 1995. Against intellectual property. *Philosophy and Social Action* 21 (3): 7–22.

May, R. 1999. The scientific investment of nations. *Science* 281: 49–55.

Mayo, D. 1996. *Error and the growth of experimental knowledge.* Chicago: University of Chicago Press.

Mayr, E. 1982. *The growth of biological thought.* Cambridge, MA: Harvard University Press.

McCrary, V., C. Anderson, J. Jakovljevic, T. Khan, L. McCullough, N. Wray, and B. Brody. 2000. A national survey of policies on disclosure of conflicts of interest in biomedical research. *New England Journal of Medicine* 343: 1621–26.

McLellan, F. 2000. Ethics in cyberspace: The challenges of electronic scientific publication. In *Ethical issues in biomedical publication*, ed. A. Jones and F. McLellan, 166–95. Baltimore, MD: Johns Hopkins University Press.

McPherson, M., and M. Schapior. 2003. Funding roller coaster for public higher education. *Science* 302: 1157.

Meadows, J. 1992. *The great scientists.* New York: Oxford University Press.

Merges, R., and R. Nelson. 1990. On the complex economics of patent scope. *Columbia Law Review* 90, 839–916.

Merton, R. 1938. Science and the social order. *Philosophy of Science* 5: 321–37.

———. 1973. *The sociology of science.* Chicago: University of Chicago Press.

———. 2000. Letter to David B. Resnik, February 5, 2000.

Miller, A., and M. Davis. 2000. *Intellectual property.* St. Paul, MN: West Publishing.

Miller, T., and C. Horowitz. 2000. Disclosing doctors' incentives: Will consumers understand and value the information? *Health Affairs* 19: 149–55.

Moore v. Regents of the University of California. 793 P. 2d 479 (Cal. 1990).

Morin, K. 1998. The standard of disclosure in human subject experimentation. *Journal of Legal Medicine* 19: 157–221.

Morin, K. , H. Rakatansky, F. Riddick Jr, L. Morse, and J. O'Bannon Ⅲ, M. Goldrich, P. Ray, M. Weiss, R. Sade, and M. Spillman. 2002. Managing conflict of interest in the conduct of clinical trials. *Journal of the American Medical Association* 287: 78-84.

Moses, H. , E. Dorsey, D. Matheson, and S. Their. 2005. Financial anatomy of biomedical research. *Journal of the American Medical Association* 294: 1333-42.

Moses, H. , and B. Martin. 2001. Academic relationships with industry: A new model for research. *Journal of the American Medical Association* 285: 933-35.

Murphy, D. 2004. Defying Bush administration, voters in California approve $3 billion for stem cell research. *New York Times* (November 5, 2004): A1.

Murphy, J. 2000. Expert witnesses at trial: Where are the ethics? *The Georgetown Journal of Legal Ethics* 14 (1): 217-239.

National Academy of Sciences (NAS). 1992. *Responsible science*. Washington, DC: National Academy Press.

——. 1995. *On being a scientist*. 2nd ed. http://www.nap.edu/readingroom/books/obas/ (accessed May 12, 2006).

——. 1997. *Advisor, teacher, role model, friend: On being a mentor to students in science and engineering*. Washington: NAS.

——. 2002. *Integrity in science*. Washington, DC: National Academy Press.

National Center for Biotechnology Information. *See* NCBI.

National Human Research Protections Advisory Committee. 2001. Draft interim guidance: Financial relationships in clinical research. http://www.hhs.gov/ohrp/nhrpac/mtg12-00/finguid.htm (accessed May 13, 2006).

National Institutes of Health. *See* NIH.

National Research Council. 1996. *Guide for the care and use of laboratory animals*. Washington, DC: National Academy Press.

National Science Foundation. *See* NSF.

NCBI (National Center for Biotechnology Information). 2003. GenBank Overview. http://www.ncbi.nlm.nih.gov/Genbank/ (accessed May 12, 2006).

NEJM (*New England Journal of Medicine*). 2003. Information for authors. http://www.nejm.org/general/text/InfoAuth.htm#Conflict (accessed May 13, 2006).

Newton-Smith, W. 1981. *The rationality of science*. New York: Routledge.

NIH. 1992. Guidelines for the conduct of research in the intramural programs at the NIH. Available at http://www.nih.gov/news/irnews/guidelines.htm#anchor128256 (accessed May 13, 2006).

——. 2002. Statement on sharing research data. http://grants1.nih.gov/grants/guide/notice-files/NOT-OD-02-035.html (accessed May 13, 2006).

——. 2005. Conflict of interest information and resources. http://www.nih.gov/about/ethics_COI.htm (accessed May 13, 2006).

North Carolina Biotechnology Center. 2004. About us. http://www.ncbiotech.org/aboutus/aboutus.cfm (accessed May 13, 2006).

NSF (National Science Foundation). 2002. *Science and engineering indicators*. http://www.nsf.gov/statistics/seind02/ (accessed May 13, 2006).

Odlyzko, A. 1995. Tragic loss or good riddance? The impending demise of traditional scholarly journals. In *Electronic publishing confronts academia: The agenda for the year 2000*, ed. R. Peek and G. Newby, 71-122. Cambridge, MA: MIT Press.

Office of Research Integrity (ORI). 1998. Scientific Misconduct Investigations, 1993-1997. http://ori.dhhs.gov/documents/misconduct_investigations_1993_1997.pdf (accessed May 13, 2006).

Office of Science and Technology Policy. 2000. Federal Research Misconduct Policy. *Federal Register* 65 (235): 76260-64.

Olivieri, N. 2003. Patients' health or company profits? The commercialization of academic research. *Science and Engineering Ethics* 9: 29-41.

Olson, C., D. Rennie, D. Cook, K. Dickersin, A. Flanagin, J. Hogan, Q. Zhu, J. Reiling, and B. Pace. 2002. Publication bias in editorial decision making. *Journal of the American Medical Association* 287: 2825-28.

Patton, P. 1995. Exposing the black budget. *Wired Magazine* (November

1995). http://wired.com/wired/archive/3.11/patton.html (accessed May 13, 2006).

Peirce, C. 1940. *Philosophical writings.* New York: Dover, 1955.

Pennock, R. 1996. Inappropriate authorship in collaborative scientific research. *Public Affairs Quarterly* 10: 379-93.

Pharmaceutical Research and Manufacturers of America (PhRMA). 2003. Research and development. http://www.phrma.org/index.php?option?com_content&task=view&id=123&Itemid=109&cat=Research+and+Development (accessed May 13, 2006).

PHS. *See* Public Health Service.

Pickering, A. 1992. *Science as practice and culture.* Chicago: University of Chicago Press.

Pollack, A. 2002. Genome pioneer will start center of his own. *The New York Times* (August 16, 2002): C1.

Popper, K. 1959. *The logic of scientific discovery.* New York: Routledge.

President's Council on Bioethics. 2002. *Human cloning and human dignity: An ethical inquiry.* http://www.bioethics.gov/reports/cloningreport/index.html (accessed May 13, 2006).

Press, E., and J. Washburn. 2000. The kept university. *The Atlantic Monthly.* v285 n3 p39-42, 44-52, 54 Mar 2000. http://www.theatlantic.com/issues/2000/03/press.htm (accessed May 7, 2006).

Public Health Service (PHS). 1995. Objectivity in research. *Federal Register* 60,132: 35810-19.

Pulley, J. 2002. U. of Arkansas receives $300-million pledge, the largest ever to a public college. *Chronicle of Higher Education* 48(33): A32.

Quine, W. 1961. *Word and object.* Cambridge. MA: MIT Press.

———. 1977. *Ontological relativity and other essays.* New York: Columbia University Press.

———. 1986. *Theories and things.* Cambridge, MA: Harvard University Press.

Quine, W., and J. Ullian. 1978. *The web of belief.* 2nd ed. New York:

Random House.

Rawls, J. 1993. *Political liberalism*. New York: Columbia University Press.

Relman, A. 1999. The NIH "E-biomed" proposal: A potential threat to the evaluation and orderly dissemination of new clinical studies. *New England Journal of Medicine* 340: 1828-29.

Rennie, D. 1999. Fair conduct and fair reporting of clinical trials. *Journal of the American Medical Association* 282: 1766-68.

———. 2000. Improving the conduct and reporting of clinical trials. *Journal of the American Medical Association* 283: 2787-90.

Rennie, D., V. Yank, and L. Emanuel. 1997. When authorship fails: A proposal to make authors more accountable. *Journal of the American Medical Association* 278: 579-85.

Resnik, D. 1992a. Are methodological rules hypothetical imperatives? *Philosophy of Science* 59: 498-507.

———. 1992b. The fittingness theory of truth. *Philosophical Studies* 68: 95-101.

———. 1993. Do scientific aims justify methodological rules? *Erkenntnis* 39: 223-32.

———. 1996. Data falsification in clinical trials. *Science Communication* 18(1): 49-58.

———. 1997. A proposal for a new system of credit allocation in science. *Science and Engineering Ethics* 3: 237-44.

———. 1998a. *The ethics of science*. New York: Routledge.

———. 1998b. The ethics of HIV research in developing nations. *Bioethics* 12: 285-306.

———. 1998c. Conflicts of interest in science. *Perspectives on Science* 6: 381-408.

———. 2000a. Financial interests and research bias. *Perspectives on Science* 8: 255-85.

———. 2000b. Statistics, ethics, and research: An agenda for education and reform. *Accountability in Research* 8: 163-88.

———. 2001a. Setting biomedical research priorities: Justice, science, and public participation. *Kennedy Institute for Ethics Journal* 11: 181-205.

——. 2001b. DNA patents and scientific discovery and innovation: Assessing benefits and risks. *Science and Engineering Ethics* 7: 29–62.

——. 2001c. Developing drugs for the developing world: An economic, legal, moral, and political dilemma. *Developing World Bioethics* 1: 11–32.

——. 2003a. Are DNA patents bad for medicine? *Health Policy* 65: 181–97.

——. 2003b. From Baltimore to Bell Labs: Reflections on two decades of debate about scientific misconduct. *Accountability in Research* 10: 123–35.

——. 2003c. A pluralistic account of intellectual property. *Journal of Business Ethics* 46: 319–35.

——. 2003d. Patents and the research exemption. *Science* 299: 821–22.

——. 2003e. Setting biomedical research priorities in the twenty-first century. *Virtual Mentor* 5: 7. http://www.ama-assn.org/ama/pub/category/10571.html (accessed May 14, 2006).

——. 2003f. Strengthening the United States' database protection laws: Balancing public access and private control. *Science and Engineering Ethics* 9: 301–18.

——. 2003g. A biotechnology patent pool: An idea whose time has come? *The Journal of Philosophy, Science, and Law* 3 (January 2003). http://www.miami.edu/ethics/jpsl/archives/papers/biotechPatent.html (accessed May 14, 2006).

——. 2004a. The distribution of biomedical research resources and international justice. *Developing World Bioethics* 4: 42–57.

——. 2004b. Disclosing financial interests to research subjects: Ethical and legal Issues. *Accountability in Research* 11: 141–59.

——. 2004c. *Owning the genome*. Albany, NY: SUNY Press.

——. 2004d. Liability for institutional review boards: From regulation to litigation. *Journal of Legal Medicine* 25: 131–84.

Resnik, D., and A. Shamoo. 2002. Conflict of interest and the university. *Accountability in Research* 9: 45–64.

Roberts, L. 2001. Controversial from the start. *Science* 291: 1182–88.

Rochon, P., J. Gurwitz, R. Simms, P. Fortin, D. Felson, K. Minaker, and T. Chalmers. 1994. A study of manufacturer-supported trials of non-steroidal anti-inflammatory drugs in the treatment of arthritis. *Archives of Internal Medicine* 154: 157 - 63.

Rosenberg, A. 1988. *Philosophy of social science*. Boulder, CO: Westview Press.

———. 2000. *Philosophy of science*. New York: Routledge.

Rowen, L., G. Wong, R. Lane, and L. Hood. 2001. Publication rights in the era of open data release policies. *Science* 289: 1881 - 82.

Salary.com. 2003. www.salary.com (accessed May 14, 2006).

Sanders, S., and J. Reinisch. 1999. What would you say if ...? *Journal of the American Medical Association* 281: 275 - 77.

Schaffner, K. 1986. Ethical problems in clinical trials. *Journal of Medicine and Philosophy* 11: 297 - 315.

Scheffler, I. 1967. *Science and subjectivity*. Indianapolis: Bobbs-Merrill.

Schwartz, L. 2002. Media coverage of scientific meetings: Too much, too soon? *Journal of the American Medical Association* 287: 2859 - 63.

Science. 2003. Patent factories. *Science* 299: 1511.

Service, R. 2000. Can Celera do it again? *Science* 287: 2136 - 38.

Shamoo, A., and D. Resnik. 2003. *Responsible conduct of research*. New York: Oxford University Press.

Shimm, D., R. Spece, M. DiGregorio. 1996. Conflicts of interest in relationships between physicians and the pharmaceutical industry. In *Conflicts of Interest in Clinical Practice and Research*, ed. D. Shimm, R. Spece, and A. Buchanan, 321 - 60. New York: Oxford University Press.

Schrader-Frechette, K. 1994. *The ethics of scientific research*. Lanham, MD: Rowman and Littlefield.

Simes, R. 1986. Publication bias: The case for an international registry of clinical trials. *Journal of Clinical Oncology* 4: 1529 - 41.

Smith, K. 1997. CU, profs to get $45 million. *The Denver Post* (July 8,

1997): A1.

Solomon, M. 2001. *Social empiricism*. Cambridge, MA: MIT Press.

Stelfox, H., G. Chua, K. O'Rourke, and A. Detsky. 1998. Conflict of interest in the debate over calcium channel antagonists. *New England Journal of Medicine* 338: 101–6.

Steneck, N. 2000. Assessing the integrity of publicly funded research. In *Proceedings for the Office of Research Integrity's conference on research on research integrity*, 1–16. Washington, DC: Office of Research Integrity.

———. 2004. *ORI introduction to responsible conduct of research*. Washington: Office of Research Integrity.

Strom, S. 2002. Universities report record in private contributions. *New York Times* (March 22, 2002): A14.

Studdert, D., M. Mello, and T. Brennan. 2004. Financial conflicts of interest in physicians' relationships with the pharmaceutical industry—Self-regulation in the shadow of federal prosecution. *New England Journal of Medicine* 351: 1891–900.

Svatos, M. 1996. Biotechnology and the utilitarian argument for patents. *Social Philosophy and Policy* 13: 113–44.

Swazey, J., M. Anderson, and K. Lewis. 1993. Ethical problems in academic research. *American Scientist* 81: 542–53.

Tauer, C. 2002. Central ethical dilemmas in research involving children. *Accountability in Research* 9: 127–42.

Taylor, R., and J. Giles. 2005. Cash interests taint drug advice. *Nature* 437: 1070–71.

Teitelman, R. 1994. *The profits of science*. New York: Basic Books.

Thagard, P. 1992. *Conceptual revolutions*. Princeton, NJ: Princeton University Press.

Thompson, D. 1993. Understanding financial conflicts of interest. *New England Journal of Medicine* 329: 573–76.

Thomsen, M., and D. Resnik. 1995. The effectiveness of the erratum in avoiding

error propagation in physics. *Science and Engineering Ethics* 1: 231–40.
Thomson, J., J. Itskovitz-Eldor, S. Shapiro, M. Waknitz, J. Swiergiel, V. Marshall, and J. Jones. 1998. Embryonic stem cell lines derived from human blastocysts. *Science* 282: 1145–47.
Thursby, J., and M. Thursby. 2003. University licensing and the Bayh-Dole Act. *Science* 301: 1052.
University of Louisville. 2002. Faculty salary analysis. http://institutionalresearch.louisville.edu/files/ir/facsalary/fs200001.pdf (accessed May 13, 2006).
U. S. Census Bureau. 2003. Median income for four-person families, by state. http://www.census.gov/hhes/income/4person.html (accessed May 14, 2006).
U. S. Congress, Committee on Government Operations. 1990. Are scientific misconduct and conflicts of interest hazardous to our health? Report 101–688. Washington: U. S. Government Printing Office.
U. S. Constitution. 1787. Article 1, Section 8, Clause 8.
U. S. Patent Act. 1995. 35 United States Code 101.
U. S. Patent and Trademark Office (USPTO). 2003. Glossary. http://www.uspto.gov/main/glossary/index.html#cfr (accessed May 14, 2006).
Van Fraassen, B. 1980. *The scientific image*. Oxford: Clarendon Press.
Wadman M. 2004. NIH head stands firm over plans for open access. *Nature* 432: 424.
Webster's Ninth New Collegiate Dictionary. 1983. Springfield, MA: Merriam-Webster Inc.
Weiss, R. 2005. Bioethics council head to step down. *Washington Post* (September 9, 2005): A6.
Weissman, P. 2002. Stem cells—Scientific, medical, and political issues. *New England Journal of Medicine* 346: 1576–79.
Whittington, C., T. Kendall, P. Fonagy, D. Cottrell, A. Cotgrove, and E. Boddington. 2004. Selective serotonin reuptake inhibitors in childhood depression: Systematic review of published versus unpublished data. *The*

Lancet 363: 1341-45.

Wible, J. 1998. *The economics of science*. New York: Routledge.

Wilcox, L. 1998. Authorship: The coin of the realm, the source of complaints. *Journal of the American Medical Association* 280: 216-17.

Williams, T. 1987. *The history of invention*. New York: Facts on File Publications.

Willman, D. 2003. Stealth merger: Drug companies and government medical research. *Los Angeles Times* (December 7, 2003): A1.

Wittgenstein, L. 1953. *Philosophical investigations*. Trans. G. Anscombe. New York: MacMillan.

Wolfe, S. 2003. Interview with Sidney Wolfe. Frontline. Public Broadcasting System. http://www.pbs.org/wgbh/pages/frontline/shows/prescription/interviews/wolfe.html (accessed May 14, 2006).

WordNet. 1997. http://dictionary.com (accessed May 14, 2006).

Ziman, J. 1968. *Public knowledge*. Cambridge: Cambridge University Press.

——. 2000. *Real science*. Cambridge: Cambridge University Press.

索 引

（索引中的页码为原著页码，检索时请查本书边码）

Accountability 责任 48,98,167
Adverse events 不良事件 24
Advocacy groups 游说集团 177-178
ALLHAT study 预防心脏病的降压降脂治疗方法试验研究 173-174
American Chemistry Society 美国化学学会 102
American Cyanamid 美国氰胺公司 97
American Medical Association 美国医学会 106
Animal research subjects 动物研究对象 117-118,125
Anti-realism 反实在论 65,66
Apotex Inc. 奥贝泰克公司 19-20, 77,99,113,118,154
Aristotle 亚里士多德 67,83
Association of American Medical Colleges 美国医学院协会 112,131

Association of American Universities 美国大学协会 112,131-132,135
Authorship 署名权 95-99,145,166-168,190
　ghost 幽灵作者 96-97
　honorary 名誉作者 96
Autonomy 自主权 121,145-146

Babbage, C. 巴贝奇,C. 85-86,92
Bacon, F. 弗朗西斯·培根 40
Barnes, B. 巴恩斯,B. 61
Bayh-Dole Act《拜杜法案》9
Bell Laboratories 贝尔实验室 85
Berkeley, G. 乔治·贝克莱 68
Bias 偏见,偏好,偏倚 7-8,23-28, 53,54,56,57,58,59,61,62,63,64, 75,76,78,82,83,86,88,103,104, 106,109-135,154-160,161,173,

188

Biotechnology Industry 生物技术产业 5,81,83,139,141,147-148

Blackburn, E. 伊丽莎白·布莱克本 30

Boots Pharmaceutical Inc. 博姿制药公司 18,118,154

Boulton, M. 博尔顿,M. 85

Boyer, H. 赫伯特·博耶 8

Boyle, R. 波义耳,R. 84

Boyer, H. 博耶,H. 8,139

Brady, D. 大卫·布雷迪 14

Brady, R. 雷切尔·布雷迪 14

Brahe, T. 第谷,T. 84

$BRCA_1$ and $BRCA_2$ genes 与遗传性乳腺癌相关的 $BRCA_1$ 基因和 $BRCA_2$ 基因 148

Brown University 布朗大学 19

Breuning, S. 史蒂文·布罗伊宁 91

Bush, G. W. G. W. 小布什 30, 175-176

Bush, V. 万尼瓦尔·布什 171

California 加州 176

Cambridge University 剑桥大学 100

Capitalism 资本主义 33

Caplan, A. 艾特·卡普兰 23

Carefulness 谨慎 45-46,88,116

Carnap, R. 卡尔纳普,R. 71

Carnegie Classification System 卡内基高等教育机构分类系统 181-182

Categories 范畴 69-70

Celera Genomics 塞莱拉基因组公司 15-18,164

Chitwood, R. 伦道夫·齐特伍德 14

Cholesterol-lowing drugs 降胆固醇药 94-95

Chou, J. 周娇妮 97

Clinical research 临床研究 11,21,23, 25,37,79-80,83,86,87-90,115, 121-122,126,129,134,158,173-174,190

enrollment fees 临床研究招募费 89,129,156,196

Clinical trial registration 临床试验注册 21,83,156,190

ClinicalTrails.gov 临床试验网 156

Clinton, W. 克林顿,W. 30,106,176

Cohen, S. 斯坦利·科恩 8,139

Coherence 一致性 49

Cold fusion 冷聚变 28,78,101,116, 118,157

Collins, F. 弗朗西斯·柯林斯 15

Commercialization 商业化 32-33

Committee on Publication Ethics 出版伦理委员会 107,169

Complementary and Alternative Medicine 补充和替代医学 180

Confidential disclosure agreements 机密信息披露协议 7,19,20,23,82,

117,154,190,195
Confidentiality 保密性 48,101
Conflict of commitment 责任冲突 115
Conflict of duty 义务冲突 115
Conflict of interest 利益冲突 23-28,
　　46,78,109-135,188,190
　　committees 利益冲突委员会 125,
　　　　130-131
　　definition of 利益冲突的定义 110-
　　　　114
　　disclosure of 利益冲突的披露 119-
　　　　123,130
　　firewalls 预防利益冲突的防火墙
　　　　131-133
　　institutional 机构性利益冲突 114,
　　　　130-135
　　management of 利益冲突管理 119,
　　　　123-130
　　policies 管理利益冲突的政策
　　　　120,133
　　prohibition of 禁止利益冲突 119,
　　　　123-130,133-135
Consistency 连贯性 49
Constructivism 建构主义 61,63-65,
　　66,67
Contract research organization 合同研
　　究组织 11,87,159
Contracts 合同,合约 9,82,83,117,
　　131,132,137,158,196
　　and grants 合同和基金 11-14,181

-185,190,191
Cooperative Research and Development
　　Agreements 合作研发协议 9,196
Copernicus, N. 哥白尼,N. 84
Copyrights 著作权 47,128,142-143
　　fair use 著作权的公平使用 143,151-
　　　　152
　　subject matter 著作权的对象问题
　　　　142-143,151
Cornell University 康奈尔大学 97
Credit 信誉 47,95-99,100,117,
　　160,161
Crick, F. 弗朗西斯·克里克 100
　　-101

Darse, J. 约翰·达西 91
Darwin, C. 达尔文,C. 84,101
Data 数据
　　access to 数据的获取 16,82,157,
　　　　158,162,163-166,179,190
　　analyzing 数据分析 45,92-95
　　collecting and recording 数据的收集
　　　　和记录 45,79-80,90-92
　　cooking 数据造假 86,87
　　fabrication or falsification of 数据捏
　　　　造或造假 43,45,86,88,90,91,
　　　　92,93-94,98,116,182
　　fudging 数据的篡改 86
　　interpreting 数据解读 45,92-95
　　objectivity of 数据的客观性 74

outliers 数据的极端值 93-94

sharing of 数据共享 7,16,46,41-42,82,99-104,116-117,148,164,165

storing 数据存储 45

support by 数据支持 49-50

theft of 数据的窃取 97

as a trade secret 作为商业秘密的数据 20,82

trimming 数据的修饰 86,92-94

Database 数据库 151,156,163-166,190

Daubert v. Merrill Dow Pharmaceuticals 多伯特诉梅里尔·道制药公司一案 49

Da Vinci, L. 列奥纳多·达·芬奇 100

Demas, A. 安东尼娅·德玛 97

Democracy 民主 41,46,55,56,75,105,194

DeNobel, V. 维克托·德诺贝尔 22-23,99

Desimone, J. 约瑟夫·德西蒙 14

Deoxyribonucleic acid(DNA) 脱氧核糖核酸 101,164

 cloning 克隆 139

 patents DNA 专利 146,149

 sequencing DNA 测序 14-18

 Test DNA 检测 148

Department of energy 美国能源部 15,174

Dewey, J. 约翰·杜威 70

Diamond v. Chakrabarty 戴尔芒德诉查克拉巴蒂一案 138-139

Dong, B. 贝蒂·董 18-19,92,103,118,154,155

Dresser, R. 丽贝卡·德雷瑟 177-178

Drug development 药品开发 80-81,86-87,94,147

Drug safety 药品安全 24-26,56,80,86-87,94,173

Duhem, P. 皮埃尔·迪昂 72

Duke University 杜克大学 14

Earmarking 专项资金 13,179-181,190

East Carolina University 东卡罗来纳州立大学 14

Education and training 教育和培训 191

Einstein, A. 爱因斯坦, A. 50,84

Embryonic stem cell research 胚胎干细胞研究 29-31,41,175-176

Emory University 埃默里大学 183

Empirical 经验性的

 critique 经验性评论 62,65

 equivalence 在经验上等价 72

 research 经验性研究 78

 support 经验性支持 49-50,72,119

Empiricism 经验主义 68,69,71

Environmental Protection Agency 美国环境保护署 105,173

Environmental research 环境研究 173,194-195

Epistemological 认识论的

　　goals 认识论目标 39,72

　　norms 认识论规范 49-51,60-61,118,187,193

Epistemology 认识论 54,67-73

Error 谬误/错误 45-46,90-91,98,101,104,105,110

Ethical, Social and Legal Issues 伦理、社会和法律问题 17-18

Ethical norms 伦理规范 23-24,45-49,187,195

Ethical problems 伦理问题 31-34,77-79,177-178,186,188

Experimental design 试验设计 85-88,105

Expert testimony 专家证词 49,57,58

Explanatory power 解释力 44

Exploitation 利用 26-27,119,164

Fairness 公平 47,98,125,143,160,164,165

Feist Publication Inc. V. Rural Telephone Service Company 菲斯特出版公司和乡村电话服务公司之间的纠纷 151

Financial interests 经济利益 6-8,22,23-28,33,34,53,57,78,87,88,89,90,91,93,95,96,97,102,105,106,109-135,147,159,160,169

　　affect on science 经济利益对科学的影响 7-8,31-32,78,91,107,108,109-110

Financial misconduct 经济不端 183-184

Fleischmann, M. 马丁·弗莱施曼 28,78,101,116,118

Food and Drug Administration 美国食品药品监督管理局 20,22,24,25-26,57,79-80,82,83,87,105,113-114,118,120,122,125,155,173,195

Franklin, R. 罗莎琳德·富兰克林 101

Fraud See Data fabrication and falsification 欺诈,见 Data fabrication and falsification

Freedom 自由 46,51,56,70,145-146

Freedom of Information Act《信息自由法案》179

Free market 自由市场 33

Galileo, G. 伽利略,G. 46,67

Gallo, R. 罗伯特·加洛 101,180

Gelsinger, J. 杰西·基辛格 23-24,78,89,113,119,121,131

GenBank 基因银行 16,157,164

Gene therapy 基因疗法 23

Genentech 基因泰克公司 141

Generality 一般性 50,72,89

Generic drugs 仿制药 18,80,147

Genes see Deoxyribonucleic acid 基因，见 Deoxyribonucleic acid

Genetic tests see Deoxyribonucleic acid tests 基因检测，见 Deoxyribonucleic acid tests

Genovo 吉诺沃公司 24,126

Geron Inc. 杰龙公司 31

Golde，D. 大卫·戈尔德 26-27

Greed 贪婪 31-32

Greenwich Observatory 格林尼治天文台 84

Gross Domestic Product 国民生产总值 5-6

Gutmann, A. 古特曼,A. 41,56

Harvard University 哈佛大学 10,14,31,91,167-168

Hegel, G. 黑格尔,G. 145-146

Honesty 诚实 43,44,45,49,50,57,58,86,88,90,92-94,103,116,119,160,167,182

Hooke, R. 虎克,R. 84

Hooker, J. 约翰·胡克 101

Hubble Telescope 哈勃望远镜 18,180

Human Genome Project 人类基因组计划 15-18,180

Human immunodeficiency virus(HIV) 人类免疫缺陷病毒 101,177,180

Human research subjects 人体受试者 87-90,101,117,121-122,126,129,134

Hume, D. 休谟,D. 69,71

Hunkapillar, M. 迈克尔·亨卡皮勒 15

Huth, E. 胡斯 159,161

Idealism 观念论 68-69,71,72,73

Inclusion/exclusion criteria 招募/排除标准 89

Indirect costs 间接花费 184

Informed Consent 知情同意 23-24,26-27,89,117,121-123

Institutional Review Board 机构审查委员会 24,87,88,114,122-123,125,129,132,195-196

Intellectual property 知识产权 47,97,99,100,102,114,116,128,130-135,136-153,188,190

justification of 知识产权的正当性 144-149

International Committee of Medical Journal Editors 国际医学杂志编辑委员会 21,83,97-98,157,160,169

International Human Genome Sequencing Consortium 国际人类基因组测序协作组 16

Inventors 发明人 98,100,137,138,145,147,149-150
Investigational New Drug Application 试验性新药申请 20

James, W. 威廉·詹姆斯 70
Journal of the American Medical Association《美国医学会杂志》18,106,166-167

Kant, I. 康德,I. 69-70,194
Kass, L. 里昂·卡斯 30
Kern, D. 大卫·克恩 19
Kinsey, A. 阿尔弗雷德·金赛 29
Kitcher, P. 菲利普·基切尔 38,53-54
Knorr-Cetina, K. 诺尔-塞蒂纳,R. 61
Knowledge 知识 39-40,46,61,68,79,152,189
Krimsky, S. 谢尔顿·克日姆斯基 32,79,100,152
Kuhn, T. 托马斯·库恩 40,59-61

LaFollette, M. 拉福莱特,M. 161
Language 语言 71,72,73
Latour, B. 拉图尔,B. 61
Legal liability 法律责任 81,91,182
Lewinsky, M. 莱温斯基,M. 106
Libertarianism 自由主义 144-146,152

Licenses 许可 9,11,137,141,142,148-149
Locke, J. 约翰·洛克 68,145
Longino, H. 海伦·朗基诺 54
Lundberg, G. 乔治·伦德伯格 106

Macknin, M. 迈克尔·马克宁 25,109
Madey v. Duke University 麦迪和杜克大学的法律纠纷 141,151
Manhattan Project 曼哈顿计划 18,180
Market exclusivity 市场专有权 80,150
Marxism 马克思主义 46,152
Massachusetts Institute of Technology 麻省理工 10
Material transfer agreements 材料转让协议 7,9,196
May, W. 威廉·梅 30
Mele, P. 保罗·梅莱 22-23,99
Mendel, G. 孟德尔,G. 84
Merck Inc. 默克公司 22,25,173
Merton, R. 罗伯特·默顿 193-194
Meta-analysis 元分析 37,155,158,160
Metaphysics 形而上学 54,67-73,150
"Me-too" drugs 派生药 80-81
Microfibres Inc. 超细纤维公司 19
Missile defense research 美国军事防

御计划 18

Money 金钱
　corrupting influence of 经济腐败的
　　影响 3,31-34,73,77-108,116-
　　118,169,185-186,188,189,191
　soft "软钱" 7,183

Monsanto Inc. 孟山都公司 10

Montagnier, L. 吕克·蒙塔尼 101

Moore, J. 约翰·摩尔 26-27,
　119,121

*Moore v. Regents of the University of
　California* 摩尔诉加州大学董事会
　一案 26-27

Morality 道德 36,40,58,70,75,120-
　121,139,140,144-146,150,186,
　196-197

Myriad Genetics 巨数基因公司 148

National Cancer Institute 美国国家癌
　症研究所 162

National Institute of Environmental
　Health Science 美国国家环境卫生
　科学研究所 vii,162

National Institute of Health 美国国立
　卫生研究院 vii,4,15,21,27-28,
　29,30,83,107,120,122,131,157,
　162,164,168,169,172-177,
　180,195
　council of public representatives 美
　　国国立卫生研究院公共代表委员
　　会 177
　funding priorities 美国国立卫生研
　　究院的优先资助 175-177
　study sections 美国国立卫生研究院
　　研究部门 175,177

National Institute of Mental Health 美
　国国立精神卫生研究所 91

National Science Foundation 美国国家
　科学基金会 4,107,120,169,174

National security 国家安全 180-181

Nature (journal)《自然》杂志 16,26,
　107,164,166

Negligence 疏忽 46,110

Neugebauer, R. 兰迪·纽格鲍尔 29

New England Journal of Medicine
　《新英格兰医学杂志》19,95,123

Newton, I. 牛顿,I. 50,59,60,67,84

New York Times《纽约时报》163

Normative 规范的 42-44,52,55

Norms 规范 35-51,77,187-188,193
　violations of 触犯规范 77,110-
　　111,116-118,182-183,189

North Carolina State University 北卡
　罗来纳州立大学 14

Novartis Inc. 诺华公司 10

Novelty 新颖性 50

Objectivity 客观性 34,35,44,46,52-
　76,77,88,94,103,104,105,116,
　118,123,124,156,160,174,178,

179,180,187-189

definition of 客观性的定义 53-55

degrees of 客观程度 75

elements of 客观性的构成要素 75

vs. subjectivity 客观性和主观性 68

two senses of 对客观性的两种理解 54

Ockham, W. 威廉·奥卡姆 50

Office of Human Research Protection 人类研究保护办公室 23-24,125

Office of Research Integrity 科研诚信办公室 34

Olivieri, N. 南希·奥利维耶里 19-20,77,103,113,118,154,155

Openness 开放性 41-42,46,77,99-104,116,119,148,156,162,163-166,179

Orphan Drug Act 《罕见病药物法案》 80,172

Parsimony 简洁性 44,50,71,72

Patents 专利 6,7,8,24,25,26,28,47,80,81,82,97,98,100,128,134,137-142

abuses 滥用专利 152

criteria for 专利标准 138-140

infringement 侵犯专利权 140-141

pools 专利池 148-149

research exemption 研究豁免 141,150-151,190

scope of 专利范围 140,150

subject matter 专利中的对象问题 138-139,149-150

Paternalism 家长制 121

Pauling, L. 莱纳斯·鲍林 101

Paxil 帕罗西汀 21

PE Biosystem Inc. PE生物系统公司 15

Peer review 同行评议 28,104-107,125,128,157,158,162,174-179,188,190

Peirce, C. 皮尔士,C. 70-71

Pfizer Inc. 辉瑞制药 173-174

Pharmaceutical industry 医药产业 4-5,20,25-26,27,56,80,81,83,87,96,147-148

Pharmaceutical Research and Manufacturers Association 美国药品研究与制造商协会 4-5,21

Phenomena 现象 70,194

Philip Morris Inc. 菲利普·莫里斯公司 22-23

Philosophy 哲学 67-73

Phinney, C. 卡洛琳·菲尼 97

Placebos 安慰剂 37

Plagiarism 剽窃 94,105,116

Plato 柏拉图 67,83

Pluralism 多元主义 55,56

Poehlman, E. 埃里克·波尔曼 182

Poisson, R. 罗杰·泊松 90

Politics 政治 13,28-31,40-41,46,53,55,56,58,60,63,75,106,110,111,170-186
Pons, S. 斯坦利·庞斯 28,78,101,116,118
Popper, K. 卡尔·波普尔 38,49,53,104
Positivism 实证主义 71
Post-doctoral researchers 博士后研究人员 6-7,183
Practical goals 实践性目标 39,72
Pragmatism 实用主义 70-73
Precision 精确性 50,71,118
Prescription Drug User Fee Act 《处方药申报者付费法案》25-26
President's Council on Bioethics 生物伦理总统顾问委员会 30
Pressure 压力
　to obtain funding 获得经费的压力 183
　to publish 发表压力 159-161,183
Prima donnas 学术明星 184-185
Problem selection 问题选择 79-85
Professional societies 专业团体 120
Protocol 科学实验计划 87
Prozac 百忧解 21
Publication 出版,发表 154-169,188,190
　authorship and 发表中的署名权 95-99
　bias 发表偏向 154-159
　and data sharing 发表中的数据共享 99-104
　delay of 延迟发表 7,22,116-117,139,148,158
　duplicate 重复发表 82,83,103,159-161
　electronic 电子出版物 161-163
　financial interests and 发表中的经济利益 95
　and least publishable unit 最小可发表单位 103,161
　of negative results 发表中的负面结果 154-156
　open access 开放获取出版物 162-163,190
　and patents 出版和专利 139
　premature 提前发表 101
　rate of 发表率 102
　suppression of 压制发表 18,19,20,23,82,99,103,116-117,154
Public Health Service 美国公共卫生署 53
Public oversight 公共监督 171,175-179,188,191
Public Responsibility in Medicine and Research 医学科研公共责任组织 131
Public vs. Private interests 公共和私人利益 149-153,190

Qualities 质量 68-69
Quigley Inc. 奎格利公司 24
Quine, W. 奎因, W. 71-73

Rare diseases 罕见病 172
Rationalism 理性主义 54-55
Realism 实在论 54-55, 63, 64, 65, 66, 67, 68, 71, 72, 73
Religion 宗教 30, 55, 56, 58, 70, 84, 178
Replication 复制 104, 105
Research see Science or Scientific 研究, 见 Science 或 Scientific
Respect 尊敬 47

Scheffler, I. 伊斯雷尔·谢弗勒 53
Science 科学
    academic vs. industrial 研究型科学和产业型科学 41-42
    basic 基础科学 171-172
    as a business 作为商业的科学 3, 33, 125, 126, 127
    as a career 作为事业的科学 5-6, 95-96, 100, 101, 103
    definition of 科学的定义 38
    diversity of 科学的多样性 38-39
    economics of 科学的经济学 4-14, 31-32, 79, 146, 147
    goals of 科学的目标 36-42
    independent of industry 独立于产业的科学 88, 173
    norms of 科学的规范 31-33, 35-51, 52, 58, 62
    principles of 科学原理 42-45
    private funding of 私人资助的科学 4-5, 10-11, 79, 81, 82, 85, 99, 100, 107, 147, 170-173, 185-186, 189
    progress of 科学的进步 59-60, 66, 67, 70-71, 102, 144-149, 171-172, 174, 178
    public funding of 公共资助的科学 4, 11-13, 17-18, 29-31, 34, 79, 83, 84, 85, 107, 171-186, 188
    public perception of 公众对科学的理解 35, 48, 79
    rationality of 科学的合理性 54-55, 58, 59, 60, 61, 62, 63
    realism 科学实在论 54-55, 194
    as self-regulating 自主决定的科学 171
    as a social activity 作为社会活动的科学 36, 76, 194
    in society 社会中的科学 36
    success of 科学的成功 66, 67
    as value free 价值无涉的科学 35-36, 52-53
Science (journal) 《科学》杂志 16, 107, 164, 166
Scientific 科学的

community 科学共同体 74

hypotheses 科学假设 43-45,62,66,72,75,76,94,165

journals 科学期刊 105-107,120,155,157-160,162,163,164,166,167

judgment 科学判断 77,78,94,110-112,115,116,124,125,126,128,129,177,188,195

method 科学方法 44-45,54,56,59-60,74,75,76,104,165,174

misconduct 科研不端 28,43,86,91-92,93-94,105,110,116,182,195

models 科学模型 64-65

objectivity 科学目标 52-76

paradigms 科学范式 59-60

priority 科学中的优先性 100-101

revolutions 科学革命 59-60

theories 科学理论 43-45,59-60,66,71,72,74,76,194

Scientists 科学家

adherence to norms 遵守科学规范的科学家 43,74,75,76,77,78,110-111,116-118

as entrepreneurs 作为创业者的科学家 11,125-126,135

goals and interests of 科学家的目标和利益 37-38,74,95-96,100,103,110-111,117,125,126,127,128,160,183,189

as mentors 作为顾问的科学家 97

moral obligations of 科学家的道德义务 36

salaries of 科学家的薪酬 6,14

Secrecy 保密 20,46,82,100,101,144,147,155

Selective serotonin reuptake Inhibitors 选择性5-羟色胺再摄取抑制剂 21

Self-deception 自我欺骗 28,78,88,116

Sexuality 性行为 29,106,177

Simplicity see Parsimony 简单性,见 Parsimony

Slutsky, R. 罗伯特·斯勒茨基 91

Smoking 吸烟 22-23,56,99

Social responsibility 社会责任 48,118,177

Space State Freedom 自由号空间站 18

Spitzer, E. 艾略特·斯皮策 21

Start-up companies 新开公司 11

Statistics 数据 86-87,92-95,105,155,194-195

Stewardship 管理职位 48-49

Stock ownership 股份所有权 6,24,25,27,126,127,128,134

Subconscious influence 潜意识的影响 78,88,91,106,110

Technology Transfer Act《技术转移

法案》9

Technology transfer offices 技术转移办公室 9-10

Teleological rules 技术准则 36

Testability 可检验性 49,72,118

Therapeutic misconception 对诊疗的误解 89

Thompson, D. 汤普森,D. 41,56

Tobacco research 烟草研究 22-23

Toomey, P. 帕特里克·图米 29

Toronto General Hospital 多伦多总医院 19

Trademarks 商标 143-144

Trade secrets See Secrecy 商业机密,见 Secrecy

Trust 信任 48,110,111,119,121-124

Truth 真理 39,51,53,54,57,61,65,66,70-71,189,191,194

Tseng, S. 谢弗·曾 24,109,118

Under-determination 不充分决定 72

United States Constitution 美国联邦宪法 146

United States Patent and Trademark Office 美国专利商标局 98,138,139,146,149,152

Universities 大学

collaborations with industry 大学与产业的联姻 9-11,23-24,114,126-128,130-135,158,189-190

commercial activities of 大学的商业活动 8-14,99,100,114,127,128,130-135,141,148,151

financial interests of 大学的经济利益 113-114,124,127,128,130-135,159

research institutes associated with 大学研究所 8,10,23-24,132-133

origins of 大学的由来 83-84

policies of 大学政策 120,126-127,131,133,160,167,168,185

pursuit of contracts and grants 追逐合约和基金 181-185

teaching and mentoring 大学中的教学和指导 182

University of California 加州大学 140-141,183

University of California at Berkeley 加州大学伯克利分校 10

University of California at Los Angeles 加州大学洛杉矶分校 26

University of California at San Francisco 加州大学旧金山分校 8,18

University of Michigan 密歇根大学 97

University of North Carolina at Chapel Hill 北卡罗来纳教堂山分校 14

University of Pennsylvania 宾夕法尼

亚大学 23-24,113,119,121,134
University of Toronto 多伦多大学 19,113
University of Utah 犹他大学 28
University of Vermont 佛蒙特大学 182
University of Wisconsin 威斯康星大学 31
Utilitarianism 功利主义 146-147
Utility 功效 71

Varmus, H. 哈罗德·瓦尔姆斯 27
Venter, C. 克雷格·文特尔 15,17
Vioxx 万络 22
Voltaire 伏尔泰 56

Wastefulness 浪费 48-49,103,160
Watson, J. 詹姆斯·沃森 15,100-101
Watt, J. 瓦特, J. 85
Waxman, 亨利·韦克斯曼 29
Wellcome Trust 惠康基金会 162
Whitehead, A. 怀特海, A. 71
Wilkins, M. 莫里斯·威尔金斯 100
Wilson, J. 詹姆斯·威尔逊 23-24, 78,89,119,121,126
Wisconsin Alumni Research Foundation 威斯康星校友研究基金会 8
Wittgenstein, L. 维特根斯坦, L. 38
Woolgar, S. 伍尔加, S. 61
Wyeth Lederle 惠氏立达 25
Wyeth Pharmaceuticals 惠氏制药 97

Zerhouni, E. 伊莱亚斯·泽鲁尼 27
Ziman, J. 约翰·齐曼 54

《当代学术棱镜译丛》
已出书目

媒介文化系列

第二媒介时代 [美]马克·波斯特

电视与社会 [英]尼古拉斯·阿伯克龙比

思想无羁 [美]保罗·莱文森

媒介建构:流行文化中的大众媒介 [美]劳伦斯·格罗斯伯格 等

揣测与媒介:媒介现象学 [德]鲍里斯·格罗伊斯

媒介学宣言 [法]雷吉斯·德布雷

媒介研究批评术语集 [美]W. J. T. 米歇尔 马克·B. N. 汉森

全球文化系列

认同的空间——全球媒介、电子世界景观与文化边界 [英]戴维·莫利

全球化的文化 [美]弗雷德里克·杰姆逊 三好将夫

全球化与文化 [英]约翰·汤姆林森

后现代转向 [美]斯蒂芬·贝斯特 道格拉斯·科尔纳

文化地理学 [英]迈克·克朗

文化的观念 [英]特瑞·伊格尔顿

主体的退隐 [德]彼得·毕尔格

反"日语论" [日]莲实重彦

酷的征服——商业文化、反主流文化与嬉皮消费主义的兴起 [美]托马斯·弗兰克

超越文化转向 [美]理查德·比尔纳其 等

全球现代性:全球资本主义时代的现代性 [美]阿里夫·德里克

文化政策 [澳]托比·米勒 [美]乔治·尤迪思

通俗文化系列

解读大众文化 [美]约翰·菲斯克
文化理论与通俗文化导论(第二版) [英]约翰·斯道雷
通俗文化、媒介和日常生活中的叙事 [美]阿瑟·阿萨·伯格
文化民粹主义 [英]吉姆·麦克盖根
詹姆斯·邦德:时代精神的特工 [德]维尔纳·格雷夫

消费文化系列

消费社会 [法]让·鲍德里亚
消费文化——20世纪后期英国男性气质和社会空间 [英]弗兰克·莫特
消费文化 [英]西莉娅·卢瑞

大师精粹系列

麦克卢汉精粹 [加]埃里克·麦克卢汉 弗兰克·秦格龙
卡尔·曼海姆精粹 [德]卡尔·曼海姆
沃勒斯坦精粹 [美]伊曼纽尔·沃勒斯坦
哈贝马斯精粹 [德]尤尔根·哈贝马斯
赫斯精粹 [德]莫泽斯·赫斯
九鬼周造著作精粹 [日]九鬼周造

社会学系列

孤独的人群 [美]大卫·理斯曼
世界风险社会 [德]乌尔里希·贝克
权力精英 [美]查尔斯·赖特·米尔斯

科学的社会用途——写给科学场的临床社会学 [法]皮埃尔·布尔迪厄

文化社会学——浮现中的理论视野 [美]戴安娜·克兰

白领：美国的中产阶级 [美]C.莱特·米尔斯

论文明、权力与知识 [德]诺贝特·埃利亚斯

解析社会：分析社会学原理 [瑞典]彼得·赫斯特洛姆

局外人：越轨的社会学研究 [美]霍华德·S.贝克尔

社会的构建 [美]爱德华·希尔斯

新学科系列

后殖民理论——语境 实践 政治 [英]巴特·穆尔-吉尔伯特

趣味社会学 [芬]尤卡·格罗瑙

跨越边界——知识学科 学科互涉 [美]朱丽·汤普森·克莱恩

人文地理学导论：21世纪的议题 [英]彼得·丹尼尔斯 等

文化学研究导论：理论基础·方法思路·研究视角 [德]安斯加·纽宁 [德]维拉·纽宁主编

世纪学术论争系列

"索卡尔事件"与科学大战 [美]艾伦·索卡尔 [法]雅克·德里达 等

沙滩上的房子 [美]诺里塔·克瑞杰

被困的普罗米修斯 [美]诺曼·列维特

科学知识：一种社会学的分析 [英]巴里·巴恩斯 大卫·布鲁尔 约翰·亨利

实践的冲撞——时间、力量与科学 [美]安德鲁·皮克林

爱因斯坦、历史与其他激情——20世纪末对科学的反叛 [美]杰拉尔德·霍尔顿

真理的代价：金钱如何影响科学规范 [美]戴维·雷斯尼克

科学的转型：有关"跨时代断裂论题"的争论 [德]艾尔弗拉德·诺德曼 [荷]汉斯·拉德 [德]格雷戈·希尔曼

广松哲学系列

物象化论的构图 [日]广松涉

事的世界观的前哨 [日]广松涉

文献学语境中的《德意志意识形态》[日]广松涉

存在与意义(第一卷) [日]广松涉

存在与意义(第二卷) [日]广松涉

唯物史观的原像 [日]广松涉

哲学家广松涉的自白式回忆录 [日]广松涉

资本论的哲学 [日]广松涉

马克思主义的哲学 [日]广松涉

世界交互主体的存在结构 [日]广松涉

国外马克思主义与后马克思思潮系列

图绘意识形态 [斯洛文尼亚]斯拉沃热·齐泽克 等

自然的理由——生态学马克思主义研究 [美]詹姆斯·奥康纳

希望的空间 [美]大卫·哈维

甜蜜的暴力——悲剧的观念 [英]特里·伊格尔顿

晚期马克思主义 [美]弗雷德里克·杰姆逊

符号政治经济学批判 [法]让·鲍德里亚

世纪 [法]阿兰·巴迪欧

列宁、黑格尔和西方马克思主义:一种批判性研究 [美]凯文·安德森

列宁主义 [英]尼尔·哈丁

福柯、马克思主义与历史:生产方式与信息方式 [美]马克·波斯特

战后法国的存在主义马克思主义:从萨特到阿尔都塞 [美]马克·波斯特

反映 [德]汉斯·海因茨·霍尔茨

为什么是阿甘本? [英]亚历克斯·默里

未来思想导论:关于马克思和海德格尔 [法]科斯塔斯·阿克塞洛斯

无尽的焦虑之梦:梦的记录(1941—1967)附《一桩两人共谋的凶杀案》(1985) [法]路易·阿尔都塞

经典补遗系列

卢卡奇早期文选 [匈]格奥尔格·卢卡奇

胡塞尔《几何学的起源》引论 [法]雅克·德里达

黑格尔的幽灵——政治哲学论文集[Ⅰ] [法]路易·阿尔都塞

语言与生命 [法]沙尔·巴依

意识的奥秘 [美]约翰·塞尔

论现象学流派 [法]保罗·利科

脑力劳动与体力劳动:西方历史的认识论 [德]阿尔弗雷德·索恩-雷特尔

黑格尔 [德]马丁·海德格尔

黑格尔的精神现象学 [德]马丁·海德格尔

生产运动:从历史统计学方面论国家和社会的一种新科学的基础的建立 [德]弗里德里希·威廉·舒尔茨

先锋派系列

先锋派散论——现代主义、表现主义和后现代性问题 [英]理查德·墨菲

诗歌的先锋派:博尔赫斯、奥登和布列东团体 [美]贝雷泰·E. 斯特朗

情境主义国际系列

日常生活实践 1. 实践的艺术 [法]米歇尔·德·塞托

日常生活实践 2. 居住与烹饪 [法]米歇尔·德·塞托 吕斯·贾尔 皮埃尔·梅约尔

日常生活的革命 [法]鲁尔·瓦纳格姆

居伊·德波——诗歌革命 [法]樊尚·考夫曼

景观社会 [法]居伊·德波

当代文学理论系列

怎样做理论 [德]沃尔夫冈·伊瑟尔
21世纪批评述介 [英]朱利安·沃尔弗雷斯
后现代主义诗学:历史·理论·小说 [加]琳达·哈琴
大分野之后:现代主义、大众文化、后现代主义 [美]安德列亚斯·胡伊森
理论的幽灵:文学与常识 [法]安托万·孔帕尼翁
反抗的文化:拒绝表征 [美]贝尔·胡克斯
戏仿:古代、现代与后现代 [英]玛格丽特·A.罗斯
理论入门 [英]彼得·巴里
现代主义 [英]蒂姆·阿姆斯特朗
叙事的本质 [美]罗伯特·斯科尔斯 詹姆斯·费伦 罗伯特·凯洛格
文学制度 [美]杰弗里·J.威廉斯
新批评之后 [美]弗兰克·伦特里奇亚
文学批评史:从柏拉图到现在 [美]M. A. R.哈比布
德国浪漫主义文学理论 [美]恩斯特·贝勒尔
萌在他乡:米勒中国演讲集 [美]J.希利斯·米勒
文学的类别:文类和模态理论导论 [英]阿拉斯泰尔·福勒
思想絮语:文学批评自选集(1958—2002) [英]弗兰克·克默德
叙事的虚构性:有关历史、文学和理论的论文(1957—2007) [美]海登·怀特
21世纪的文学批评:理论的复兴 [美]文森特·B.里奇

核心概念系列

文化 [英]弗雷德·英格利斯
风险 [澳大利亚]狄波拉·勒普顿

学术研究指南系列

美学指南 [美]彼得·基维

文化研究指南 [美]托比·米勒

文化社会学指南 [美]马克·D. 雅各布斯　南希·韦斯·汉拉恩

艺术理论指南 [英]保罗·史密斯　卡罗琳·瓦尔德

《德意志意识形态》与文献学系列

梁赞诺夫版《德意志意识形态·费尔巴哈》 [苏]大卫·鲍里索维奇·梁赞诺夫

《德意志意识形态》与 MEGA 文献研究 [韩]郑文吉

巴加图利亚版《德意志意识形态·费尔巴哈》 [俄]巴加图利亚

MEGA：陶伯特版《德意志意识形态·费尔巴哈》 [德]英格·陶伯特

当代美学理论系列

今日艺术理论 [美]诺埃尔·卡罗尔

艺术与社会理论——美学中的社会学论争 [英]奥斯汀·哈灵顿

艺术哲学：当代分析美学导论 [美]诺埃尔·卡罗尔

美的六种命名 [美]克里斯平·萨特韦尔

文化的政治及其他 [英]罗杰·斯克鲁顿

现代日本学术系列

带你踏上知识之旅 [日]中村雄二郎　山口昌男

反·哲学入门 [日]高桥哲哉

作为事件的阅读 [日]小森阳一

超越民族与历史 [日]小森阳一　高桥哲哉

现代思想史系列

现代化的先驱——20世纪思潮里的群英谱　[美]威廉·R.埃弗德尔
现代哲学简史　[英]罗杰·斯克拉顿
美国人对哲学的逃避：实用主义的谱系　[美]康乃尔·韦斯特

视觉文化与艺术史系列

可见的签名　[美]弗雷德里克·詹姆逊
摄影与电影　[英]戴维·卡帕尼
艺术史向导　[意]朱利奥·卡洛·阿尔甘　毛里齐奥·法焦洛
电影的虚拟生命　[美]D. N.罗德维克
绘画中的世界观　[美]迈耶·夏皮罗
缪斯之艺：泛美学研究　[美]丹尼尔·奥尔布赖特
视觉艺术的现象学　[英]保罗·克劳瑟

当代逻辑理论与应用研究系列

重塑实在论：关于因果、目的和心智的精密理论　[美]罗伯特·C.孔斯
情境与态度　[美]乔恩·巴威斯　约翰·佩里
逻辑与社会：矛盾与可能世界　[美]乔恩·埃尔斯特
指称与意向性　[挪威]奥拉夫·阿斯海姆

波兰尼意会哲学系列

认知与存在：迈克尔·波兰尼文集　[英]迈克尔·波兰尼
科学、信仰与社会　[英]迈克尔·波兰尼

现象学系列

伦理与无限：与菲利普·尼莫的对话　[法]伊曼努尔·列维纳斯

图书在版编目(CIP)数据

真理的代价:金钱如何影响科学规范 /(美)戴维·B.
雷斯尼克著;蔡仲,韦敏译. — 南京:南京大学出
版社,2019.3(2021.2重印)
(当代学术棱镜译丛 / 张一兵主编)
书名原文:The Price of Truth: How Money
Affects the Norms of Science
ISBN 978-7-305-21169-0

Ⅰ.①真… Ⅱ.①戴… ②蔡… ③韦… Ⅲ.①经济利
益—影响—科学研究工作—研究 Ⅳ.①F014.1②G31

中国版本图书馆 CIP 数据核字(2018)第 257903 号

Copyright © 2007 Oxford University Press, Inc.

The Price of Truth: How Money Affects the Norms of Science, First Edition was originally published in English in 2007,
This translation is published by arrangement with Oxford University Press.
Nanjing University Press is solely responsible for this translation from the original work and Oxford University Press shall have no liability for any errors, omissions or inaccuracies or ambiguities in such translation or for any losses caused by reliance thereon. All rights reserved.

江苏省版权局著作权合同登记 图字:10-2017-163 号

出版发行	南京大学出版社
社　　址	南京市汉口路22号　邮　编　210093
出 版 人	金鑫荣
丛 书 名	当代学术棱镜译丛
书　　名	真理的代价:金钱如何影响科学规范
著　　者	[美]戴维·B.雷斯尼克
译　　者	蔡　仲　韦　敏
责任编辑	张　静
照　　排	南京南琳图文制作有限公司
印　　刷	南京鸿图印务有限公司
开　　本	635×965　1/16　印张 16.5　字数 241 千
版　　次	2019 年 3 月第 1 版　2021 年 2 月第 2 次印刷
ISBN 978-7-305-21169-0	
定　　价	48.00 元

网　　址	http://njupco.com
官方微博	http://weibo.com/njupco
官方微信	njupress
销售热线	025-83594756

* 版权所有,侵权必究
* 凡购买南大版图书,如有印装质量问题,请与所购
　图书销售部门联系调换